〈조선왕조실록〉

특종! 엽기 스캔들

〈조선왕조실록〉 특종! 엽기 스캔들

발행일	2016년 3월 11일		
지은이	김 성 기		
펴낸이	손 형 국		
펴낸곳	(주)북랩		
편집인	선일영	편집	김향인, 서대종, 권유선, 김예지
디자인	이현수, 신혜림, 윤미리내, 임혜수	제작	박기성, 황동현, 구성우
마케팅	김회란, 박진관, 김아름		
출판등록	2004. 12. 1(제2012-000051호)		
주소	서울시 금천구 가산디지털 1로 168, 우림라이온스밸리 B동 B113, 114호		
홈페이지	www.book.co.kr		
전화번호	(02)2026-5777	팩스	(02)2026-5747

ISBN   979-11-5585-957-5 03910(종이책)

이 도서의 국립중앙도서관 출판예정도서목록(CIP)은 서지정보유통지원시스템 홈페이지(http://seoji.nl.go.kr)와
국가자료공동목록시스템(http://www.nl.go.kr/kolisnet)에서 이용하실 수 있습니다.
(CIP제어번호 : CIP2016006329)

성공한 사람들은 예외없이 기개가 남다르다고 합니다.
어려움에도 꺾이지 않았던 당신의 의기를 책에 담아보지 않으시렵니까?
책으로 펴내고 싶은 원고를 메일(book@book.co.kr)로 보내주세요.
성공출판의 파트너 북랩이 함께하겠습니다.

특종! 엽기 스캔들

/ 김성기 지음

사관 (史官) 마저 지나칠 수 없었다!
궐 안팎의 엽기적이고 재미있는 이야기들

북랩 book Lab

1

"고리타분한 역사는 가라!"

우리 역사와 밀회(?)하기 이전부터 품고 있던 필자의 오랜 지론이다. 요컨대 역사는 '닥치고' 재미있어야 한다는 말씀이다. 아닌 게 아니라, 우리 뇌리에 자리 깔고 누운 고정관념 중 하나가 '역사는 재미없다'이다. 절로 고개가 주억거려지는 말이다. 그간의 역사 서적들은 대부분 이런 비판에서 자유롭지 못했던 게 사실이니까. 그렇다면 왜 그럴까? 왜 다들 우리 역사는 재미없다고 입 모아 타박할까? 우리 조상들의 삶이 본시 밋밋하고 고리타분했기 때문에? 천만의 말씀이다. 이 지구상에 우리 민족만큼 '짓고생'을 밥 먹듯 한 종족이 어디 더 있겠는가.

까놓고 말하면, 이런 등식 아닌 등식을 고착화시킨 적잖은 책임은 우리 역사를 활자화하는 일단의 저술가 그룹에 있다고 본다. 실제로 이들은 역사 서적을 저술하면서 약속이나 한 듯이 '재미'라는 기름기를 쫙 뺀 채 퍽퍽한 '팩트(Fact)' 나열에만 급급해왔다. 한마디로, 역사 기록 작업에 너무 '정색'하고 달려들었다는 얘기다.

물론 역사가 '팩트(Fact)'를 기록하는 작업임에는 틀림이 없다. 하지만 그렇다 해서 반드시 '정색'부터 하고 달려들 이유는 없는 것이다. '사실을 왜곡하지 않는 한도 내(內)'라는 울타리만 확고히 세운다면, 그 울타리 안에서 얼마든지 웃고 떠들고 짓까불고 하면서도 기록할 수 있는 것 아니겠는가?

이 책은 필자 특유의 자유분방한 '잡雜문체'로 꾸며졌다. 여기서 '잡문체'란 정조 임금이 '문체반정'에서 언급한 '순수하고 바른 문체 (純正之文)'의 반대개념이다. 뭐랄까, 우리가 일상에서 흔히 소환해 쓰는 '친서민적 생활언어'라고나 할까. 필자가 이처럼 통속적이고도 난해(?)한 문체로 글을 쓴 이유는 지극히 단순하고 명료하다. '재미 없음'과 동의어로까지 인식되는 역사 이야기도 자유분방하고 친근한 문체로 버무려 내놓으면 독자들의 잃었던 구미(?)를 되살릴 수 있지 않겠나, 하는 '착각'에서 시작한 집필이었으니까.

이 책에 실린 내용들은 《조선엽기스캔들》이라는 전자도서(e-Book)로 이미 시판된 적이 있었다. '북이십일'이라는 출판사를 통해서였다. 조선시대 구중궁궐의 '뒷담화'와 〈조선왕조실록〉에 기록된 '매우 충격적이고 부도덕한 사건'들이 주된 테마였다. 이번엔 기존 작품(20편)의 일부 거슬리는 문장에 손을 대는 한편, 조선시대 사회상이라는 카테고리(7편)을 보태어 총 3개 카테고리 26개의 이야기로 꾸몄다. 말하자면 전자도서 《조선엽기스캔들》의 '증보판'인 셈이다.

생각해보면, 이 책이 세상에 나올 수 있었던 건 조선왕조 5백년 사를 기록으로 남겨주신 사관史官 어르신들 덕분이라 해도 과언이 아니다. 실제로 이들이 500년 동안 남긴 기록은 한자漢字로 무려 6,400만 자에 달한다. 1초에 한 글자씩 하루 8시간을 줄창 읽어내려도 6년 이상 걸리는 방대한 분량인 것이다. 이처럼 세계사에 유래가 없는 '이야기의 보고寶庫'를 남겨주신 사관 어르신들께 이 지면을 빌어 깊은 존경을 드린다.

아울러, 시답잖은 내용을 정성어린 손길로 맞춤하고 근사하게 '코디네이트' 해주신 북랩출판사 관계자들, 철 덜든 가장의 '무모한 도전'을 큰 박수로써 응원해준 내 식솔들에게도 고마움을 전한다.

　　　　　　　　　- 동쪽바다가 보이는 어느 골방에서

목차

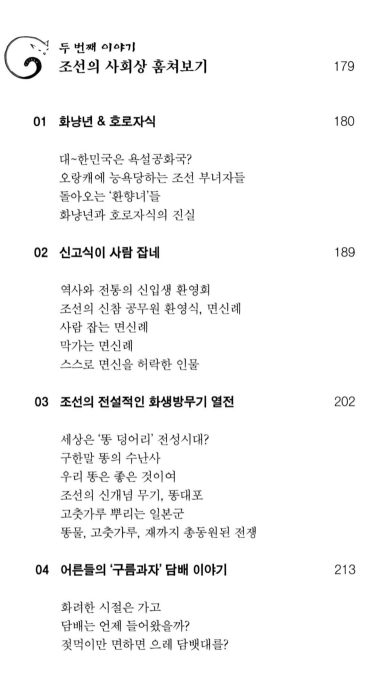

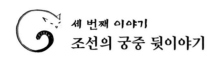

임금과 중전이 치르는 '국가지대사'
엄청난 팀이 동원되다
국가의 존망이 걸린 행사?
임금의 여자라고 좋기만 할까? - 궁녀 이야기
승은, 이렇게 까다로운 절차를 거쳐야 한다고?
임금의 존망과 함께 갈리는 운명

힘든 직업들, 다 나와!
내시의 상징, 고자
내시들의 스트레스를 해소하라
내시들을 향한 연산군의 무한 사랑
연산군의 황당한 특명
내시들의 삐리리 생활
성욕을 갖는 게 죽을 죄?

조선판 외모 지상주의
명성황후를 넉다운 시킨 엄상궁
다시 고종의 부름을 받은 엄상궁
엄청난 외모 뒤의 엄청난 능력
고종을 러시아 공관으로 나른 엄상궁

'황금독수리온세상을놀라게하다'가 사람 이름?
묘호? 시호? 존호?
묘호, 시호, 존호가 없는 임금들
'조'로 모실까요? '종'으로 모실까요?
임금들 본명에 숨겨진 비밀들

신문의 사회면을 장식하는 엽기 사건은
우리를 놀라게 한다.
가끔 사람들은 이렇게 말한다.
옛날처럼 도덕적으로 살았으면 좋겠다고!
과연 조선은 지금과는 전혀 다르게
그 흔한 섹스 스캔들 하나 없이 도덕적으로만 살았을까?

첫
번
째

이
야
기

조선을 뒤흔든
섹스 스캔들

01

태종의 부하 애인 갈취 사건

조선의 임금은 이렇게 말할 수 있었다.
'그 여자, 너희들 마음에 들어? 그럼 내가 갖지, 뭐.'

여자를 사이에 둔 어이없는 다툼

〈조선왕조실록〉을 살펴보다 보면, '오호! 이거 영화로 만들어도 '쩐(錢)' 좀 실리겠는걸!' 하는 대목들이 꽤 눈에 띈다. 지금 소개하려는 이 이야기도, 굳이 분류하자면 그런 부류의 이야기다. 뭐, 지고 지순한 순애보가 폭풍눈물을 이끌어낸다거나, 심금을 울리는 휴먼 스토리가 감동의 쓰나미로 몰려온다거나 해서는 결코 아니다. 관객들의 박장대소를 이끌어 내는 코믹물로 이만한 것이 많지 않겠구나 해서다. 비유하자면, 이건 〈조선왕조실록〉이 아니라 1970~80년대 전설의 '옐로페이퍼' 〈선데이 서울〉을 다시 들춰보는 느낌이랄까⋯⋯.

각자 이런 설정을 머릿속에 한번 그려보시라. 도성 한복판에서 오늘의 군단장급 고위 장성 두 사람이 잘 훈련된 부하들을 병풍처럼 두른 채 '석양의 건맨' 같은 포스로 째리고 서있다. 일촉즉발의 긴장된 분위기가 당겨진 활시위처럼 팽팽하기만 하다. 한 사람은 조선 개국공신의 아들이고, 맞은편은 현 임금이 즉위하는 데 혁혁한 공을 세운 최측근 중 한 명이다.

이럴 땐 어떤 상황이 가장 먼저 연상되는가? 쿠데타 세력과 이를 진압하려는 정부군의 첨예한 대치? 12.12 사태의 조선 왕조식 버전? 다 아니다. 지금 두 장수는 기생 하나를 놓고 일합을 겨루기 위해 째려보고 있는 것이다. 어찌 한 편의 블랙코미디라 하지 않을 수 있겠는가? 게다가 후일 그 기생을 임금이 슬쩍 채어 갔다면, 이건 뭐 더 이상 갈 데 없는 한 편의 '막장극'이 아니겠는가?

이 영화에는 세 명의 '남우'과 한 명의 '여우'가 필요하다. 모두 주연급이다. 세 명의 '남우'는 캐스팅이 그리 어려울 것 같지 않다. 임금 역은 기존 연기자 중에서 두어 명으로 압축할 수 있을 듯하고, 두 장수 또한 '무식한 돼지' 이미지라면 너끈할 테니까. 문제는 '여우'다. 필자는 그 배역에 어울릴 것 같은 '여우'를 아직 찾지 못했다. 뇌쇄적인 섹시미에다 탁월한 춤솜씨가 기본 옵션으로 장착된 진짜 '여우' 같은 '여우'여야 하니까. 마땅한 '여우'가 없다는 치명적인 하자로 인해 이 이야기가 영화화되기는 아무래도 좀 어렵지 않겠나 싶다. 다만, 그럼에도 불구하고 이 이야기가 '흥행성'을 갖췄는지 여부만큼은 여러분에게 꼭 한 번 여쭈어보고 싶다.

김우, 당대 무희 가희아를 잡아 오다!

1407년(태종 7년) 11월 12일, 태종이 마련한 회식 자리에서 고혹적인 춤사위로 참석자들을 흐물흐물 해파리로 만들어 놓은 무희 가희아(可喜兒)는, 회식이 끝나기 무섭게 대호군(종3품 무관) 황상의 집을 향해 종종 걸음질 쳤다. 얼마 전 황상의 첩으로 들어앉았기 때문에 황상의 집은 곧 그녀의 집이기도 했다. 그런데 회식 후 충혈된 눈알을 이리저리 굴리며 가희아를 찾아 나선 한 인물이 있었다. 좌군총제(종2품, 오늘의 군단장급)로 있는 김우였다.

눈앞에서 가희아를 놓쳐버린 김우의 얼굴에 순간 낭패가 깃들었다. 잠시 대통 맞은 병아리처럼 멍한 표정으로 난감해 하던 김우는, 이윽고 결심이 선 듯 금군청(禁軍廳 : 임금의 호위 부대)을 향해 부리나케 달려갔다. 성난 얼굴로 부대에 들어선 김우는, 우선 탁자부터 탁 내리친 다음 부하들에게 명령을 하달했다.

"가희아를 생포해야 한다. 범인, 아니 가희아는 멀리 못 갔을 것이다. 제군 들은 0.1초 내로 뛰어나가 가희아를 잡아 온다. 실시!"

'실시!' 하는 복창과 함께 쏜살같이 부대를 뛰쳐나온 부하들은 가 희아의 동선으로 예측되는 곳들을 샅샅이 뒤졌지만 끝내 가희아를 '생포'하는 데는 실패했다. 김우는 부하들에게 원산폭격, 쪼그려뛰 기, 뒤로취침 같은 기합세례를 퍼부으며 화를 삭이려 했지만 분한 마음은 좀처럼 가시지 않았다. 아무리 생각해봐도 가희아가 황상과 같은 '무식이 철철 흐르는 놈'과 살을 맞대고 산다는 건 상상조차 하기 싫은 구도였기 때문이다.

따지고 보면 김우도 가희아와 보통 사이는 아니었다. 한때 가희아 는 김우의 여자이기도 했다. 그런데 우렁이도 두렁 넘는 꾀가 있다 고, 어떻게 구워삶았는지 가희아가 무식한 황상의 집에 털썩 들어 앉고 말았던 것이다. 이제 눈이 뒤집혀버린 김우는 두 번째 작전을 하달했다. 한밤중에 무식한 황상의 집을 습격해 가희아를 구출(?)해 오는 조선판 '엔터베 특공 작전'이었다.

밤이 이슥해지자 김우는 기병·보병 30여 명을 황상의 집으로 보 냈다. 김우의 병사들이 황상의 집을 포위한 가운데 갑사 나원경·고 효성 등이 내실까지 쳐들어가 가희아를 찾기 시작했다. 하지만 눈에 쌍심지를 켜고 찾아봐도 가희아는커녕 무식한 황상조차 일체 기척이 없었다. 그저 전리품이랍시고 가희아의 옷가지 몇 점만 들고 나왔을 뿐이었다. 핏대가 상투 끝까지 치민 김우의 속은 이제 탕관에 두부장 끓듯 했다. 김우는 더 이상 참을 수 없었다.

"이건 연습 상황이 아니다. 실제 상황이다. 무식한 황상과의 전쟁을 선언하노라."

이렇게 선전포고를 하고 난 김우는 밤을 하얗게 밝히면서 2차 작전 계획을 수립했고, 다음 날 아침 '워치콘 II'에 준하는 작전 계획을 부하들에게 하달했다. 우선 예비군(하인)들로 하여금 거리에 나가 동태를 살피다가 가희아가 나타나면 즉시 연행케 하되, 이 계략이 여의치 않을 경우 현역 투입까지 불사한다는 계략이었다. 그리하여 '긴급동원령'이 발령된 예비군(하인)들은 계엄군처럼 거리 곳곳에 깔려 가희아를 찾기 시작했다. 그러다가 수진방(현재의 수송동 일대) 동구에서 드디어 가희아와 감격(?)적인 조우를 하게 되었다.

황상, 당대 무희 가희아를 지키라!

한편, 그 시각 황상의 '벙커'는 어떤 모습을 하고 있었을까? 다음 날 느지막이 자신의 집이 영장도 없이 압수수색 당한 사실을 알게 된 황상의 오장육부는 훼까닥 뒤집혔다. 황상은 다 열린 뚜껑을 겨우 눌러 닫으면서 부드득 이를 갈았다.

"김우, 이 무식한 놈! 이젠 죽고 싶어 아주 합숙 훈련을 하고 있구
나……."

황상은 전날 자신의 집에 쳐들어왔던 '겁대가리' 상실한 무식한 김우의 부하들을 잡아 족쳐야겠다고 생각했다. 황상은 가희아에게 말을 타고 천천히 저자거리를 지나가도록 지시했다. 약빠르게 생긴 종놈 하나를 뽑아 말고삐를 잡혔다. 이를테면 '찌'를 던져놓은 셈이었다. 이 계략은 적중했다. 가희아의 말이 천천히 저자거리를 지나노라니, 역시나 '찌'를 보고 달려드는 놈들이 몇 있었던 것이다. 무식한 김우의 부하와 종놈들이었다. 놈들은 수진방 동구 쪽에서 가희아를 만나 납치를 획책하고 있었다.

"저런, 저, 저, 저걸 아주 그냥 확!"

숨어서 이를 지켜보던 황상의 눈에서 번쩍 불꽃이 튀었다. 황상은 커다란 몽둥이를 챙겨들고 전에 없이 날렵한 동작으로 준비된 말 등에 올라탔다. 그리고는 질풍같이 말을 달리기 시작했다. 지축을 흔드는 다급한 말발굽소리와 말 위에서 몽둥이를 흔들며 고래고래 질러대는 황상의 고함소리에 혼비백산한 김우의 부하들은 줄행랑을 쳤고, 그 자리를 대신 구경꾼들이 새까맣게 메우기 시작했다.

김우와 황상의 대박 싸움

상황이 긴박하게 돌아가자 김우도 즉각 다음 작전에 돌입했다. 갑사(왕실 호위를 담당하던 정예 병사) 양춘무, 고효성, 박동수 등 '특전 대원' 10여 명과 방위병(사반) 20여 명 등을 긴급 소집해 현장으로 출동시켰던 것이다. 여기서 잠깐 양 선수의 프로필을 소개하면, '홍코~너' 김우는 제2차 왕자의 난 때 쿠데타의 중심이던 이방간(이성계의 넷째 아들)을 생포해 일약 공신의 반열에 오른 인물로서, 지게 놓고 A자도 모르는 판무식쟁이였지만 무술 솜씨만큼은 뛰어난 장수였다. 반면 '청코~너' 황상은 조선 개국 공신 44명 중 한 명인 평해군 황희석의 아들로, 아버지 덕분에 무관의 고위직까지 오른, 그야말로 '부모가 반+ 팔자'인 인물이었다.

아무튼, 여기는 다시 대치 현장인 수진방 동구 - . 아까부터 몽둥이를 틀어 쥔 채 험악한 표정으로 눈싸움을 벌이던 양측에 일순 전운(?)이 엄습하는가 싶더니, 이윽고 격렬한 육박전이 벌어지기 시작했다. 여기저기서 "어이쿠!", "아야!", "악, 코피!", "야, 같은 편이잖아!" 같은 단말마적 비명들이 난무했다. 양쪽 모두 몽둥이를 들고 붙은 일합이었기에 인명 피해 같은 '중대사고'는 없었지만, 이 과정에서 일개 병사인 양춘무가 휘두른 몽둥이에 대호군 황상의 은대(銀帶: 은제 허리띠)가 맞아 바닥에 나뒹구는 등 물적 피해가 일부 발생했다.

태종, 개판 싸움에 뛰어들다

사헌부로부터 두 '똥별'의 '진흙탕 개싸움(泥田鬪狗)'을 보고받은 태종은 즉각 대호군 황상을 파직시키고 갑사 양춘무 등 4명을 수군에 편입시키는 중징계를 내렸다. 또한 사건의 발단인 가희아에게는 '빳다' 80대의 장형을 내렸다. 그러나 김우에 대해서는 별다른 조치를 취하지 않고 어물쩍 넘어가려 했다. 탁신 등이 '김우는 아주 사사로운 일로 대낮에 큰길 가운데서 궁궐 경비병(禁軍)을 보내 싸움을 시켰는데, 이를 그냥 두면 후일 쿠데타를 꾸미는데 이용될 수 있다'면서 엄벌을 요청했지만, 태종의 입에서 나온 말은 "김우는 공신이니 죄를 물을 수 없다."는 한 마디뿐이었다.

그런데 특기할 점은 이 사건 이후의 미묘한 사태 추이였다. 무엇보다 태종의 태도에 상당한 변화가 감지되었다. 가희아를 보는 눈에 사심이 가득 들어가기 시작했던 것이다. 회식 때마다 고혹미를 발산하는 가희아의 춤사위에 넋을 놓기 일쑤였고, 가희아가 눈앞에서 사라지면 초조해하는 기색이 역력해졌다. 처음에는 '대체 어떤 계집이기에……' 하는 단순 호기심에서 출발했으나, 태종의 그런 호기심은 이내 묘한 애정으로 변해가기 시작했던 것이다. 아닌 게 아니라 가희아는 보면 볼수록 매력이 넘치는 아이였다. '남의 떡이 커 보인다'더니 그 말이 진리이지 싶었다. 저 아이를 그냥 방치해두면 제2의 황상, 제2의 김우 같은 똥파리들이 또 꼬여들지 모른다고 생각했다. 기실 그런 조짐도 일부 감지되고 있었다.

실제로 얼마 전엔 가희아가 의막(依幕 : 임시로 거처하는 천막)을 빌려달라 하니 한성부 관리 놈들이 서로 먼저 내주지 못해 안달하는 사태까지 벌어졌던 것이다. 그래서 태종은 이참에 아주 '내 것'으로 만들어 놓아야겠다고 작정했고, 마누라(원경왕후) 눈초리가 무서워 가까이 하기 어렵다면 최소한 침이라도 발라놓아야 한다고 결심을 했다.

이리하여 1414년(태종14) 1월 13일, 드디어 태종은 가희아를 혜선옹주로 임명하는 파격적인 인사를 단행했다. 부하들 사이를 넘나들며 애정 행각이나 벌이던 일개 무희 가희아는 이로써 일국의 후궁이라는 '성공 신화'를 쓰게 됐고, 스스로 '1왕비, 3후궁' 제도를 법제화했던 태종은 이런 식으로 - 액세서리 모으듯 - 후궁들을 끌어 모아 재위 막판에는 그 숫자가 축구팀을 꾸릴 정도로 불어나게 되었다.

섹시한 기생 하나 때문에 왕실 경비병이 전투 태세에 돌입하고, 또 군단장급 장성들이 백주대낮에 육박전을 벌이는가 하면, 급기야 임금이 문제의 기생을 기습 탈취하는 황당한 일이 횡행했던 나라 조선. 어찌 보면 한심하기 짝이 없는 나라 같지만, 이런 나라가 무려 519년이나 지속되는 질긴 생명력을 과시하며 세계사적으로도 몇 안 되는 '장수 국가'에 당당히 이름을 올렸으니, 미상불 불가사의도 이런 불가사의가 또 있을까 싶다.

보태는 이야기

다들 아시겠지만, 조선시대 기생(혹은 기녀)은 천민 신분이었다. 조선시대에는 천민에 속하는 여덟 개의 직업(八賤 : 팔천)이 있었는데,

사노비, 승려, 백정, 무당, 광대, 상여꾼, 공장(工匠 : 수공업에 종사하던 장인)과 함께 기생이 여기에 포함되었다. 이를 팔반사천八般私賤이라고도 한다. 하여, 기생은 한 번 명부(妓籍)에 이름을 올리면 죽을 때까지 기생으로 살아가야 했다. 비록 양반의 자식을 낳는다 해도 노비종모법에 따라 그 자식 또한 천민이 되었다. 아들은 노비, 딸은 기생, 하는 식이다.

그렇지만 함께 기적에 이름을 올렸다고 모든 기생이 한 통속으로 취급받는 건 아니었다. 기생에도 나름 1패牌, 2패, 3패 하는 등급이 있었다. 등급별 구분은 아래와 같다.

- 1패 : 궁중에서 여악女樂으로 어전에 나아가 가무歌舞를 하는 일급기생
- 2패 : 관가나 재상집에 출입하는 급이 낮은 기생으로서 은군자隱君子 또는 은근짜라고 하며 내놓고 몸을 팔지는 않지만 은밀히 매음도 하는 기생으로서 이들이 보통 관리의 첩이나 '새끼손가락'이 된다.
- 3패 : 술좌석에서 품위 있는 기생의 가무 같은 것은 하지 못하고 잡가나 부르며 내놓고 매음하는 유녀遊女를 가리킨다.

여기서 한 가지 재미있는 사실은, 의녀(醫女)도 기생 신분이었다는

점이다. 즉 우리가 잘 알고 있는 대장금의 장금이도 기생이었다는 얘긴데, 이를 약방기생이라고 한다. 약방기생이 생긴 이유는 남자 의원에게 진찰받는 걸 꺼리는 양반집 부녀자의 병을 진맥케 하기 위해서였다. 약방기생, 즉 의녀醫女는 태종 6년(1406)에 처음 생겼다.

02
고부간의 청출어람
섹스 스캔들

(청출어람: 스승을 능가하는 제자라는 뜻)

위엄 있는 시어머니와 순종적인 며느리?

조선 시대에 있었던 새로운 고부 관계를 소개합니다.

시어머니와 며느리 간에 대를 잇는 '바람'

시어머니 & 며느리에 얽힌 유머를 읽다가 빵 터진 것 중 지금도 뇌리에 남아 있는 하나를 기억나는 대로 복기해보면, 그 내용은 대략 다음과 같다.

어느 날 시어머니와 며느리가 강을 건너기 위해 나루로 갔다. 한데, 배가 너무 작아 사공 외에 딱 한 명만 더 탈 수 있었다. 시어머니는 먼저 며느리를 건너게 했다. 그런데 며느리를 태우고 가던 배가 강 한가운데에 멈추는가 싶더니, 사공 놈이 안다리 후리기로 며느리를 자빠뜨리는 것이었다.

못 볼 걸 본 시어머니였지만, 그렇다고 어쩌겠는가. 좌우지간 강은 건너고 봐야겠거늘……. 시어머니는 하는 수 없이 며느리를 내려놓고 돌아온 배에 올라탔다. 아! 그런데, 사공 놈이 이번엔 강 한가운데서 시어머니마저 자빠뜨리는 게 아닌가. 사공에게 한참 능욕을 당한 뒤 강을 건너온 시어머니는 기가 막히고 코가 막혔지만 우선 이 황당한 사태부터 수습해야 했다. 시어머니는 은근한 어조로 며느리에게 당부했다.

"얘 아가, 이 일은 절대 입 밖에 내면 안 되느니라."

그러자 곧바로 며느리의 싸늘한 대꾸가 되돌아왔다.

"자네나 입조심하게, 동서!"

비록 값싼 유머집 속에서나 있을 법한 이야기지만, 이런 일이 실제로 일어난다면 아마 그 고부간에 '갈등'이라는 단어는 영영 사라지지 않겠나 하는 싱거운 생각도 해보았다. 좋건 싫건 비밀을 공유한다는 건 서로를 경계하고 언행이 조신해지는 부수적인 효과까지 얻을 수 있으니 말이다.

필자가 왜 뜬금없이 이런 돌멩이 끓인 국물 같은 농짓거리로 글머리를 푸는가 하면, 이번 주제가 바로 시어머니와 며느리의 대代를

잇는 '바람' 이야기이기 때문이다. 그것도 당대 최고의 '정치 매거진'
인 〈조선왕조실록〉에 소개될 만큼 장안의 화제를 모았던 토네이
도 급 '바람' 이야기! 자, 그럼 이제부터 《단종실록》제7권(1453년 9월
27일)에 실려 있는 짤막한 기사 몇 토막을 토대로 '그 때 그 사건'을
재구성해보도록 하자.

바람 빠진 첫날 밤

　백촌 김문기(1399~1456)는 조선 초기의 내로라하는 문신 중 한 사
람이었다. 그에게는 단종 재위 1년 즈음에 혼기가 꽉 찬 딸(김씨)이
있었다. 김문기는 여러 장의 이력서를 놓고 궁리를 거듭한 끝에 결
국 '일번'이 아닌 '이번'을 사윗감으로 찍었고, 내친 김에 결혼까지 시
켰다. '이번李蕃'이라 하면 태조 이성계의 이복동생인 의안대군의 증
손자인 데다 재산 빵빵하기로 소문난 상위 1% 집안 자제였기 때문
이다. 딸을 명문가에 시집보내고 '덤'으로 자신까지 왕실의 일족으
로 편입되게 생겼으니, 이거야 말로 '일타 양피'의 대박이 아닌가 말
이다.
　그런데……, 결혼 첫날밤에 그만 사단이 나고 말았다. '자다가 만
져도 큰 게 좋더라'는 금언까지 떠올리며 '개봉박두'를 잔뜩 기대한

김 씨였지만, 아뿔싸! 신랑 되는 자의 '형편'이 말이 아니었던 것이다. 단도직입적으로 말하면, 신랑이 지참하고 온 물건은 소변보는 용도 외에는 아무 짝에도 쓸모없는, 그냥 '살점'에 불과했던 것이다. 결혼이라는 게 본시 죽어라 밥만 지어올리자고 하는 건 아닐진대 새신랑의 형편이 '차라리 없는 게 더 나을' 지경이니, 쓰나미처럼 밀려오는 좌절감은 이루 표현할 수 없을 지경이었다.

귀를 뻥 뚫리게 하는 대박 정보!

그런데 실의의 나날을 보내던 어느 날 김 씨의 귓속으로 초 울트라급 정보 하나가 쏙 빨려 들어왔다. 종들이 짓까부는 '뒷담화'를 엿듣다가 우연히 시어머니 설 씨(판사 설존의 딸)가 매일 밤 냇가에서 '큰 기쁨'을 맛보고 돌아온다는 이야기를 들었던 것이다.

"이것들을 당장……." 김 씨는 문을 박차고 나가 종들을 꾸짖으며 그동안 누적되었던 스트레스나 시원히 날려버려야겠다 생각했다. 하지만 안방 문을 막 밀치려던 그녀는 제자리에 다시 털썩 주저앉고 말았다. 시어머니의 일이 사실이라면 그 또한 시어머니가 살아가는 방식일 수 있다는 '갸륵한' 생각이 후두부를 강타했던 것이다.

시어머니 역시 애초에 밥이나 퍼 대령하기 위해 이 집구석에 들어온 건 아니었지 않은가 말이다.

김 씨는 안테나를 길게 뽑아 올리고 바깥의 동정을 살폈다. 그날 밤 달빛이 어슴프레해지자, 아니나 다를까 범인, 아니 시어머니가 조심스럽게 대문을 나서는 기척이었다. 김 씨는 살금살금 시어머니 뒤를 밟기 시작했다. 냇가에 이를 때까지 이상 징후 같은 건 없었다. 개울가에 도착해서도 시어머니는 여염집 안방마님들처럼 치마를 살짝 걷은 채 조심스럽게 발만 씻을 따름이었다.

그런데, "그럼 그렇지, 이 빌어먹을 종놈들을 그냥……:" 이렇게 중얼거리며 막 걸음을 되돌리려는 찰라, 헉, 놀라운 일이 벌어졌다. 저만치서 시커먼 물체 하나가 조심스레 시어머니 곁으로 다가오더니 옆자리에 슬그머니 앉는 것이 아닌가. 눈부리에 잔뜩 힘을 주고 살펴보니, 대박! 그 시커먼 물체는 이웃에 사는 김한이라는 한량이었다.

볼 때마다 늘 '힘 좀 쓰게 생겼네' 하던 인간인데 사람 눈은 다 비슷하구나 싶어 김 씨는 배시시 웃음까지 새어나왔다. 김 씨는 콩닥대는 가슴을 애써 진정시키면서 '실습 교육 받는 학생'처럼 두 남녀가 하는 양을 좀 더 지켜보기로 했다.

시어머니를 넘어서고야 말리라!

"호호홋……, 성질도 급하긴, 아, 솥 속에 콩도 익어야 먹는 게지잉."

시어머니의 코맹맹이 소리가 작렬하면서 잠시 기계(?) '예열'에 몰입하던 남녀는 얼마 후 자리를 털고 일어나 으슥한 곳으로 잰걸음을 옮기기 시작했다. 헐~. 김 씨는 둔기로 뒤통수를 오지게 강타당한 듯한 충격에서 좀처럼 헤어나지 못했다. 조선 땅에서 손꼽히는 명문가 며느리이자 자신의 시어머니인 설 씨가 이웃집 한량과 '새끼손가락' 관계일 줄이야!

방에 돌아와 이런저런 상념으로 밤을 하얗게 밝힌 김 씨는 다음 날 새벽녘이 되자 이윽고 마음을 다잡은 듯 오른 주먹까지 불끈 치켜 들면서 중얼거렸다.

"그래, 결심했어! 나도 시어머니처럼 살 테야!"

김 씨가 이런 결심을 한 데에는 다 그럴 만한 이유가 있었다. 후일 알고 보니 시어머니 설 씨의 남성 편력은 그대로 옮기면 즉시 '음란물'로 지정될 만치 다양하고 화려했던 것이다. '자태가 아름다웠으나 남색을 유난히 밝히던(문종 2년 3월 28일자 기사)' 시어머니는 남편(이효경)이

풍으로 사내구실을 못하고부터 '남자 헌팅'이 유일한 취미였다.

그녀는 장작 패는 불노佛老라는 종놈의 시원한 이목구비와 딱 벌어진 어깨, 그리고 도끼질할 때 불끈불끈 솟는 이두박근(이 대목에서는 오지호 정도를 생각하라. 조형기를 연상하면 절대 안 된다)에 꽂혀 놈과 '황홀해서 새벽까지' 같은 에로물을 여러 편 찍었다. 뿐만 아니라, 요양을 핑계로 함께 살던 제부弟夫 순평군 이군생과도 그 속편을 몇 편 더 찍었다는 소문이 장안에 파다했다.

신윤복의 이부탐춘(嫠婦耽春)-두 아낙네가 봄을 탐하다

하지만, 그럼에도 시어머니는 일체 문책을 당하는 일이 없었다. 시어머니가 왕족과 결혼할 정도로 지체 높은 집안 딸이었기에 조정에서도 함부로 죄를 묻기 어려웠던 것이다. 김 씨는 이런 관행이 자신에게도 적용될 것이라 믿어 의심치 않았다. 때문에 김 씨에게 있어 시어머니 설 씨는 이제 '롤 모델'이자, 극복해야 할 대상이었다.

물건을 찾아라!

흔들릴 때마다 '요즘 세상에 애인 없으면 6급 장애인'이라는 말로 스스로를 다그치며, 김 씨는 일단 생각을 정리해봤다. 아무리 생각을 곱씹어 봐도 결론은 딱 하나! '제대로 된 물건'을 발굴해내는 것이었다.

> "쓸 만한 물건 구한다고 알림방에 올릴 수도 없는 노릇이고, 애고……."

김 씨의 고민은 깊어만 갔다. 하루 종일 '쓸 만한 물건, 쓸 만한 물건……' 하고 다니다 보니 어느새 "물건……, 물건……" 하고 잠꼬대까지 하는 지경에 이르렀다. 그러던 어느 날, 오랜 탐색 끝에 드디어 고대하던 '물건' 하나를 찾아냈다. 이웃에 사는 임중경林仲卿이라는 사내가 아주 실하다는 정보를 입수했던 것이다.

그러나 떠도는 소문은 그리 믿을 것이 못 되는 경우가 많았다. 더욱이 '수캐 뭐 자랑하듯 한다'는 속담도 있듯이 사내들이란 본시 '그 문제'에 있어서만큼은 부풀리기가 뻥튀기과자 이상이라는 걸 일찌감치 터득해온 김 씨가 아니던가? 요컨대, '실체적 진실'을 규명하는 작업이 무엇보다 선행되어야 하는 사안이었다.

장고 끝에 김 씨는 자신의 몸종을 은밀히 불러 '극비 프로젝트' 하나를 하달했다. 직접 몸으로 부딪혀 소문의 진위를 확인해 오라는 '오더'였다. 소뿔도 단 김에 빼랬다고, 거사 날짜는 바로 '오늘 밤'으로 정해줬다. 평소 그 방면에 워낙 타고난 '저마다의' 소질을 자랑하던 아이 중 한 명이었던지라 몸종은 임무를 훌륭히 완수하고 돌아왔다. 임무에 얼마나 충실했던지, 홍조 띤 채 돌아온 몸종의 얼굴에서는 여전히 희열의 찌꺼기가 남아 있었다.

이 정도면 물어보고 자시고 할 것도 없었다. 무조건 합격이었다. 김 씨는 쾌재를 부르면서 다음 프로젝트를 가동했다. 이번에는 김 씨가 직접 '선수'로 뛰는 프로젝트였다. 선수는 선수를 알아본다고 했던가, 격렬한 일합을 겨룬 뒤 그들은 간단히 서로의 '새끼손가락'이 되어주기로 합의했다.

며느리 김 씨에게 열린 신세계

두 사람의 '밀월 관계'는 꽤 오랫동안 이어졌다. 걸을 때 실룩대는 엉덩이짓이 더욱 요란해졌다는 숙덕공론도 들려왔지만 그녀는 개의치 않았다. 김 씨는 임중경을 만난 이후 종들을 대하는 자신의 태도 또한 한결 나긋나긋해졌다는 사실에 깜짝 놀라곤 했다. 이젠 임중경이 새 삶을 살게 해준 은인이라는 생각까지 들었다. 임중경 또한 처음에는 눈치라도 좀 보더니 이젠 김 씨 집 안방을 제 집 안방처럼 드나들었다.

김 씨의 명성이 점점 '전국구 스타'로 자리매김 되어가자 이를 배우려는 후학(?)들도 하나 둘 생겨나기 시작했다. 대표적인 후학이 바로 판종부시사 황보공의 딸과 전 녹사 황인헌의 딸이었다. 여염집 처녀였던 이들은 평소 '기본기'를 충분히 익혀둔 터라 별다른 수련 과정 없이 곧바로 게임(?)에 투입될 수 있었다. 이름 하여 '좀 노는 트로이카'가 완성되었던 것이다.

이들은 이제 '떼'로 몰려다니며 '쓸 만한 물건'을 탐색하기 시작했다. 여러 명이 함께 하니 작업 실적 또한 눈에 띄게 좋아졌다. 이들 트로이카의 주된 '작업장'은 백악산(현 북악산) 기슭의 후미진 곳이었다. 이들은 '쓸 만한 물건'만 충원되면 어스름 녘 이곳에 모여서 함께 술도 마시고 삐리리도 했다. 일종의 '난교' 또는 '스와핑' 파티였던 셈이다.

김 씨의 애정 행각은 점점 대범해졌다. 조만간 '레전드'인 시어머니의 명성까지 뛰어넘을 기세였다. 이젠 이삭 무성한 보리밭이나 녹음 우거진 숲속은 죄다 침실로 보이는 착시 현상까지 나타났다. 그러다 보니 하루는 자신의 집 후원에서 삐리리 하다 나무 위에 있던 우계손이라는 사내의 아들놈에게 발각되기도 했다.

물먹은 김 씨의 남편

꼬리가 좀 길다 했더니, 역시나 얼마 뒤 일이 터지고 말았다. 언제부턴가 남편이 냄새를 맡은 듯한 정황이 감지되더니, 아니나 다를까 임중경과 함께 자고 있을 때 모친 집에 다니러 간다던 남편이 느닷없이 들이닥쳤던 것이다.

한데, 남편이 임중경에게 달려들어 원 투 스트레이트를 연발로 작렬시키는 순간 믿기지 않는 일이 벌어졌다. 별안간 김 씨 집 계집종들이 떼로 달려들어 남편에게 몰매를 가하기 시작했던 것이다. 계집종들이 안방마님의 불륜을 감싸기 위해 제 주인마님에게 집단 린치를 가한 기네스북에나 오를 희대의 막장사건이었다.

눈탱이가 밤탱이로 변한 남편은 이 기막힌 현실이 믿기지도 않았 거니와 도무지 '쪽 팔려서' 112에 신고할 엄두조차 나지 않았다. 같 은 여성들로서 원인 제공자(?)에게 공분을 느껴 저지른 우발적인 폭 력 사태쯤으로 얼버무리는 수밖에······.

하지만 나쁜 소문은 날개를 단다고, 이 사건은 기어이 헌사憲司까 지 흘러들어가게 되었다. 대신들도 더 이상 두 눈만 껌벅거리고 앉 아 있을 수 없었다. 자신을 '패리스 힐튼'과 동급이라고 생각했는지 김 씨는 심심하면 한 건씩 '특종'을 터뜨려댔고, 이런 사건들이 터질 때마다 비록 동료 딸이라지만 양반들도 열불이 안 날 수가 없었던 것이다.

바람의 천운을 타고난 김 씨

급기야 처벌을 더 이상 미뤄서는 안 된다는 여론이 들끓기 시작 했다. 조정에서는 단종에게 아버지 김문기에 대한 탄핵도 요구하고 나섰다. 사건 보름쯤 뒤 김문기는 결국 사표를 제출했고, 김 씨는 이제 죄 값을 치르는 일만 남은 듯했다. 한데 이번엔 김문기의 친척 인 수사 책임자(대사헌) 박중림이 사건서류를 깔고 앉아 미적거리기 시작했다.

　보다 못한 사간원은 서류 일체를 빼앗다시피 들고 와 의금부에 넘겼고, 의금부는 '특별수사팀'을 꾸려 수사에 나섰다. 그리고 수사가 얼추 마무리되어 김 씨에 대한 구속 영장이 막 청구되려 할 무렵, 또 다시 '탈'이 나고 말았다. 저 유명한 수양대군의 쿠데타 '계유정난'이 발발하면서 나라 안이 온통 혼란 속으로 빠져들었던 것이다. 격심한 혼란 끝에 조카로부터 '임금 전용 걸상'을 강탈하는데 성공한 수양대군, 아니 세조가 '취임 기념 선물'로 내놓은 것은 '타월' 대신 '대사면大赦免령'이었다.

　사면 대상에는 당연히 김 씨도 포함되었고 얼마 뒤 그녀는 털끝 하나 다치지 않은 채 당당히 감옥 문을 나설 수 있었다. 운 한번 더럽게 좋은 여인이었다. 이 소식을 전해들은 아버지 김문기 또한 기분이 째졌던지 주변 사람들에게 이렇게 자랑을 늘어놓았다.

> "요즘 철퇴(계유정난 때 임어을윤이 김종서의 머리를 철퇴로 내리친 사건을
> 말하는 듯)가 왔다 갔다 하더니 우리 딸의 죄가 얼음같이 풀렸다."
>
> - 《단종실록》1453(단종1) 9월 27일

바람의 마침표

위기 때마다 아버지 '끗발' 덕을 톡톡히 봤던 김 씨는, 역설적이게 도 얼마 뒤 바로 그 아버지로 인해 끝 간 데 없는 나락으로 떨어지 는 신분의 일대 반전을 경험하게 되었다. 아버지 김문기가 단종 복 위 운동에 참여했다가 능지처참 당하면서 그 불똥이 고스란히 김 씨에게로 옮겨 붙었기 때문이다.

《세조실록》 1456년(세조 2년)년 9월 7일자 기사에는 새 정부의 대대 적인 '인사발령사항'이 기록되어 있다. 이름 하여 '난신(亂臣 : 나라를 어 지럽힌 신하, 즉 반 쿠데타 세력)에 연좌된 부녀 등을 대신에게 나눠주는 특별 조치'였는데, 이 기사를 찬찬히 살피다 보면 후미 쯤에 다음과 같은 기록이 있음을 확인할 수 있다.

> 김문기의 딸 종산終山은 대사헌 최항에게 주고…….

그랬다. 왕족 며느리라는 상위 1% 신분을 안전판 삼아 성리학적 도덕주의에 일침을 가한다는 따위의 고상한 가치 체계와는 아무 상 관없이 오로지 시어머니와 '경쟁 구도'까지 형성한 채 성적 유희에만 천착함으로써 세상의 손가락질을 한 몸에 받았던 김 씨는, 예기치 않았던 정치 소용돌이에 휘말려 결국 남의 집 노비로 팔려가 비참 한 여생을 보내게 되었던 것이다.

03
세기의 '섹스머신'
어을우동의 엽기행각

뭇 남성들을 설레게 했던 여인, 어을우동!

그녀가 조선 사회에 던진 엽기 행각의 처음과 끝

한양을 뒤흔든 초특급 스캔들

1480년(성종11) 6월, 황색언론의 대표주자 〈선데이 한양〉이 특종을 터뜨렸다. '어을우동於乙于同'이라는 흔한 분식류 이름 같은 한 '돌싱녀'가 수많은 남성들과 음란 행각을 벌이다 걸렸다는 초대형 섹스 스캔들이었다. 때맞춰 조정도 발칵 뒤집혔다. 그 '우동을 맛 본' 사내들 상당수가 왕족과 고위공무원 군으로 드러났기 때문이다. 조정에서는 연일 대책 회의가 열렸고, 〈선데이 한양〉 궁궐 출입기자는 물 만난 고기처럼 신이 나서 상보를 타전하기 시작했다.

섹스 스캔들이 처음 알려진 건 그해 6월 13일 성종이 의금부에
다음과 같은 명령을 내리면서였다.

"방산수 이난李瀾이 태강수 이동李仝의 버린 아내 박씨(어을우동)와 간
통했으니 국문하여 아뢰라."

그리고, 그 이틀 뒤인 6월 15일 좌승지 김계창이 박 씨(어을우동)의
과거 행적은 물론, 그 모친 정 씨의 불륜사까지 임금에게 고해바침
으로써 세상에 널리 알려지게 되었다.

"박씨가 처음에 은장이와 간통하여 남편의 버림을 받았고, 또 방산수
와 간통하여 추한 소문이 일국에 들리었으며, 또 그 어미는 노복과 간통
하여 남편에게 버림을 받았었습니다."

이렇게 시작된 '어을우동 스캔들'이 조정에 던진 충격파는 가히
메가톤급이었다. 무엇보다 《성종실록》에 실린 꽤나 상세한 기사가
이를 방증한다. 오늘로 치면 '정치부' 기자 격인 사관들은 졸지에 남
녀상열지사나 받아 적는 '찌라시' 기자로 전락한 현실에 매우 곤혹
스러워했으며, 일각에서는 등재를 꺼리는 현상까지 나타났다고 한
다. 필자 또한 스토리가 스토리인지라 접근이 좀 꺼려지는 측면이
있었지만, 이왕지사 보따리를 풀어놓은 만큼 '우야튼' 끝장은 보기

로 하겠다.

소문에 소문이 더해지다

어을우동(야사에선 '어우동'이라고도 하지만 《성종실록》의 표기대로 이렇게 부르겠다)은 본시 사대부 집안의 여식이었다. 그녀의 아버지는 외교 문서를 담당하던 승문원에서 지사를 지낸 박윤창이라는 인물이었다. 박윤창은 종3품까지 올랐으니 나름 고위직이었는데, 우연히 왕족과 연이 닿아 딸을 효령대군(세종대왕 형)의 손자인 태강수 이동에게 시집보냄으로써 상류 1%에 편입되는 데 성공했다. 결혼과 동시에 졸지에 왕실의 종친이 된 어을우동은 외명부 품계(종친의 처, 딸 및 문무관의 처로서 남편의 지위에 따라 봉작을 받은 사람)인 '혜인'으로 봉작되는 잭팟도 터뜨렸다.

하지만 스토리의 완성도를 높이려는 의도였는지, 어을우동은 얼마 뒤 상놈과의 삐리리 설에 휘말려 결국 시댁에서 쫓겨나고 말았다. 당시 종부시(종실 비리를 규찰하는 부서)에서 성종에게 보고한 비리 내용을 간략히 정리하면 이렇다.

어느 날 남편이 집으로 젊은 은장銀匠이를 불러 은그릇 제작을 의뢰하게 되었다. 그런데 하필 그날 방문한 은장이 놈이 시쳇말로 '꽃미남'이었다. 이에 즉각 특유의 '끼'가 발동한 우동은 남편이 출타한 틈을 타서 여종의 옷으로 갈아입고 은장이 옆에 찰싹 붙어 갖은 수작질로 놈을 흐물흐물 녹여 놓았다. 그런 다음 놈을 슬그머니 안방으로 잡아끌었고, 이에 사실상 '자발적으로' 끌려들어간 은장이는 안방에서 어을우동과 '좋은 시간'을 보냈다.

여기까지가 종부시에서 보고한 이른바 '박 씨 부인 퇴출 사건'의 요지다. 하지만, 당시 정황을 놓고 볼 때 여기엔 고개가 갸웃거려지는 대목이 조금 있다. 《성종실록》에 따르면, 당시 종부시는 기생(연경비)과 사랑에 빠진 남편 이동이 아내의 허물을 구실 삼아 '제멋대로' 내쳤다고 판단했다. 때문에 성종도 이를 인정해 이동의 관작을 삭탈하는 한편 두 사람의 재결합을 지시하기까지 했다.

또 어을우동이 교수형에 처해지던 날의 공소내용에는 "서로 이야기하며 마음속으로 가까이 하려 하였다"고만 기록되어 있다. 요컨대 그 둘의 '러브스토리'는 '에로틱(erotic)'까지 진도가 나가지 못한 상태에서 '쫑' 났을 개연성도 엿보인다는 얘기다.

하지만 그 정도 수위로는 흥행성이 떨어진다고 봤는지, 〈선데이

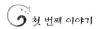

한양〉 등에서는 19금을 넘나드는 아슬아슬한 내용들을 마구 쏟아 내기 시작했다. 이를테면, 남편이 출타 중인 사이 두 사람은 부엌에서 삐리리를 했고, 이후에는 은장이에게 여자 옷을 입힌 채 안방으로 들어가 삐리리 하는 등 마치 '여관용 에로비디오' 같은 짓거리를 거침없이 하다가 남편에게 덜미가 잡혔다는 식이었다.

어을우동 인생의 터닝 포인트

아무튼, '계집종' 코스프레하며 애정행각을 벌이다가 소박맞고 모친 집(아버지 박윤창은 '내 딸이라는 증거가 없다'며 그녀를 받아들이지 않았다)으로 쫓겨와 '방콕'하던 어을우동을 일약 '화류계의 레전드'로 등극시킨 인물은 그녀의 계집종이었다. 이 계집종은 허구한 날 골방에 들어앉아 신세 한탄이나 해대는 주인이 안쓰러웠던지 어느 날 살짝 이런 제안을 하게 되었다.

"마님 마님! 제가 아는 사람 중에 오종년(吳從年)이라고 있걸랑요? 일찍이 사헌부 도리(아전의 우두머리 격)가 됐고, 생긴 것도 태강수(이동)보다 월등한 데다, 집안도 그리 천하지 않으니 배필로 삼을 만해요. 구미가 동하신다면 제가 당장 가서 데려올게요."

이렇게 해서 1 : 1 미팅을 하게 된 어을우동과 오종년은 안방에서 희희덕거리며 "지금 전기 통하지 않으시오?", "전기는 코드를 꽂아야 통하는 게지요. 호호홋" 뭐 이렇게 희롱질을 해대다가 급기야 삐리리까지 하게 되었다. 계집종은 계집종 대로 '원 포인트'로 뛴 '포주질'이 삼빡하게 성공하자 아예 두 팔 걷어 부치고 전문 포주의 길로 나서게 되었다.

계집종은 나름 반반한 인물을 앞세워 밤마다 거리에서 물 좋은 '킹카'를 물어와 어을우동의 침실에 공급했고 '여분'은 자신의 방으로 데려갔다. 이처럼 방탕한 생활은 거의 매일 밤 이루어졌다. 또 꽃이 흐드러지게 핀 아침이나 달이 교교히 뜬 밤에는 욕구를 이기지 못해 둘이 함께 거리를 헤매면서 갖은 교태로 사내들을 홀리다 새벽이 다 되어서야 돌아오곤 했다.

성현의 《용재총화》에 따르면, 길가에 집을 빌려놓고 지나가는 사람들을 감상하다가 어을우동이 '저 아이들 어때?' 하고 물으면 계집종이 '하나는 하체가 튼실하고 또 하나는 코가 크니 주인님 취향에 맞을 듯합니다'라고 대답하고, 이에 우동이 다시 '하체가 튼실한 애는 내가 가질 테니, 너는 코 큰 애 가져라' 한 뒤 둘이 입 모아 까르르 대는 희롱질도 거의 매일 했다 한다.

옥에 갇히게 된 어을우동

이제 제대로 탄력 받은 어을우동의 남성 편력은 더욱 대담해져 갔다. 이미 거리낄 게 아무것도 없는 처지였으므로 이름조차 '현비'로 바꾸고 기생처럼 생활하면서 혈연, 연령, 출신성분 따위를 철저히 무시하는, 앞서가는 '오픈 마인드'로 사내들을 마구 섭렵하기 시작했다. 그녀의 파트너로는 고위 공무원과 풋내기 공무원, 유생 등이 마구 뒤섞여 있었으며, 심지어는 시당숙집 종놈까지도 한 다리를 걸치고 있었다. 당시 '어을우동 스캔들'에 연루됐다고 거론된 인물은 박강창, 홍찬, 어유소, 노공필, 김세적, 김칭, 정숙지, 김휘, 이승언, 홍찬, 감의형, 구전, 이근지, 지거비 등 계층을 망라해 그 인원이 수십 명에 달했다.

하지만 이렇듯 도무지 멈출 것 같지 않던 폭주 기관차도 멈추어야만 하는 운명의 순간이 다가오고 말았다. 세기의 섹스머신 이야기로 장안이 후끈 달아오르자 급기야 의금부에서 어을우동을 전격 잡아들였던 것이다.

화려한 어을우동의 전적

어을우동에 대한 의금부의 강도 높은 수사가 시작되었다. 그리고 다음 날부터 수사 내용이 찔끔찔끔 새어나오기 시작했다. 예상했던 대로 말초 신경을 자극하기에 충분한 내용들이 실시간으로 쏟아져 나왔다. 쌍과부집 안주거리로나 오를 법했던 친척집 종놈과의 충격적인 삐리리 설도 사실로 드러났다. 캐도 캐도 미담……은 개뿔, 캐도 캐도 추악한 섹스 스캔들만 '노다지'로 쏟아져 나왔던 것이다. 당시 어을우동의 공소장(?)에 나타난 범죄 사실 중 대표적인 것을 몇 개만 추리면 다음과 같다.

① 전의감 생도(의학생도) 박강창은 종(노비)을 파는 문제로 어을우동 집에 들러 값을 흥정하던 중 갑자기 '스파크'가 일어 마침내 삐리리 하였다.

② 생원 이승언은 어을우동이 지방에서 올라온 새 기생인 줄 알고 희롱도 하고 말도 붙이며 집에까지 함께 갔다가 마침내 삐리리 하였다.

③ 성균관의 9급 공무원에 합격한 홍찬은 어느 날 거리를 거닐다가 방산수 집 앞에서 어을우동의 눈에 띄었는데, 그를 보고 구미(?)가 동한 어을우동이 홍찬을 다시 만나자 소매로 그의 얼굴을 슬쩍 건드리며 유혹하니 마침내 삐리리 하였다.

④ 밀성군(세종의 다섯째 서자)의 종 지거비는 바로 이웃에 살았는데, 어느 날 어을우동이 새벽에 집을 나가는 것을 보고 "부인은 왜 야밤에 자

꾸 집을 나서는 거요? 내가 입만 벙끗하면 어찌 되는지 아요?" 하고 협박하니 이를 두려워한 어을우동이 입막음조로 지거비를 안으로 불러들여 마침내 삐리리 하였다.

⑤ 그밖에, 서리 감의형은 길에서 우연히 집까지 따라갔다가, 양인 이근지는 소문 듣고 일부러 집까지 찾아와서, 그리고 옆집에 살던 내금위 구전은 정원에 나와 있던 어을우동과 눈이 맞아서 마침내 삐리리 하였다.

⑥ 한편, 병조판서 어유소는 어을우동과 조상묘(사당)에서 마침내 삐리리 한 뒤 그 정표로 옥가락지를 주었고, 김휘는 사직동에서 어을우동과 만나 길가의 민가를 빌려 마침내 삐리리 했다는 증언(방산수 이난)이 나왔다. 하지만 둘 다 '오리발'로 일관한 데다, 고위직이었던 탓에 '물증'이 없다는 모호한 이유로 처벌을 면했다.

어을우동이 '기생전문학원'을 우수한 성적으로 이수해 시, 그림, 서예에 두루 능했던 탓인지 그의 집에는 자칭 문장가 나부랭이들의 출입도 잦았는데, 이들 역시 대부분 의금부에 불려 가는 등 한양 일대의 '껄떡쇠'들은 때 아닌 '사정 - 여기에서는 사정司正보다 사정射情이 더 적절하겠다 - 한파'로 일제히 된서리를 맞게 되었다.

세상을 경악시킨 어을우동의 행각

의금부의 수사 과정에서 다소 엽기적인 사실도 하나 새롭게 드러났다. 어을우동이 마음에 드는 사내들에게는 몸뚱이에 먹물로 자신의 이름을 새기도록(즉 문신을 하도록) 했다는 것이다. 만약 이를 좀 꺼림칙해하는 사내가 있을 경우 그녀는 즉각 "이건 당신과 나만의 사랑의 증표야요." 하는 필살기로 떡실신을 시켜 놓은 뒤 문신 작업을 감행했다. 그녀가 가장 사랑했던 박강창은 팔뚝에, 서리 감의형은 등짝에 각각 '於乙于同(어을우동)'이라는 네 글자를 새겨 넣고 다녔는데 이때부터 도하 각 언론은 '박 씨' 대신 '어을우동'을 정식 호칭으로 쓰기 시작했다.

그런데, 이 정도는 아직 간보기였다는 듯, 〈사건과 실화〉같은 황색잡지에서 '경악'이라는 자극적인 단어 밑에 큰 타이틀로 뽑은 제목이 또 한 번 독자들을 경악시켰다. 그녀가 수산수 이기李驥와 방산수 이난李爛 등 시댁 아주버님들과도 삐리리를 했다는 엽기적인 제목이 대문짝만하게 내걸렸던 것이다.

기사에 따르면, 어을우동이 수산수 이기를 만난 건 단오날이었다. 그날 아침 감실거리는 봄 햇살 맞으며 계집종과 함께 단오장을 찾은 어을우동은 도성 서쪽에서 그네뛰기로 '수작질'을 시작했다. 이 모습은 근처에서 '헌팅'에 몰두하고 있던 이기의 예리한 눈에 그대로 포착됐다. 이기는 즉각 계집종에게 다가가서 "뉘 집의 여자냐?" 하고 물었고 계집종은 "내금위의 첩입니다"라고 대답했다.

이기는 바로 '작업'에 들어가 "나랑 의금부에 좀 다녀와야겠수다. 그대가 내 마음을 몽땅 훔쳐 갔으니까" 운운하며 준비한 닭살 멘트를 쏟아냈고, 이에 급속도로 가까워진 두 사람은 마침내 모텔(京邸)까지 함께 들어가게 되었다. 이기는 정종의 현손(손자의 손자)이었으므로 어을우동에게는 8촌 시아주버니가 되는 종친이었다.

그녀는 또 6촌 시아주버니인 방산수 이난과도 눈이 맞아 꽤 오랫동안 동거했다. 이난은 호탕한 성격에 시에도 재능이 있는 젊은이였는데, '제수씨'를 얼마나 사랑했는지 자기 팔뚝에 문신을 새겨 넣는가 하면, 어을우동이 잡혀 들어갔을 땐 끝까지 변호한 유일한 사내로 이름을 남겼다. 이난은 어을우동을 위해 다음과 같은 시조도 한 수 남겼다.

물시계는 또옥또옥 야기가 맑은데 / 玉漏丁東夜氣淸

흰 구름 높은 달빛이 분명하도다 / 白雲高捲月分明

한가로운 방은 조용한데 향기가 남아 있어 / 間房寂謐餘香在

이런 듯 꿈속의 정을 그리겠구나 / 可寫如今夢裏情

형장의 이슬이 되다

어을우동은 1480년(성종11) 10월 18일 결국 교수형에 처해졌다. 주구장창 '시범 케이스'를 외치는 김계창, 심회, 윤필상, 이덕숭 등의 위세(?)에 눌린 성종이 "음탕하게 방종하기를 거리낌 없이 했는데도 죽이지 않는다면 뒷사람들은 또 어떻게 징계할 수 있겠는가?"라면서 사형을 명했기 때문이다.

이로써, 한때 왕실의 며느리로 화려한 비상을 꿈꾸다가 돌연 세상의 뭇 사내들을 쥐락펴락하는 요녀로 탈바꿈해 나라 안 온도를 족히 5도는 끌어올려놓은 뒤 '여성의 성해방 논쟁, 어떻게 생각하십니까?'라는 심각한 토론 주제만 무더기로 싸질러 놓은 채, 희대의 섹스 아이콘 어을우동은 역사의 뒤안길로 사라지게 되었다. 사형이 집행되던 날, 어을우동이 감옥에서 나와 형장으로 향할 때 그녀의 계집종은 갑자기 수레에 올라 얼싸안으면서 다음과 같이 울부짖었다.

"정신을 잃지 마세요. 이 일이 없었다면 이 일보다 더 큰 일이 일어나지 않으리라는 것을 어찌 알겠어요?"

신윤복의 단오풍정(端午風情)

또, 일찍이 딸에게 자신의 '타고난 바람기'를 실천으로써 전수해 주었던 모친 정 씨는 딸 어을우동의 죽음에 즈음, 담담한 어조로 이런 명언(?)을 남겼다.

"사람이 누군들 정욕情慾이 없겠는가? 내 딸이 사내에게 혹惑하는 것

이 다만 너무 심할 뿐이다."

임금마저 의심받게 한 희대의 요부?

한편, 스캔들이 확산일로를 걷자 장안의 황색 잡지들은 '밝힘증'이 유별났던 성종에게도 의심의 눈초리를 보내기 시작했다. 폐비 윤 씨가 성종의 얼굴에 상처를 입힌 것도 실은 어을우동과의 '부적절한 관계' 때문이고, 일개 섹스 스캔들의 주인공에게 전례 없이 사형을 지시한 것도 서둘러 증거를 인멸하려는 성종의 '꼼수' 때문이었다는 '썰'이 그럴싸하게 유포되고 있었던 것이다.

하지만 이런 '썰'은 정사正史에서 빠졌고, 성종 연루설은 증거 불충분으로 종결 처리되고 말았다. '정론 직필'을 모토로 하는 사관들이 시중의 '루머'를 받아 적는다는 건 자존심이 허락치 않았거니와, 성종에 관한 추잡한 '루머'를 다른 실록도 아닌 《성종실록》에 올린다는 것 또한 적잖은 부담감으로 작용했기 때문이다.

그 후 어을우동 스캔들은 백성들 뇌리에서 서서히 멀어지게 되었다. 그런데, 후대에 들어 그녀에게 비상한 관심을 보인 임금이 하나 있었다. 눈치 빠른 분들은 벌써 감 잡았겠지만, 조선 최대의 '색마왕' & '막장 오브 막장왕' 연산군이었다. 1497년(재위 3년) 12월 16일 연산군은 승지와 뜬금없이 어을우동에 관한 이야기를 주고받았는데, 예나 지금이나 선수가 선수를 알아보는 건 별반 달라지지 않았음을 나타내는 실증적인 사례라고 생각되어 그 대화 내용 전문을 여기 옮겨본다.

"선비 집안으로 어을우동이란 여자가 시를 지었다는데 그런가? 그 당시 심문한 내용을 궁궐 안으로 들여오게 하라."

"어을우동은 박원창의 딸이온데, 음행淫行죄로 사형에 처했으며 시는 내연남 방산수가 지은 것입니다. 이런 더러운 사실을 전하께서 보신다는 것은 말도 안 됩니다."

"에이, 그럼 들여오지 말라."

"이 따위 일을 경연經筵 같은 데서는 아뢴 자가 없었을 텐데 전하께서는 어디서 들으셨습니까? 필시 전달한 자가 있을 것이오니 그게 누군지 들려주옵소서."

"나는 성종조 때 이미 이 일을 알았는데 오늘 우연히 기억이 난 것뿐이다. 내가 당시 심문한 내용을 보려한 연유를 알아야겠다며 그대들이 꾸짖어 묻듯 하니 내 기분 심히 엿같다."

04
충격적이고 거북한 '근친상간' 스캔들

여성의 성욕 억제에 앞장섰던 조선의 사회 윤리.
그 뒤에 패륜이 성행할 수밖에 없었던 이율배반!

실록 곳곳에 박혀 있는 남녀상열지사

몇 해 전, 우리 영화계가 때 아닌 '벗기기 논쟁'으로 후끈 달아오른 적이 있었다. 여관용 비디오야 본시 살색이 화면을 많이 점유할수록 우수작품으로 대접받지만, 극장용 영화에서까지 이를 '보증수표'로 착각하고 마구 벗기기 시작한다는 비난에서 촉발된 논쟁이었다.

말하자면 '예술이냐, 외설이냐' 하는 시비였는데, 외설이라는 쪽은 표현의 자유라는 당의정을 살짝 입혔을 뿐 본질은 무분별한 벗기기로 말초 신경을 자극함으로써 상업성과 흥행성을 높이려는 '꼼수'

라고 비난했고, 예술이라는 쪽은 벗기기가 극의 전개에 매우 중요한 역할을 하고 묘사의 필연성과 당위성을 모두 갖췄기 때문에 문제될 게 없다고 반박했다.

〈조선왕조실록〉에도 〈야담과 실화〉 같은 황색잡지에나 실리면 구색이 딱 맞을 것 같은 '야한 이야기'가 수두룩하게 박혀 있다. 사관들이 상업성을 추구하려 한 건 아니었겠지만, 그중에는 구어체로 기록되어 외설에 가깝다고 느껴질 만치 묘사가 적나라한 것도 꽤 있다. 실록이 본시 딱딱한 내용으로 채워져 있지만, 곳곳에 이런 군침 도는(?) 내용들이 삽화처럼 포진해 있어 나름 지루함을 덜어주는 역할을 톡톡히 해내고 있는 것이다.

알다시피 조선 왕조는 유교 이념을 국시國是로 하는 나라였다. 유교는 좀 과도하다 싶을 정도로 성性에 대한 억압이 심했다. 유교 가르침의 하나인 '남녀칠세부동석'은 어쩌면 그 상징적인 규범이라 할 수 있다. 하지만 실록을 들여다보면 그것보다 차라리 '남녀칠세지남철'이 더 어울리겠다 싶을 정도로 남녀상열지사를 다룬 내용이 적지 않은 비중을 차지한다. 왜 그럴까? 하지 말라고 하면 더 하고 싶어 하는 머리 검은 짐승들의 본능 때문일까?

실록에 등장하는 남녀상열지사 중 가장 엽기적인 건 뭐니 뭐니

해도 근친상간近親相姦에 관한 기록이다. 실제로 조선 시대엔 근친상
간으로 세상이 발칵 뒤집어진 경우가 여러 차례 있었다. 특히 성종
연간에 이런 기록들이 유독 많이 발견되는데, 최음제를 건강보조식
품으로 오인하고 나눠 먹은 건지, 이 시기엔 왕실 종친들이 대열을
선두에서 이끄는 쓸데없는 리더십을 자주 발휘해 성종을 곤혹스럽
게 했다.

이 이야기 또한 성종 연간에 왕실 종친이 저지른 근친상간 중 하
나인데, 구체적인 상황 묘사가 외설 논란을 불러일으킬 정도로 노
골적이다. 그렇다면 대체 수위가 어떻기에 이런 평가가 나오는지 지
금부터 그 이야기 속으로 함께 들어가 보도록 하자.

유교 사회에서 감히 근친상간이라니!

1486년(성종 17년) 1월 12일, 옥산군 이제李躋와 마주한 성종의 용
안이 살짝 일그러졌다. 저 똠방이 이번엔 또 뭘 물었기에 댓바람부
터 날 찾는가 싶었던 것이다. 실제로 옥산군 이제는 부업으로 파파
라치 노릇이라도 하는지, 희한한 소문들을 잘도 물어오던 중이었
다. 아니나 다를까, 그의 입에서 충격적인 이야기 하나가 툭 튀어나

　　　　　조선을 뒤흔든 섹스 스캔들

왔다.

　"죽은 덕성군 이민의 후처 구 씨具氏가 제 자식 영인군 이순을 양아들로 삼은 것 잘 아시죠? 그런데 엊그제 구 씨가 갑자기 배가 아프다고 말해 순이 의원을 불러 치료한 지 하루가 넘었는데 엉뚱하게도 오늘 아이를 낳았지 뭡니까요.. 제가 이 소식을 듣고 깜~짝 놀라서 이렇게 달려왔습니다요."

　"뭬이야?"

　성종의 눈이 오백 원짜리 동전처럼 동그레졌다. 순간적으로 뇌회로에 과부하가 걸린 건지 마, 말까지 다 더듬었다.

　"더, 덕성군은 주, 죽은 지 한참 됐지 않았나?"
　"네, 그러니까…… 에 또……, 1473년에 사망했으니, 벌써 13년이나 됐습니다요."

　여기서 잠시 족보 설명에 들어간다. 13년 전에 죽은 덕성군 이민은 성종에게 할아버지뻘 되는 항렬 높은 종친이었다. 이민의 아버지 함녕군 이인이 세종의 배다른 동생이었기 때문이다. 실록에 따르면 덕성군 이민은 성품이 바르고 성실하며 인자한 데다 똑똑하기까지 해 이복형인 세종의 사랑을 많이 받았다 한다. 그런데 묵은 병이 있어 오랫동안 약을 달고 지내다가 13년 전에 병사했다는 것이다. 이민은 또 지금 신나게 구 씨의 득남 소식을 고자질하고 있는 이제와는 사촌지간이었으므로 후처 구 씨는 이제의 사촌 형수가 되었다.

이런 된장……. 성종의 용안이 대뜸 소금 삼킨 고양이 상으로 찌그러졌다. 정자를 냉동 보관해두던 시대도 아니고, 나름 '도학道學 군주'라는 쌈박한 이미지를 차곡차곡 쌓아가는 와중에 이건 또 무슨 바둑이 풀 뜯어먹는 소리란 말인가. 성종이 대꼬챙이 째는 소리로 명령했다.

"구 씨가 종실의 아내로서 이런 추잡한 일이 있으니, 마땅히 끝까지 추궁해 사정을 알아내어야 한다. 그 아들 이순이 서로 붙어먹은 놈을 알 것이니 후딱 들어와 보고하라 해라."

얼마 뒤 이순이 헐레벌떡 들어와 가쁜 숨 몰아쉬며 다음과 같이 보고했다.

"다른 사람은 가깝게 출입하는 자가 없었고 오직 제 양어머니의 조카(언니의 아들)되는 이인언李仁彦이 제 양어머니 집에 임시로 살고 있다

가 지금은 고향인 금산金山으로 돌아갔는데, 이게 좀 많이 거시기합니
다요."

이순은 구 씨의 조카 이인언을 아이의 친부로 사실상 지목했다.
이인언 외에는 구 씨 집을 출입한 자가 없었으므로 단성 생식이 아
니라면 범인은 '자동빵'으로 이인언이 된다는 논지였다. 한동안 벌
어진 입을 다물지 못하던 성종은 즉각 내관 안중경, 주서 김봉과
여의女醫 등으로 구성된 '덕성군 부인 구 씨 득남 및 친부 확인을 위
한 진상 조사단(일명 '구친단')'을 현지에 급파했다.

그런데 구 씨의 집을 찾은 '구친단'은 눈앞에 펼쳐진 기가 막힌 풍
경에 벌어진 입을 다물지 못했다. 대가는 기울어도 삼 년을 버틴다
는데, 이 집은 돌아가는 꼬라지가 당장 가랑잎으로 똥 싸먹게 생겼
던 것이다. 실제로 구 씨는 얇은 옷 한 벌로 혹한을 근근이 버티고
있었는데, 의녀가 걱정스러운 표정으로 "해산 직후라 얇은 옷을 입
으면 큰일납니다."라고 주의를 주자 계집종이 옷 한 벌을 내어다 덮
어주면서 "이 외에는 옷이 없습니다."라고 답할 정도였다. 뿐만 아니
었다. 구 씨가 끼니 대용으로 술지게미라도 사오라고 하자 계집종
이 "사 올 쌀이 없습니다."라고 대답하는 소리까지 들려왔다.

'구친단'의 조사 결과, 집안 형편이 이처럼 '상거지 꼴'로 추락한 가

장 큰 이유는 양자인 이순의 방탕한 생활 탓이었음이 드러났다. 덕
성군은 본래 노비만 6백 명을 거느린 부자였지만 영인군 이순이 양
자로 들어와 하나 둘 빼돌리면서 재산이 불에 탄 개 껍질 오그라들
듯 급격히 줄다가 이제는 생활보호대상자 신청을 해야 할 지경으로
곤궁해졌다는 것이다. 그 많던 노비도 다 어디로 가고, 이젠 달랑
두 명만 구 씨를 돕고 있었다.

도대체 관계가 왜 이리 복잡해?

노여움을 애써 감추면서 구 씨 집 안방으로 들어선 '구친단'은 그
곳에서 사실 관계를 쉽게 확인할 수 있었다. 허기져 맥없이 옹알이
를 하는 갓난아기를 발견했던 것이다. 구 씨에게 누구 아이냐고 물
으니 자기가 낳은 아이라고 했다. 또 아이의 애비가 누군지 물어보
니 '언니의 아들 이인언'이라고 순순히 털어놓았다.

'구친단'의 보고서를 받아든 성종은 광분해서 구 씨와 이인언을
당장 잡아와 족칠 것을 의금부에 지시했다. 그런데 1486년(성종17) 1
월 22일 의금부에 잡혀 들어온 구 씨와 조카 이인언의 진술이 크
게 엇갈렸다. 구 씨는 이인언에게 강제로 당했다는 것이었고, 이인

언은 구 씨가 또 다른 조카와 희롱질하는 것을 보았을 뿐 자신과는 무관한 일이라고 뻗대었던 것이다. 먼저 구 씨의 진술 내용을 들어보자.

"얼마 전부터 조카(언니의 아들) 이인언이 저희 집에 임시로 거처하면서 제 옆방을 썼습니다. 여자 혼자 사는 집이라 보디가드 삼아 집에 두었던 게지요. 조카니까 믿고 쓴 카드라고나 할까요? 그런데 어느 날 새벽녘에 제 여종이 밖에 나간 틈을 타서 이놈이 갑자기 들어오더니 다짜고짜 삐리리를 요구하는 겁니다. 세상에나……. 제가 누굽니까? 이래 봬도 왕족의 며느리가 아닙니까? 당장 조카 녀석에게 호통을 쳤습니다. '네가 세상에 이름 석 자를 알리고자 한다면 이래서는 아니 된다. 이게 얼마나 큰 죄가 되는지 정녕 몰라서 그러느냐?' 이렇게 말이지요. 그런데 세상에나

신윤복의 연당야유(蓮塘野遊)

세상에나, 이놈이 글쎄…… 옷으로 내 얼굴을 가리더니, 으흐흑……. 한 번 그러고 나니 한강에 배 지나간 흔적 나는 거 봤냐 어쩌구 하면서 이후로는 매일같이…… 으흐흑, 그러다가 애까지

그만, 으흐흐흑…… 차라리 죽여주세요."

그러나 이인언은 이를 즉각 부인했다. 구 씨 집에는 자신만 출입한 게 아니라 안계로라는 조카도 자주 드나들었는데, 지난해 10월에 안계로가 구 씨와 손을 잡고 '체험! 성의 현장' 같은 비디오를 찍더라는 것이었다.

"그놈이 실제로 이모를 건드린 놈이 분명합니다."

어쭈구리! 신사적으로 해서는 마무리가 요원하다고 판단한 의금부에서 드디어 '전가의 보도'를 꺼내들었다. '전가의 보도'라 해봐야 뭐 특별한 건 없었다. 딱 죽지 않을 만큼만 두들겨 패는 일명 '몽둥이 찜질요법'이었으니까. 그런데 찜질요법의 효과는 에어파스 효과만큼이나 빨리 나타났다. 문초를 견디지 못한 이인언이 자초지종을 막 불기 시작했던 것이다. 그런데 그 수위라는 게 '간행물윤리위원회'의 심의를 통과할 수 있을까 염려스러울 정도로 높았다.

"내가 이모인 구 씨 집에서 함께 생활했던 건 맞습니다. 그렇지만 처음부터 이모를 이성으로 생각했던 건 아니었습니다."

이렇게 허두를 뗀 이인언의 진술 내용은 지켜보던 모든 이들로 하여금 경악케 했다.

"어느 날 허벅지에 종기가 나서 누워 있자니 구 씨가 슬그머니 들어와서 아픈 곳을 묻고 종기도 문지르고 하면서 음욕淫慾을 보이는 것이었습니다. 내가 이를 외면해 그날은 무탈하게 넘어갔는데, 구 씨가 이튿날 또 와서 종기를 만지다가 이번엔 손을 제 거시기에 갖다 대는 게 아니겠습니까? 그래서 화가 난 내가 구 씨를 냅다 발로 걷어차버렸습니다. 그리고는 또 별일 없이 며칠이 지났는데, 내 병이 다 나은 어느 날 한밤중에 구 씨가 나를 불러서 갔더니 과자(蜜果)를 권하면서 주위를 살피다가 나를 안방으로 끌고 들어가는 것이었습니다. 그리고는 '내가 차라리 어을우동이 되어 죽더라도 정욕을 참을 수 없다' 하면서 나에게 갑자기 '암바'를 걸어왔습니다. 그래서 나도 사지 멀쩡한 남자인지라 그만 넘지 말아야 할 선을……, 휴우……."

한숨을 뱉어내고 난 이인언이 잠시 호흡을 고르며 주변을 감질나게 해놓더니 다시 말을 이었다.

"잘 아시겠지만……, 남녀 관계라는 게 본래 한 번 선을 넘고 나면 그 뒤부터는 뭐……. 그런데 하루는 구 씨가 내게 청천벽력 같은 말을 하는 거였습니다. '내가 오랫동안 월경이 없으니, 아마도 임신이 된 것 같다'라고요. 나는 그 말을 듣고 혼비백산해 바로 고향으로 내려가고 말았습니다. 내가 처음 안계로가 구 씨를 희롱했다고 말한 건 내 죄를 면하기 위해 거짓말을 한 겁니다. 차라리 죽여주십시오."

구 씨 부인, 성을 즐긴 죄로 참수되다

딱히 죽여 달라 하지 않았어도 이쯤 되면 이들은 죽을 수밖에 없는 운명이었다. 요즘도 '근친상간'에 대해서는 인면수심人面獸心이라는 강도 높은 비난을 퍼부으며 엄벌을 요구하는 판국인데, 하물며 유교를 국시로 하고 인간의 도리를 무엇보다 중시하던 조선시대임에랴. 예상했던 대로 구 씨와 이인언은 참수되었다. 하지만 이 사건의 파장은 두 사람의 목이 달아나는 것으로 잦아들지 않았다. 성종은 양아들인 이순도 잡아들이라고 지시했다. 그러면서 덕성군의 양아들이라는 지위도 박탈해 버렸다.

"이순은 덕성군을 계승했으니 그 아내 구 씨는 바로 그 어미이므로 마땅히 봉양하기를 다하고 빈궁하게 해서는 안 될 것이다. 그런데 봉양하지 않았을 뿐만 아니라, 구 씨가 마음대로 음행淫行을 해서 사형(大辟)당하게 된 것도 원인을 따져보면 이순이 그 죄악을 만들어낸 것이다. 또구 씨가 재산까지 팔아서 덕성군 제사를 지냈는데도 이순은 전혀 돌아

보지 않았으니, 아비나 어미에 대해서 다 같이 불효한 것이다. 덕성군의

후사를 계승했던 것을 파하도록 하라."

- 《성종실록》1486년(성종 17년) 2월 4일

성종은 이 사단의 근본적인 책임이 양부모 봉양을 제대로 하지 않은 이순에게 있다고 본 것이다. 실제로 이순은 구 씨가 아이를 낳은 뒤 증거인멸할까봐 제 마누라로 하여금 지키고 섰게 하는가 하면, 아버지 이제에게 이 사실을 고자질까지 한 장본인이었다. 성종은 이 부분 또한 문제 삼았다. 비록 부모가 큰 잘못을 저질렀다 하더라도 자식 된 도리로 이를 마땅히 숨겨주어야 하거늘 도리어 그 잘못을 앞장서 드러나게 했으니 불효도 이런 상불효가 없다는 얘기였다.

성종은 이런 죄목들을 한데 묶어 결국 이순을 유배형에 처했다. 지은 죄 값으로야 사형이 온당했지만 종친에 대해서는 사형을 시키지 않는다는 조문에 따라 목숨만은 부지하게 해주었던 것이다. 이로써 성종 재위 17년 초 도성을 발칵 뒤집어 놓았던 이모와 조카 간의 '근친상간' 사건은 일단 막을 내리게 되었다. 그리고 이 사건은 이후 '근친상간' 스캔들의 '샘플'로 간주되면서 세인의 입에 꽤 오랫동안 오르내렸다.

외견상으로 볼 때 이 사건은 단순히 욕정에 눈이 먼 왕실 며느리가 목숨까지 담보한 채 근친상간이라는 사회적 '터부'에 도전장을 내밀었다가 비극적 파멸을 맞은 엽기적인 섹스 스캔들이었다. 하지만 그 이면을 들여다보면 조선이 유독 여성의 성性에 대해서만 억압하고 가혹한 잣대를 들이대는 나라였다는 걸 상징적으로 보여주는 사건이기도 했다.

요컨대, 칠거지악(七去之惡 : 아내를 내쫓을 수 있는 일곱 가지 허물)이니, 삼종지도(三從之道 : 여자의 경우 어릴 때는 부모를 따르고, 출가해서는 남편을 따르고, 노후에는 아들을 따라야 한다는 말)니 하는, 남성들이 제멋대로 도입한 '야만적인 도덕률'로 인해 세상과 차단된 삶을 살아가야 했던 조선의 많은 여성들이 자유롭게 접촉하는 이성은 정작 가까운 친인척 정도였고, 이것이 결국 화의 근원으로 작용했기 때문이다.

한마디로 '성리학에 기반을 둔 유교의 나라' 조선에서 이처럼 입에 담기조차 거북한 스캔들이 자주 발생했던 가장 큰 이유는, 조선이 바로 '성리학에 기반을 둔 유교의 나라'였기 때문이라는 얘기다. 어떤가? 우리가 살고 있는 이 땅에서 이런 황당한 이데올로기가 불과 100여 년 전까지 모든 여성을 옥죄었다는 이 기막힌 사실, 당신은 쉬 믿어지는가?

05

마님은 왜 돌쇠에게
쌀밥을 먹였을까?

왕실 남성의 여성 편력은 여가 생활,
왕실 여성의 남성 편력은 사형감이라고?

왕마저 진저리치게 만든 왕실의 불륜들

박중훈과 송윤아가 주연한 영화 〈불후의 명작〉에서 박중훈의
배역은 에로 영화감독이다. 극 중 그가 만드는 영화 제목은 〈마님
사정 볼 것 없다!〉로, 자신이 실제로 주연한 영화 〈인정사정 볼 것
없다〉를 패러디한 제목이다. 사실 이 제목은 지금부터 하려는 이
야기와도 맥이 닿아 있다. 이 이야기 역시 마님과 사내종의 끈적끈
적한 러브스토리를 기본 뼈대로 하고 있으니까.

한데, 얼마 전 인터넷 서핑을 하다가 우연히 이 단원에 꼭 맞는

제목을 하나 찾아냈다. 그래, 이거야 하고 허벅지를 오지게 내려 갈겼던 그 제목은 이랬다. 〈마님은 왜 돌쇠에게 쌀밥을 먹였을까?〉. 그렇다. 지금부터 하려는 이야기야말로 정확히 마님이 '돌쇠'에게만 쌀밥을 먹이다가 크게 이슈화된 대표적 사건이었다.

그렇다면 왜 그랬을까? 왜 마님은 하필 돌쇠에게만 쌀밥을 먹였던 걸까? 어깨 위에 붙은 게 장신구가 아닌 이상 누구나 예측 가능한 물음이지만, 정작 성종에게 있어 이 문제만큼은 머리통에서 쥐가 날 정도로 골치 아픈 화두였다. 돌쇠에게만 쌀밥을 준 그 마님이 바로 양녕대군의 딸이면서 자신의 고모할머니뻘 되는 종친 여성이었기 때문이다.

1475년(성종 6년) 12월 22일, 성종은 로댕의 '생각하는 사람'과 매우 흡사한 포즈를 취한 채 연신 긴 한숨을 토해내고 있었다. 종친인 밀성군 이침, 의성군 이채, 보성군 이합, 옥산군 이제 등이 떼로 몰려와서 또 하나의 충격적인 스캔들을 보고해 올렸기 때문이다. 보고 내용은 대략 이랬다.

"왕족 일원인 권덕영의 처(이구지)가 천례라는 종놈과 붙어먹는다는 풍문이 돌자 사헌부에서 멋대로 수사를 진행했다 해요. 이건 왕족 전체를 개무시한 처사라 아니할 수 없어요. 팩트로 확인된 건 아무것도 없는

데 수사를 한답시고 자꾸 들쑤시면 자칫 이 모든 게 팩트로 인식될 소지

가 다분하단 말이죠. 사헌부에서 수사를 하더라도 소리 소문 안 나게 하

도록 단도리 좀 잘 해주세요."

국민 레저, 왕실 뒷담화

성종의 용안은 즉각 땡감 씹은 표정으로 변했다. 이런 된장! 또
야? 그도 그럴 것이, 허구한 날 적시타 터지듯 터져주는 왕족의 '배
꼽 아래 스캔들' 때문에 그즈음 노이로제 증세까지 보이는 성종이었
다. 종친 남자들의 난봉질을 질타하는 대간들과 맞서며 그들을 지
켜내려 무던히 애써왔건만, 그들은 왜 경쟁하듯 '무릎과 배꼽 사이'
같은 에로물을 바통 터치 해가며 찍어대는 건지 도무지 납득할 수
가 없었던 것이다. 이번 일도 답은 이미 나와 있는 것이나 마찬가지
였다. 아무려면 두드리지 않은 장구에서 소리가 나겠는가 말이다.

사실 뚜껑 열리게 하기는 그 자리에 앉은 4명의 종자들도 도 긴
개 긴이었다. 이 화상들도 한두 차례씩 에로물을 찍다 걸린 전력들
이 다 있지 않았던가. 하지만 지금은 에로 배우 데뷔 건 같은 걸로
이들에게 면박이나 주고 앉아있을 계제가 아니었다. 아무리 머리를

굴려 봐도 이번처럼 낯부끄러운 스캔들은 일찍이 없었기 때문이다.

세종의 친형이자 한 때 세자 자리도 꿰어 찼던 '고삐 풀린 야생마'가 양녕대군이었다. 그런 양녕의 딸(비록 첩과의 사이에서 태어났지만 분명 딸은 딸이다)이 아무 데나 막 들이대다 못해 이젠 일개 종놈과 에로물까지 찍었다는 소문이 장안에 파다하다 하니 어찌 멘붕이 오지 않을 수 있겠는가 말이다. 성종은 맥 빠진 목소리로 "그렇게 하지" 하고 이들을 돌려보냈다.

그리고는 그 즉시 대사헌 윤계겸을 불러 이 사건의 진행 상황을 캐물었다. 윤계겸은, 소문을 듣고 수사에 착수한 건 맞지만 처음에는 사족의 부녀라고만 들었다가 수사가 진행되는 과정에서 뒤늦게 종친 여성이라는 것을 알게 되었다며, 구체적인 내용은 종부시참정 허계와 관찰사 예승석이 보고할 것이라고 대답했다. 바통을 이어받은 허계는 다음과 같이 보고했다.

"제 자식이 광주(光州 : 이구지는 권덕영과 혼인한 후 광주에서 살고 있었다)에서 올라와 말하기를 '천례라는 종놈이 이 씨라는 사족의 부녀와 삐리리 한 후 그 대가로 살찐 말에 복장까지 비싼 것으로 쭉 빼입고 다니는 등 방자하기 이를 데 없는 행동을 해, 온 고을 사람들의 원성을 사고 있습니다.' 하기에 제가 장령 이숙문에게 이 사실을 알려 그 종놈을 조사하게 한 바 있습니다."

요컨대 천례라는 사내종이 이 씨라는 사대부집 마나님에게 고급 승용차와 비싼 양복을 선물 받는 등 뭔가 물어도 제대로 문 것 같이 논다는 보고였다. 또 함께 들어와 있던 관찰사 예승석은 다음과 같이 보고했다.

"제가 사헌부로부터 문서를 받고 광주에서 이에 대해 심문한 사실이 있습니다. 먼저 이 씨의 계집종 팔월이를 불러서 천례라는 종놈에게 자식이 있는지 물었더니 그렇다고 하는 것이었습니다. 해서 그 자식을 낳은 엄마는 누구냐고 물었더니 모르겠다고 했습니다. 이번에는 천례라는 종놈이 어떤 놈인지 물었더니 '천례는 말비末非라는 양녀良女한테 장가들어 아들을 낳았는데 얼마 뒤 말비가 가출해 천례 혼자 아들을 키워야 할 지경이 되자 우리 마님께서 이를 안타깝게 여겨 데리고 있는 여종에게 젖을 먹여 기르도록 했다고 합니다."

여기서 마른 침을 꼴깍 삼키고 난 예승석은 자못 긴장된 표정으로 말을 이어갔다.

"제가 이번에는 천례의 거처가 어딘지 물어봤더니, 천례는 침식을 마님 댁에서 하고 쌀밥에다 찬그릇 같은 것도 다른 종들과 달리 좋은 것으로 지급받았다고 합니다. 그래서 천례의 본처인 말비를 찾아 천례의 아들을 낳은 사실이 있는지 물어보았습니다. 말비가 말하기를 '남편은 항상 다른 곳에서 놀고 자고 했으며 나를 찾지도 않았습니다. 그렇게 겨우 두 달을 살다가 내쫓기듯 나왔습니다. 함께 잔 사실조차 없는데 어떻게 자식을 낳을 수 있었겠습니까?'라고 반문했습니다. 제가 이번에는 광주목사 문수덕에게 천례의 진짜 애인은 누구인지 물어봤습니다. 그랬더니 문수덕이 권덕영의 아내라고 했습니다."

마님이 돌쇠(천례)에게만 진짜로 쌀밥을 줬다는 사실이 적나라하게 드러나는 순간이었다. 다시 〈생각하는 사람〉 모드로 돌아가 우거지상을 한 채 머리를 요리조리 굴리던 성종은 이윽고 윤계겸 등에게 이런 지시를 내렸다.

"그냥 덮어두어라."

종실을 감싸고픈 임금

이건 누가 봐도 이구지라는 마님이 가지 밭에 앉아 뭔가를 했다고 볼 수밖에 없는 정황이었지만, 성종은 사건 자체를 그냥 덮으라고 지시했던 것이다. 말하자면 여관방에서 나체로 누웠다 걸려도 "지금 피부결 비교하는 중이었걸랑요?" 하고 둘러쳐도 처벌이 곤란해지는 판국인데 하물며 뜬소문만 가지고 어찌 죄를 물을 수 있겠느냐는 얘기였다. 이에 지평 윤혜 등이 우르르 들고 일어났다. 이들은 '왕년에 박윤창의 처(어을우동의 모친)도 삐리리 현장을 덮친 게 아니라 소문만 가지고 처벌하지 않았느냐'며 따지고 들었다. 또 이번 일을 일벌백계로 엄히 다스리지 않으면 전국의 마님들이 죄다 에로 영화계로 진출할지도 모른다고 엄포를 놓았다.

하지만 성종은 그런 관료들을 터진 꽈리 보듯 하다가 이구지를 쫓아낼 수 없는 이유를 밝혔다. 만약 이구지가 유배형에 처해지면 백성들이 둘 사이를 기정사실로 받아들이게 될 것이라는 얘기였다. 대간들은 이구지에 대한 탄핵이 정 어렵다면 천례만이라도 먼 곳의 관노로 보내야 한다고 압박했다. 딱히 이번 건이 아니더라도 천례라는 놈은 원래 '건방진 종놈(豪奴)'이므로 이참에 혼찌검을 내줘야 한다는 주장이었다.

이 요구에 대한 성종의 대답 또한 "노, 노"였다. 천례만 유배 보내도 백성들이 색안경 끼고 바라보기는 매일반이라는 얘기였다. 당시 성종의 흉중을 한마디로 정리하면 '우리 집안일인데 제발 좀 내버려 두면 안 되겠니?'였던 것이다. 그날 성종은 승지와 사관 등을 모두 물리친 뒤 종친들과 다시 대책 회의에 들어갔다. 그리고 여기서 논의된 내용을 가지고 다음날 의금부에 전혀 성종답지 않은 '오더' 하나를 내렸다.

> "천례가 사족의 부녀와 삐리리 한 일은 현장에서 직접 잡은 것이 아니
> 었는데도 종부시 첨정 허계가 동료 이숙문에게 부탁하여 추국하게 하였
> 으므로, 허계를 추국하여 아뢰라."

한마디로, 직접 본 것도 아니면서 감히 왕실 가족을 조사하고 일을 시끄럽게 만든 허계가 더 나쁜 놈이므로 허계를 잡아 족치라는 '보복'이었다. 조정은 다시 왕방울로 솥바닥 가시듯 와자해졌다. 이번에는 사간 박숭질이 총대를 매고 나섰다. 권덕영의 처는 죄가 드러났는데도 구렁이 담 넘어가듯 슬그머니 넘어가고, 도리어 이런 추문을 철저히 조사해 일벌백계로 다스릴 것을 주장한 허계만 추국하다니, 세상에 이런 뼈똥 쌀 일이 어디 있냐는 항변이었다.

이에 대한 성종의 대답은 '종실의 일을 보고하지 않고 제멋대로

조사하였기 때문'이라는 것이었다. 어느 법전에도 없지만 어느 법률보다도 강력하다는 바로 그 '괘씸죄'가 전격 가동되었던 것이다. 결국 '함부로 종실의 딸을 규탄했다'는 이유로 허계는 파직 당하고 말았다.

숨겨진 성종의 속내

성종은 이 사건을 하루 속히 덮어버리기 위해 바로 '히든카드'를 빼내 들었다. 예문관 응교 이맹현을 '특별수사관'으로 임명하고 현지로 내려가 진상을 파악해오도록 지시했던 것이다. 그런데 그 지시라는 게 실은 좀 묘한 구석이 있었다.

> "그대는 오래도록 시신侍臣이 되었으니, 마땅히 나의 마음을 알 것이다. 가서 천례를 자세히 조사하되, 아이를 낳은 어미가 누군지 분명히 밝히고 돌아오라."

"마땅히 나의 마음을 알 것이다"라니……. 한마디로 '내가 너를 특별 수사관으로 임명한 깊은 뜻을 잘 헤아려 모범 답안을 들고 오라'는 무언의 압력이었던 것이다. 이를 간파한 이맹현은 그 이십 여

일 뒤 성종이 흡족해할 만한 모범답안을 들고 나타났다.

> "종 천례가 본주인과 삐리리 했다는 일은 전부 거짓입니다."
>
> - 《성종실록》1476년(성종 7년) 1월 18일

> "말비의 말이, '그 어린애는 내가 낳은 자식이다'라고 합니다. 말비는
> 처음 광주의 관노에게 시집갔으나 남편의 사촌 친족과 삐리리 하다 걸려
> 서 추방당했고 그 후에 천례에게 시집갔는데 천례는 이 일을 들먹이면서
> 자주 꾸짖었다 합니다. 이 때문에 아이를 낳고도 도망쳤던 것인데, 전일
> 에 이 아이를 내 아이가 아니라고 한 것은 남편을 배반한 죄가 있을까 두
> 려워했기 때문이라고 합니다."
>
> - 《성종실록》1476년(성종 7년) 1월 19일

사태가 성종의 시나리오대로 흘러가자 혓뿌리에 굳은살 박이도
록 허다한 말, 말, 말을 쏟아내던 그 많은 입, 입, 입도 서서히 묵음
모드로 변환되기 시작했다. 다만, 두 사람이 이후에도 함께 살도록
하는 건 소문이 확대 재생산되는 빌미가 될 수 있으니 만큼 천례를
이구지의 집에서 내쫓아야 한다는 건의가 기어 나오는 정도였다.
하지만 이에 대한 성종의 대답은 '그건 주인이 알아서 할 문제'라는
것이었다. 이로써 〈마님은 왜 돌쇠에게 쌀밥을 먹였을까?〉 에로
비디오 촬영 사건은 '혐의 없음'으로 종결되고, 이구지와 천례 또한

세인의 관심권에서 서서히 멀어지게 되었다.

재등장하게 된 스캔들

그런데 그로부터 무려 13년이 지난 1488년(성종 19년) 이 사건은 다시 세인의 주목을 받기 시작했다. 두 사람 간의 삐리리를 입증해 줄 '빼도 박도 못할' 물증(?)이 나타났기 때문이다. 그 '빼도 박도 못할' 물증이란 다름 아니라 이구지와 천례 사이에서 태어난 딸 준비准非였다. 13년 전 그 북새통을 겪고도 죽 함께 살아온 두 사람에게는 숨겨둔 딸 준비가 있었는데, 이 딸이 어느덧 장성해 시집을 가게 되었다. 비록 한 때 에로 배우 취급을 받았지만 이구지 또한 엄연한 어머니였던 만큼 딸의 결혼식을 성대하게 해주고픈 마음이 간절했다.

그래서 나름 성대하게 딸의 결혼식을 치뤄줬던 건데, 이게 그만 관찰사 김종직의 안테나에 포착되고 말았다. 김종직은 '특급 우편'으로 이 사실을 조정에 알렸고, 조정은 다시 악머구리(잘 우는 개구리) 끓듯 했다. 성종 또한 이제는 더 이상 마땅한 '패'랄 것도 없는 상황이었다. 모르긴 하되, 배신감이나 분노감 같은 것도 꽤나 팽배했으리라.

성종은 즉각 소문난 '고문 기술자' 김제신을 현장으로 내려 보냈다. 조선판 이근안이라는 김제신까지 급파한 건 사건의 진상을 철저히 파악하겠다는 의지의 표현이었다. 현장에 내려간 김제신은 천례부터 잡아들여 '주특기'를 과시하기 시작했다. 천례는 모르쇠로 일관했지만 그럴수록 김제신의 현란한 개인기는 빛을 더해 갔다. 결국 프로야구 타격 훈련을 방불케 하는 김제신의 방망이 세례를 견디지 못한 천례는 감옥에서 숨을 거두고 말았다.

그러나 이쯤에서 물러날 김제신이 결코 아니었다. 이제 몸이 좀 풀렸다고 생각했는지 이번에는 사건 연루자들을 마구잡이로 체포해오기 시작했다. 그렇게 체포해서 잡아들인 사람이 이구지의 출산을 도운 검음檢音 등 40여 명에 달했다. 성종이 '사람을 분간分揀해 놓아주라'는 지시까지 따로 내려야 할 정도로 무차별적인 체포였다.

한편, 조정에서는 이구지에 대한 처리 방법을 놓고 열띤 공방이 벌어졌다. 사형은 사형인데 어떤 사형이냐 - 즉 참수냐, 효수냐 - 를 놓고 갑론을박이 벌어졌던 것이다. 일각에서는 이구지가 혐의를 부인하는 만큼 좀 더 신중을 기해야 한다는 의견도 냈으나 곧 소수 의견으로 묻혀버렸다. 대신들의 열띤 공방을 지켜보고 난 성종은 1489년(재위 20년) 3월 7일 드디어 의금부에 다음과 같은 지시를 내렸다.

"예전에 대부에게는 형을 가하지 아니하고 사약을 내렸으니, 이 예에 의하여 사사賜死하라."

　나름 고모할머니에 대한 배려가 읽혀지는 대목이라 하겠다. 당시 성종이 이구지에게 서둘러 사약을 내리게 했던 건, 이 사건을 조속히 매듭지어 왕실의 이미지 실추를 최소화해보려는 고육지책에서였다. 이왕 당한 '개망신'이야 어쩔 수 없는 것이고 더 이상의 소문 확산은 차단해야 한다는 게 성종의 생각이었던 것이다.

　아무튼, 천례는 고문으로, 이구지는 사약을 받고 각각 숨짐으로써 유례없는 종실녀와 사내종의 〈마님은 왜 돌쇠에게 쌀밥을 먹였을까?〉 스캔들은 비극적인 결말을 맞고 말았다. 종실 남자가 계집종과 놀아나는 건 '여가 생활' 정도로 받아들여졌지만 그 반대인 경우에는 목숨을 내놓아야 하던 시대에, 그야말로 목숨을 담보하고 나눈 종친 여성과 사내종 간의 대표적인 러브스토리는 이렇게 엔딩 크레딧을 올리게 되었던 것이다.

　하지만, 그럼에도 당시 이들의 러브스토리를 '신분을 뛰어넘은 지고지순한 사랑'으로 보는 시각은 찾아보기 어려웠는데, 성종이 사사를 지시한 날 사관이 실록에 단 댓글(사평)은 세상이 이 사건을 어떤 시각으로 보고 있었는지를 상징적으로 말해준다.
　　이 씨의 이름은 구지仇之인데 양녕대군 첩의 딸이다. 권덕영의 지어미가 되었지만 부도婦道에 순종하지 않는 일이 많아 권덕영이 동거하지 아니하였다. 이웃집에 유생이 있어 여럿이 모여 글을 읽는데 구지가 자주 내왕하면서 수작을 거니 여러 유생이 대가의 시비(侍婢 : 여종)라 생각하고 이따금 돌을 던져 희롱하기도 하였다. 그러다가 얼마 후에 그녀가 양녕대군의 딸이라는 사실을 알고 다들 피하기 시작했는데, 이제 과연 음란함 때문에 패망하게 되었다.

보태는 이야기

위 이야기에 등장하는 천례와 이구지의 딸 준비는 양인이었을까, 천민이었을까? 많은 이들은 오늘의 호주제를 떠올리며 준비가 천민이었을 것으로 생각하기 쉽다. 하지만, 결론부터 말하면 준비는 양인 신분이었다. 이는 조선시대에 시행되던 노비종모법奴婢從母法 때문이다.

노비종모법이란, 조선시대 노비 소생 자녀의 신분과 역처(役處 : 일종의 근무지) 및 상전을 결정하는 데 모계母系를 따르게 한 법을 말한다. 즉 아버지가 노비이고 어머니가 양인인 경우 그 자녀는 어머니 신분을 따라 양인으로 본다는 것이다.

※ 아버지 노비 + 어머니 양인 = 양인

※ 아버지 양인 + 어머니 노비 = 노비

조선은 16세기 이전까지 양천제良賤制를 시행했다. 즉 이때까지는 백성들 신분을 양인과 천인으로 2등분했다는 얘기다. 준비가 태어난 성종 때(15세기)도 양천제가 시행되었으므로, 준비는 어머니 신분에 따라 양인으로 분류되는 것이다. 백성의 신분을 양반→중인→양인→천인의 4분법 형태로 바꾼 건 16세기 이후다.

06
남편 고환을 잡아당겨 죽인
'엽기적인 그녀'

재혼 상대인 종친의 고환을 잡아당겨 죽인 김 씨.
도대체 이 황당한 사연에는 어떤 이야기가 숨어 있을까?

장례식장에 울려 퍼지는 엽기 사망 스토리

"경은 왕실 친족으로서 누대 조정의 원로였도다. 성질은 순후하고, 덕
량은 한없이 너그러웠도다. ······(중략)······ 종친들이 사모하여 모범으
로 삼고 과인이 크게 의지하였는데, 갑자기 부음에 이르니 슬픔이 진실
로 깊도다."

- 《세종실록》1427년(세종 9년) 3월 4일

79세를 일기로 타계한 영돈녕부사 이지李枝의 장례식장에 세종의
추도사가 울려 퍼지자 유족들은 닭똥 같은 눈물을 줄줄 흘려대며

오열했다. 할아버지(태조 이성계)의 사촌동생이자, 위화도 회군 때 사저에서 집사노릇 하면서 거사를 도왔던 '혁명동지'였기에 손자인 세종의 슬픔 또한 더욱 컸던 듯하다. 세종은 이지의 사망 소식이 전해지자 조회를 3일 동안 정지하는가 하면 나라에서 장례식 일체를 지원토록 명하기도 했다.

그런데 후일 밝혀진 그의 사인이 듣는 이들의 얼굴을 화끈거리게 할 정도로 망측스러웠다. 재혼한 처 김 씨가 남편 이지의 ×알을 잡아당겨 죽게 만들었다 하니 말이다. '종친들이 사모하여 모범으로 삼았던' 집안 원로 어르신께서 마나님에게 ×알이 잡혀 사망하다니, 이 무슨 까마귀 아래 턱 떨어질 소리인가 말이다.

이기의 가족과 노비들에게 함구령이 내려졌음에도 이 소문은 몇몇 노비들의 '호박씨'로 삽시간에 들불처럼 번져나갔고, 금세 쌍과부집 안줏감 1위를 점령하는 핫이슈가 되어 버렸다. 대체 어떻게 된 일일까? 이지와 김 씨 사이에 대체 무슨 사달이 있었기에 왕실 원로가 제 마누라한테 ×알 잡혀 죽는 엽기적인 참사(?)가 발생했던 걸까?

개국공신 이지의 말 많은 재혼

이지는 여덟 살 때 조실부모하고 외숙부 이양기 집에서 크다가 이후 사촌형인 이성계 집으로 옮겨와 생활했다. 때문에 어려서부터 이성계와는 한 피붙이 이상의 끈끈한 정을 나누며 살아왔다. 젊었을 때 그는 나름 '깡'도 있었던 모양이다. 조선 개국 얼마 뒤 해주로 왜구가 쳐들어오자 람보처럼 적진으로 돌격해 큰 전과도 몇 건 올렸다 하니 말이다. 이런 전과 때문인지, 이후 이기는 이성계의 절대적인 신임 속에 3정승을 비롯한 정부 요직을 두루 거치면서 정권의 실세로 확실히 자리매김하게 되었다.

게다가 이기는 효심도 두터웠다. 어머니 기일이 섣달 그믐, 아버지 기일이 정월 초하루였던 터라 젊어서부터 매년 연말에 절에 가서 공양도하고 재齋도 올리는 정성을 빠트리지 않았다. 이렇게 '타의 귀감'이 되는 삶을 살던 이지가 일약 조정의 '뉴스메이커'로 급부상하면서 사헌부의 탄핵까지 받게 된 건, 고故 중추원부사 조화趙 禾의 아내 김 씨와 재혼을 하게 되면서였다.

> 사헌부에서 영돈녕부사 이지를 탄핵하였으니, 고故 중추원부사 조화
> 의 아내 김 씨에게 장가든 때문이다. 김 씨는 문하시랑찬성사 김주의 딸
> 인데, 외모가 아름다웠으나 음란하기가 늙을수록 더욱 심했고, 형제와

조선을 뒤흔든 섹스 스캔들

어미가 모두 추한 소문이 있었다.

- 《태종실록》1415년(태종 15년) 11월 1일

위 기사를 세 토막으로 나눠 살펴보도록 하자. 먼저 위 기록으로 추정컨대 이지의 처 김 씨가 한 미모 했던 건 '팩트'인 듯하다. 비록 사관의 주관적인 인물평(?)이지만 남성들의 안목이라는 게 다 거기서 거기니까. 그리고 다음 대목, 즉 김 씨가 늙을수록 음란함이 심했는지 여부에 대해서는 지금부터 본격적으로 검증해보기로 하겠다. 그러기 위해서는 또 마지막 대목에 유념하지 않을 수 없다. '형제와 어미가 모두 추한 소문이 있었다'는 대목이다.

늙을수록 아름답고 음란했던 재혼녀 김 씨의 과거

아쉽게도 실록에 김 씨의 형제에 대한 기록은 없다. 따라서 그 형제들의 추문 또한 확인할 길이 없다. 다만 다행스럽게 그 어미의 추문에 대한 기록은 남아 있다. 하지만 이게 또한 차마 입에 올리기조차 민망할 정도로 엽기적이다. 왜냐하면 그 어미의 추문 파트너가 다름 아닌 사위(김 씨 남편)였기 때문이다. 혹자는 "이거 뭐 신라시대 성골들 이야기도 아니고……" 하며 불편한 심기를 드러낼지도 모르겠다. 하지만 필자인들 어쩌겠는가, 실록에 버젓이 그렇게 기록되어 있는 것을!

> 처음에 김 씨는 조화의 아내였다. 조화가 일찍이 김 씨의 어머니와 간통하니 김 씨가 이를 알고, 김 씨도 또한 허해許晐와 몰래 간통하였다.
>
> -《세종실록》1427년(세종 9년) 8월 8일

뭔가 혼란스럽게 돌아가는 느낌이다. 남편과 어머니의 삐리리를 눈치채고 난 김 씨가 바가지나 앙탈 같은 게 아니라 '맞바람'으로 앙갚음을 했다는 얘기인 것이다. 그야말로 홧김에 서방질한 격이었다. 《태종실록》에 따르면 김 씨는 '새끼손까락' 허해를 안방까지 불러들였다가 남편에게 들킨 적도 있었다. 어느 날 김 씨 집에 온 허해가 좀 무리했던지 조화의 옷을 입고 돌아가는 황당한 실수를 범해서였다. 하지만 그녀는 전혀 '야코' 죽는 기색이 없었다. 어디서 뭔 짓 하다가 오는지 새벽녘에야 지루박 스텝 비슷한 걸 밟으며 허적허적 걸어 들어온 조화가 이를 추궁하자 냉큼 이렇게 받아쳤던 것이다.

> "밤에 허해가 와서 자고 갔는데 잘못 입고 갔나 보지 뭐."

이에 조화가 '피꺼솟'한 낯짝으로 버럭 신경질을 냈지만, 김 씨는 외려 눈에 도끼날까지 세우고 다시 이렇게 쏘아붙이는 것이었다.

"당신 하는 짓이 그 모양인데 어찌 나를 허물합니까? 당신이 만약 말을 퍼뜨리면, 당신이 먼저 수레에 오른 뒤라야 나도 다음 수레에 오를 것이요."

그야말로 '너 죽고 나 죽자'는 전설의 '물귀신 작전'이었다. 이쯤 되니 조화는 그냥 '아닥' 할 수밖에 없었다. 마누라를 당장 오줄 빠지게 패줄까 생각도 해봤지만 실행에 옮기지는 못했다. 말이야 바른 말이지, 이 여자로 말하면 마누라 이전에 '사랑하는 사람의 딸'…콜록…이 아니던가…….

하지만, '못 말리는 김 여사'의 전설은 예서 끝나지 않았다. 그녀는 이제 더욱 노골적으로 음란해져 가기 시작했다. 이번에 걸려든 삐리리 파트너는 오래 전부터 침 발라 놓았던 사내종 박송朴松이었다. 어느 날 장작 패기를 마친 박송이 마님의 '콜'을 받고 안방을 다녀온 뒤부터 메뉴표가 싹 바뀌었다. 박송에게 하얀 쌀밥이 무한 리필되기 시작했던 것이다. 그야말로 〈왜 마님은 돌쇠에게 쌀밥을 먹였을까?〉 시즌2였다. 남편 조화가 이를 눈치 채고 훈계질도 몇 마디 해봤지만, 돌아온 대답이라곤 "너나 잘하세요~."였다.

조화는 결국 김 씨의 '내연종' 박송을 내쫓아버렸다. 자기가 하는 건 로맨스였지만 박송 놈이 하는 건 분명 불륜이었기 때문이다. 그런데 박송을 조기퇴직시키고 나자 희한한 일이 벌어졌다. 사지 멀쩡하던 김 씨가 갑자기 돼지는 표정으로 몸져 앓아눕고 말았던 것이다. 조화는 급한 대로 작두 좀 타봤다는 무당을 초빙해 걸판지게 굿판을 벌였다. 이 걸판진 굿판에는 '내연종' 박송도 구경꾼으로 한 자리를 차지하고 있었다. 콧구멍이나 후비며 굿판을 건성건성 지켜보던 박송은 공연(?)이 다 끝나자 무당에게 꽤나 심오한 한 마디 툭 던졌다.

"마님은 귀신이 씐 게 아니라 나를 못 잊어서 저러는 것이요."

자식들마저 놓아버린 어머니 김 씨의 기질

김 씨는 그냥 이런 여자였다. 비유하자면, 조선의 대표적인 '자유부인'이었다고나 할까. 그런데 이성계의 사촌동생이나 되는 사람이 이런 '자유부인'과 재혼 운운하며 설레발을 치니, 조정이 시끄러워지지 않을 수가 없었던 것이다. 하지만 태종은 일단 당숙인 이지의 손을 들어주었다. "홀아비와 과부가 혼인하는 게 뭐가 문제인가? 이지가 후실을 맞는 걸 내가 이미 잘 알고 있다"며 대신들에게 '아닥!'을 지시했던 것이다.

태종이 이처럼 당숙의 재혼에 너그러운 입장을 취한 건, 갖은 루머에도 불구하고 김 씨의 '소셜 포지션'이 왕실 식구로 그리 부족하지 않다고 판단했기 때문이다. 실제로 김 씨는 개국공신으로 영의정까지 지낸 조준의 조카며느리이자, 세종 때 대마도 정벌로 유명한 이종무의 장모이기도 했다.

어쨌든 신접살림을 차리기로 했지만 세간의 곱지 않은 시선이 의식되었던지, 두 사람은 마지막 순간까지 이를 알리지 않았다. 그러고는 결혼 바로 전날 밤에야 비로소 이지가 김 씨 아들 조명초에게 자초지종을 털어놓았다. 실록은 이때 조명초가 보인 격한 반응을 짧지만 꽤나 리얼하게 묘사해놓고 있다. 조명초가 '이지의 목덜미를 잡고 함께 땅에 쓰러져서 목 놓아 슬피 울며 말렸다'는 것이다.

김 씨 자식들의 반대는 결혼 당일까지도 이어졌다. 이지가 어스름녘 김 씨 집에 당도하니 아들과 며느리들이 문을 닫고 들여보내주지 않았다. 이에 이지가 심기 불편하다는 표정으로 이렇게 꾸짖었다.

"내가 이곳에 온 것이 한 번이 아닌데, 아이들이 어째서 이러는 게냐?"

하지만 늘그막에 "사랑과 정열을 그대에게……." 해 싸며 막무가내로 엉겨붙은 두 노인네를 자식들도 떨어뜨려 놓지는 못했다. 우여곡절 끝에 두 사람은 마침내 신방을 꾸리게 되었던 것이다. 그리고, '못 말리는 김 여사'는 다음날 아침 홍조 띤 얼굴로 신방에서 나오더니 묻지도 않는 말을 불쑥 내지름으로써 듣는 이들의 낯짝을 아주 홍시로 만들어 놓았다.

"나는 이 분이 늙었는가 했더니, 전혀 늙지 않은 것을 알았다. 호호호."

이렇게 시작된 두 늙은이의 결혼생활이 어땠는지는 솔직히 우리가 알 바 아니다. 이후 이지가 삼정승을 두루 거쳤으니 나름 최상류층의 생활을 영위했을 것이다. 물론, 아무려면 천하의 김 씨가 12년간이나 제 버릇 개나 주고 살았을까 하는 의구심은 전혀 떨쳐버릴 수 없지만……

도성을 놀래킨 사망 원인

이들 부부 소식이 실록에 다시 등장한 건 1427년(세종 9년) 1월 3일 이지의 급작스러운 부음을 알리면서였다. 조정에 처음 보고된 바로는, 여느 해처럼 향림사에 가서 부처님에게 공양하던 이지가 밤사이 급사했다는 것이었다. 당시만 해도 정확한 사인 같은 건 밝혀지지 않았다. 글머리에 인용한 세종의 절절한 추도사는 이처럼 아무 것도 드러난 게 없는 상황에서 나온 것이었다.

그런데 그 얼마 뒤 이지의 사망 원인과 관련해 시중에 요상한 소 문이 떠돌기 시작했다. 김 씨의 노비들 입에서 새어나온 소문이었 는데, 그 내용이라는 게 앞에서 밝힌 바대로 실로 엽기적이었다.

신윤복의 문종심사(聞鍾尋寺) - 종소리를 들으니 문득 절에 가고 싶구나

사람들이 말하기를, "이지가 후처 김 씨와 절에 가서 수일 동안 머물렀는데, 밤에 김 씨가 중과 간통하므로, 이지가 간통하는 장소에서 붙잡아 꾸짖고 구타하니, 김 씨가 이지의 ×알을 끌어당겨 죽였다."고 하는데, 그때 따라간 사람이 모두 김 씨의 노비였기 때문에 이를 숨겼으니, 외인들은 알 수가 없었다.

- 《세종실록》1427년(세종 9년) 1월 3일

김 씨의 이 엽기적인 행위는 충청도 절제사로 있던 이지의 아들 이상홍에게도 알려졌다. 한달음에 달려온 이상홍은 이런 '개 같은 상황'을 형조에 알리겠다고 방방 뛰었다. 대형 사고를 친 김 씨는 어찌할 바를 모르고 발광하다가 완전히 바보(天癡)처럼 되고 말았다. 마을 사람들이 이구동성으로 '관청에 알려서 시체를 검사하면 원통함을 씻을 수 있을 것'이라며 신고를 재촉했지만 김 씨가 금방 뒈지는 시늉을 하는지라 이상홍은 일을 더 이상 확대하지는 않았다.

두둑한 배짱까지!

그런데 다 죽는 시늉을 하던 김 씨는, 남편 이지가 죽고 7개월쯤 뒤 불사조처럼 실록에 다시 등장했다. 이번에는 '안락군부인安樂郡

夫人'이라는 건방진 직함을 제멋대로 만들어 쓰다가 사헌부의 탄핵을 받은 것이다. 세종은 예의 'X알 사건'을 암시하는 알쏭달쏭한 발언으로 불편한 심기를 드러냈다.

> "지금 범한 것은 오히려 작은 편이다. 이런 이상한 여자는 외방外方에
> 서 죽게 하는 것이 옳을 것이다."
>
> - 《세종실록》1427년(세종 9년) 7월 29일

세종은 김 씨의 아들 조복초를 불러 '김 씨가 원하는 곳에 가서 살게 하되(自願安置), 서울 안에는 일체 들어오지 못하도록 하라'는 엄명을 내렸다. 그런데 김 씨가 자원해서 유배 간 곳은 엉뚱하게도 전 남편 조화의 농장이었다. 이건 유배가 아니라 펜션에 휴양을 간 격이었다. 이 때문에 조정은 또 한 번 시끄러워졌고, 우사간대부 김효정 등은 두툼한 상소장을 들이밀면서 따져 물었다.

> "돌아간 이지의 후처 김 씨는 행실이 음란하고 방자하다는 소문이 널
> 리 퍼져 모두 추잡하게 여기는 데다 제멋대로 직함까지 만들어 헌사憲
> 司에서 법으로 조처하기를 청하였으나, 전하께서는 그 아들로 하여금 경
> 기도의 농장으로 거느리고 돌아가게만 하였으니, 이것은 김 씨가 제멋대
> 로 즐기도록 시킨 것이나 다름없습니다. 어찌 조금이라도 벌을 받는다는
> 마음이 있겠습니까. 원컨대 변방으로 옮겨서 백성들 심사를 통쾌하게 하

소서."

- 《세종실록》1427년(세종 9년) 8월 16일

대신들은 '더러운 행실이 온 나라에 드러나서 사람들이 천하게 여기고 미워한 지가 오래……', '행실이 음란하고 방자하다는 소문이 널리 퍼져 여러 사람들이 모두 이를 추잡하게 여기는……' 따위의 자극적인 표현까지 써가며 김 씨를 극딜했지만 세종은 그녀가 '이지와 결혼함으로써 종실에 줄을 섰으니 죄를 주는 것은 부당하다'면서 대신들의 청을 받아들이지 않았다.

못 말리는 김 여사의 마지막 한 방

'엽기獵奇'란, 사전적 의미로 '기이하고 괴상한 일이나 물건에 호기심과 흥미를 갖고 즐겨 찾아다니는 것'을 말한다. 이 기준에 입각할 때, 앞에 소개한 사례만으로도 김 씨의 엽기스러움은 그 방면의 웬만한 강자들을 압도하고도 남는다. 하지만 모두의 입이 쩍 벌어지게 할 초울트라급 '엽기'는 아직 공개조차 하지 않았다. 그게 뭐냐고? 앞에서 소개한 음란한 사건들이 나라 안을 온통 들끓게 만들던 즈음 그녀의 나이는 대체 몇 살이었을까 하는 점이다.

이제 공개하겠다. 놀라지 마시라. 1415년(태종 15년) 11일 1일자 기록에 따르면, 이지와 결혼을 하던 그 해 김 씨의 나이는 57세였다. 따라서 손가락 계산기를 대충 두드리더라도 향림사에서 중과 삐리리 하다 이지의 ×알을 잡아당긴 그날 김 씨의 나이는 무려 69세가 되는 것이다.

가뜩이나 평균 수명이 노루 꼬리 같았던 조선 중기에, 땅 냄새가 구수하게 느껴질 꼬부랑 할머니이면서도 끓어오르는 정욕情慾을 억누르지 못해 시부모의 극락왕생을 비는 자리에서까지 불륜을 저질렀던 여성. 〈조선왕조실록〉을 전적으로 신봉하는 입장이지만, 이런 기록이 나타날 때마다 필자는 '이거 믿어야 할지 말아야 할지' 하는 딜레마에 종종 빠져들곤 한다는 고백을 하지 않을 수 없다.

07

화려한 여성편력가 '양녕'의
부전자전 막장 혈투극

마음껏 인생을 즐긴 아버지 양녕과
그 트라우마를 극복하지 못한 아들의 뒤틀린 인생 이야기

양녕대군! 화려한 양보일까, 비참한 박탈일까?

이 단원의 주인공은 양녕대군 이제와 그의 아들 서산군 이혜다. 말 그대로 부자 '더블캐스팅'이다. 이렇게 전례 없이 한 단원에 두 부자를 '더블 캐스팅'한 이유는, 이들 간에 벌어진 어떤 해괴한 사건(?)을 조명해보기 위해서다. 아버지의 인륜을 저버린 '반칙행위'가 아들에겐 과연 어떤 영향을 미치는지 하는, 그 상관관계에 대한 고찰이랄까.

그럼 '삼강오륜'의 가르침에 따라 먼저 아버지인 양녕대군부터 살

펴보도록 하자. 다 아시는 것처럼, 양녕대군은 태종 이방원의 맏아들이다. 엑기스만 쪽 뽑아 50자로 깔끔히 정리하면 '조선왕조 4대 임금 자리를 예약했던 인물이지만 둘째 동생인 충녕(세종)에게 보위를 양보하고 주유천하하면서 일생을 마친 한량' 정도로 정의할 수 있겠다.

그렇다면 '역사적 관점'에서 볼 때 양녕대군은 과연 어떤 인물로 평가해야 할까? 얼마 전 인터넷 서핑을 하다가 이에 답이 될 만한 재미있는 블로그를 두 개 발견했다. 모 포털사이트에 '최고로 과대평가된 역사 인물 양녕대군'과 '희대의 로맨티스트이자 비운의 왕세자 양녕대군'이라는 글이 위 아래로 나란히 붙어있었던 것이다. 전자는 양녕대군을 금수저 물고 나온 '개망나니' 혹은 '생양아치'라고 극딜했고, 후자는 '아름다운 단일화'로 조선의 정치 발전에 이바지한 인물이라고 추켜세웠다.

누군가 군이 이 중 하나만 선택하라고 강요(?)한다면 필자는 별 망설임 없이 전자 쪽에 한 표를 던질 것이다. 후자로 가리기에는 전자의 그림자가 너무 넓고 너무 짙기 때문이다. 구체적인 증거를 하나 제시해보자. 양녕의 아버지인 조선 3대 임금 태종은 1418년(재위 18년) 3월 6일 지신사 조말생을 은밀히 불러 '폭풍눈물'을 흘리면서 아들에 대한 회한을 다음과 같이 쏟아냈다.

"세자가 어려서부터 체모가 장대해 장차 학문이 이루어지면 종묘사직을 부탁할 만하다고 생각해 부지런히 가르쳤는데, 이제 수염도 제법 나고 자식도 생겼지만, 학문을 좋아하지 않고 황음荒淫하기가 날로 심하다. 역대 임금 중엔 태자에 대한 사사로운 의견을 가지고도 이를 바꾼 자가 있었고, 중상모략 때문에 이를 폐한 자도 있었다. 내가 일찍이 이를 거울삼아 이런 짓을 하지 않겠다고 맹세했다. 그러나 세자의 행동이 이와 같음에 이르렀으니 어찌하겠는가? 어찌하겠는가?"

너무 화려한 양녕의 여성 편력

사실 막장짓 하면 장르 불문하고 '군계일학'의 면모를 뽐내던 양녕이지만, 특히나 여성 편력 부분만큼은 역대급이라 해도 감히 태클 걸 자가 없을 정도로 커리어가 화려했다. 정종의 첩 초난강을 꿀꺽해 작은아버지와 '동서지간'이 된 것을 필두로, 곽선의 첩 어리를 장인 집에 숨겨두고 아이까지 갖게 한 일이 들통나 태종이 격노하자 "아버지도 첩이 많으면서 뭘 그래요?" 하는 맹랑한 항의문까지 써올린 양녕이었다.

어디 그뿐인가. 데리고 있던 여종도 반반하면 일단 '안다리 후리기' 기술부터 들어갔는데, 그렇게 낳은 2명의 딸 중 둘째(이구지)는 제 사내종과 붙어먹어('마님은 왜 돌쇠에게 쌀밥을 먹였을까?'편 참조) 역시 피는 물보다 진하다는 교훈을 세인들에게 새삼 각인시켜주기도 했다.

지면관계상 양녕대군 '씹는 건' 이쯤하고, 이제부터 그의 아들 이 혜를 좀 '씹어'야겠다. 모두에서 언급했듯이, 이혜는 양녕대군의 정실부인(김한로의 딸)이 낳은 셋째 아들이다. 워낙 네임 벨류가 '듣보잡' 이라 부연 설명이 좀 필요할 듯 싶지만, 사실 왕실 주변에서는 이미 '꼴통'으로 명성(?)이 자자한 인물이었다. 아버지 양녕의 피를 한 톨 낭비없이 고스란히 수혈 받은 아들이다 보니, 이혜의 막장짓 또한 아버지와 판박이였다.

아버지를 닮아 소싯적부터 다리 좀 떨고 침 좀 뱉었던 이혜의 '데 뷔작'은 1438년(세종 20년) 단오날 법으로 금지되어 있는 석척희(石擲戲 : 넓은 거리에 모여 돌 던지는 놀이)를 하다가 적발된 사건이었다. 그는 이 사건으로 충청도 진천군으로 추방되는 수모를 겪었다. 그러나 이혜 를 일약 왕실의 거물 '꼴통'으로 등극시킨 사건은, 유배지에서 돌아 와 사귄 '소지홍小枝紅'이라는 '새끼손가락'을 놓고 벌인 고모부와의 피 터지는 한 판 대결이었다.

아버지 양녕에 못지않은 그 아들 이혜

1439년(세종 21년) 1월 20일 정효전(일성군), 허해(동지중추원사), 정종성(지병조사), 박문규(호조좌랑), 권희수(행사직), 조숭(사직), 조성산(부사직) 등이 종묘제를 서계(誓戒 : 나라의 큰 제사가 있기 7일 전에 제관으로 뽑힌 관헌들이 의정부에 모여서 서약하던 일)한 후에 권홍(영돈녕)의 집에 모여 술판을 벌였다. 이 자리에는 기생 소지홍과 김규월 등도 합석했다.

서지홍은 인물이 빼어나 그즈음 정효전의 '부副마누라' 직도 겸임(?)하고 있었으므로 술판이 끝난 뒤 두 사람은 자연스레 2차를 나가게 되었다. 그런데 닭살짓 하면서 대로를 활보하다가 이들은 하필 이혜와 딱 마주치게 되었다. 서지홍은 이혜와 양다리를 걸치고 있었고, 이혜는 그때까지 부지런히 서지홍을 찾아다니던 중이었다.

서지홍을 심판처럼 세워놓은 채 눈싸움부터 시작한 두 사람은 잠시 뒤 가볍게 '밀당'을 하다가, 이윽고 먹살잡이를 하는가 싶더니, 급기야 아마추어 레슬링 스타일로 와락 엉겨붙고 말았다. 사회 지도층이라는 작자들이 벌이는 보기 드문 격투기 이벤트인지라 관객(?)들은 열광했다. 한데, 이 이벤트가 더욱 화제를 모았던 건 정효전과 이혜의 남다른 관계 때문이었다. 정효전은 태종과 신빈 신 씨와의 사이에서 태어난 숙진옹주의 남편으로서 이혜의 고모부였던 것이다.

신윤복의 유곽쟁웅(遊廓爭雄) - 유흥가에서 영웅을 다투다

'얼짱' 기생 하나를 놓고 임금(세종)의 친조카와 처남이 대로 한복판에서 '빳데루 자세'를 번갈아 취하면서 땀을 뻘뻘 흘리는 이 희귀 장면은 그야말로 돈 주고도 보기 어려운 명장면임에 분명했고, 이 경기의 상보는 사헌부에 실시간으로 보고되었다.

사헌부로부터 사건 전말을 보고받은 세종은 '열폭'했다. 한글 창제 작업을 마무리하랴, 측우기를 만들랴, 숭례문을 개축하랴, 부실해진 건강도 챙기랴……, 이건 몸이 열 개라도 모자랄 지경인데 조카와 처남이라는 '개종자'들이 '기생 쟁탈 레슬링 대회'나 벌였다 하니, 이런 '개막장'이 어디 또 있을까 싶었던 것이다.

세종의 심기를 건드리다

세종은 즉각 정효전을 의금부에 쳐넣은 뒤 국문하게 하고, 종부시에는 이혜를 엄히 취조하라고 명했다. 이틀 뒤 의금부로부터 조사 결과를 보고 받은 세종은 정효전을 아예 파면해버렸다. 그러나 이혜의 경우는 닷새 뒤 종부시의 조사 결과를 보고 받은 뒤에도 고신(관원에게 품계와 관직을 임명할 때 주는 임명장)만 빼앗는 선에서 대충 덮으려고 했다. 이에 '빡친' 사헌부는 즉각 두툼한 상소장을 작성해 들이밀었다.

"근자에 정효전과 이혜가 친척 간임에도 의리를 잊고 한 기생과 번갈아 삐리리했습니다. 또한 방자한 행동을 기탄없이 하고, 큰길 위에서 싸움질까지 했으니, 종친이요 부마(駙馬 : 공주의 남편) 된 사람들로서 어찌 이런 추태를 보일 수 있겠습니까. 풍속을 더럽히고 강상을 깨뜨리는 것이 이보다 심할 수는 없습니다. (후략)"

- 《세종실록》1439년(세종 21년) 2월 6일

이처럼 뽈따구가 덕지덕지 묻어나는 상소문을 받아 읽고 난 뒤 세종은 한 발 물러나 이혜를 경기도 임진현(현재의 파주 일대)으로 귀양 보내는 한편 군君의 칭호도 '윤尹'으로 강등해버렸다. 하지만 친조카를 유배지에 버려두는 게 못내 안타까웠던지, 세종은 두어 달 뒤 이혜를 다시 불러올렸다.

이때부터 이혜는 '사람 된 품이 황혹荒惑하고 광패狂悖해 여자를 좋아하고 행동이 경박'해지는 '주폭酒暴'의 면모를 보이기 시작했다. 그의 주폭 데뷔 작품(?)은 《세종실록》 1445년(세종 27년) 10월 6일자 기사에 상세히 언급되어 있다. 홍치라는 호군(護軍 : 오위에 딸린 정4품 벼슬)의 상喪 중에 그 첩을 덮치려다 미수에 그치자 미복(微服 : 남루한 옷차림) 차림으로 그녀의 언니 집에 쳐들어가 폭력을 행사하는 등 일대 난동을 부렸다는 것이다. 이 건은 세종이 슬쩍 눈감아주어 그럭저럭 넘어갈 수 있었다.

한데 1447년(세종 29년) 10월 3일 이혜가 이번엔 제대로 '대형사고'를 치고 말았다. 술주정을 하다가 사람을 때려죽이는 살인사건을 저질렀던 것이다. 참다못한 세종은 "혜를 경남 고성에 유배 보내고 경상도 감사에게 일러 밭과 집을 주게 하되, 활과 살을 가지고 나가 사냥하는 것을 금하게 하고 바깥사람과 서로 통하지 못하게 하라."는 엄명을 내렸다. 그리고 그 2년 여 뒤인 1450년 초 이혜가 고성에서 돌아온 직후에 세종은 세상을 떴다.

정신줄을 놓은 이혜의 황망한 죽음

작은 아버지가 가고 나니 권력은 이제 사촌동생인 문종에게로 넘어갔다. 임금의 조카에서 임금의 형으로 신분이 바뀐 것이다. 하지만 개 꼬리 삼 년 뒤도 황모 못 된다고, 이혜는 문종이 즉위하던 해 또 유배길에 올라야 했다. 코스도 다양해서, 이번에는 강화부(강화도) 쪽이었다. 그즈음 부쩍 미치광이 증세를 보이던 이혜가 어느 날 금강산으로 달아났다가 잡혀온 뒤 도망쳐 경기도 연천의 한 관사에 머무르면서 노비를 때려 죽였던 것이다.

규칙적인 생활을 하겠다는 의지의 소산인지 강화도 땅에서도 이혜의 막장짓은 계속 되었다. 어느 날 밤 그는 쇠못으로 자신의 여종을 찌른 뒤 집에 불을 지르고 달아났다. 이에 문종의 명을 받고 달려온 장인 등이 다음 날 강화부 동쪽 연미정 근처에 숨어있던 이혜를 찾아내 겨우 집으로 데려왔다. 하지만 이번에는 쇠못으로 여종의 아들을 찌르며 또 난동을 부렸다.

이처럼 대책 없는 인간 말종이 되어 가던 1451년(문종 1년) 4월 8일 이혜는 홑이불을 찢어 만든 끈을 뒷간 서까래에 걸고 목을 매어 자살을 시도했다. 그리고 그 이틀 뒤 결국 생을 마감하고 말았다. 문종이 사촌형 이혜의 인생 역정을 불쌍히 여겨 고신을 돌려준 바로 다음날이었다.

실록은 이혜가 이렇게 망가지게 된 연유를 다음과 같이 기술하고 있다. 세상을 깜짝 놀라게 한 그 엽기적인 기록은 세종이 사망하기 일주일쯤 전인 1450년(세종 32년) 2월 11일자 《세종실록》에 실려있다.

> 이혜는 양녕대군 이제의 아들인데, 사랑하는 첩을 아비에게 빼앗기고
>
> 심화병을 얻어, 술김에 자주 사람을 죽였다.

요컨대, 사랑하는 첩을 아버지에게 빼앗기고 심한 마음의 병을 얻어 술독에 빠져 살다가 결국 '개망나니'가 되고 말았다는 얘기다. 아버지의 '개만도 못한 짓'이 결국 아들의 인생을 걸레짝으로 만들어 놓은 셈이었다.

자식에게 거울이 되지 못한 아버지, 양녕

양녕은 생전에 모두 27명의 자식을 두었다. 27명이라면 축구팀(11명) + 야구팀(9명)에 배구팀(6명)까지 만들고 주전자 담당도 한 명 둘 수 있는 '대大부대'다. 본처(정부인)인 광산 김 씨가 3남 5녀를 낳았으며, 나머지 19명의 자식은 첩 혹은 노비와의 사이에서 각자 눈치껏 태어났다. 아버지 태종은 세종 원년에 양녕의 난봉질을 막기 위해 '기생은 조정 공무원들과 삐리리 할 수 없으며 이를 어길 시 태형 60대에 처한다'고 엄명까지 내렸었다. 하지만 양녕에게 이는 그저 당나귀 귀에 염불일 따름이었다.

사실 27명의 자식들이 모두 양녕의 친자인지는 낳은 어미들 외에 아무도 모른다. 당시의 문란했던 성 풍조를 감안한다면 더더욱 그렇다. 그러나 굳이 DNA 검사 같은 걸 하지 않더라도, 필자는 이들이 전부 양녕의 친자식들일 것이라고 감히 확신한다. 왜냐하면, 27명의 자식 중 나라에 기여해서 이름을 날린 인간은 눈을 씻고 봐도 없고, 대부분 삐리리 같은 '생양아치' 짓으로 실록에 이름을 올렸기 때문이다. 그야말로 '부전자전', 혹은 '부전여전'의 진수를 보여준 일가족이었다고나 할까?

08
어린 세자보다
실(?)한 내시를 택한 세자빈

며느리 때문에 전전긍긍하던 태조!
조선 개국의 위업을 달성한 그에게 벌어진 낯 뜨거운 사건

조선 판 '보도통제 사건'의 전말

당신은 '서울의 봄'을 아는가? 안다면 '쉰세대'일 것이고, 모른다면 '신세대'가 분명할 것이다. '서울의 봄'이란 10·26 사태(1979년 박정희 대통령 시해 사건) 이후 전두환이라는 '듣보장(여기서 '장'은 장군의 준말임)'이 막후 실세로 떠오르던 1980년 봄을 일컫는 말이다. 겨울(유신시대)이 끝나고 봄, 즉 민주화의 시대가 도래했음을 은유하는 말인데, 실제로 이 시기는 김영삼, 김대중, 김종필 등 이른바 '3김'의 민선 대통령을 향한 막후 경쟁이 '박 터지게' 전개되던 시기이기도 했다.

하지만 실상은 춘래불사춘春來不似春, 즉 봄은 왔지만 전혀 봄 같
지가 않은 시기이기도 했다. 전두환 장군을 위시한 신군부 세력이
새로이 권력의 중심축으로 부각되어 '썬 파워'를 과시하던 시기였기
때문이다. 게다가 동 트기 직전이 가장 어둡다고, 계엄군 치하였던
이 시기에는 '보도 통제'라는 언론검열 또한 기승을 부렸다. 때문에
민감한 단어들이 군데군데 빠진 채 제작된 신문을 받아보는 건 일
상사였고, '선문답' 같은 난해한 단어가 등장해 독자들 머리통에 쥐
가 나는 일도 비일비재했다.

이를테면 1980년대 초 각 일간지에 뜬금없이 등장했던 '재야인사'
와 '현안(혹은 현안 문제)'이라는 단어도 그중 하나다. 당시 언론의 보
도 내용을 복기해 보면 대충 이런 식이었다.

> • 김종필 공화당 총재, 김영삼 민주당 총재와 '재야인사'가 어제 저녁 남
> 산 외교구락부에서 전격 회동을 했다.
> • 여야 사무총장이 긴급 회동하여 최근의 '현안'에 대해 논의했다.

이건 그야말로 '뜬금포'였다. 누가 '재야인사'고 무엇이 '현안 문제'
인지 무지렁이 백성들은 냉수를 사발째 들이켜고 생각해봐도 도무

지 아리송하기만 했던 것이다. 물론 민주화 이후 '재야인사'는 김대중 씨를 지칭하는 말이고, '현안'이란 김영삼 씨가 벌인 23일 간의 단식농성을 의미한다는 게 알려지긴 했지만…….

〈조선왕조실록〉에도 이처럼 '뜬금포' 같은 기사들이 더러 실려 있다. 기사만 봐서는 저 말이 뭘 의미하는지, 무엇 때문에 저 난리법석들인지 오늘의 우리로서는 도무지 독해가 안 되는 기록들이 꽤 있다는 얘기다. 이제부터 하려는 이야기도 이런 '뜬금포' 같은 기록 중 하나다. 처음부터 단 한 줄의 문장으로 뜬금없이 시작되는 황당한 사건이니까! 자, 그럼 이제부터 한 편의 수수께끼 같은 그때 그 사건 속으로 함께 뛰어들어가 보도록 하자.

밑도 끝도 없는 세자빈 사건

1393년(태조 2년) 6월 19일 《태조실록》에는 다음과 같은 기사가 실렸다.

　　내시 이만을 죽이고, 세자의 현빈 유 씨를 내치다.

왜 그랬다는 부연설명 같은 건 없다. 오로지 단 한 줄로 이뤄진 이 기사가 전부다. 물론 '글빨' 좋은 글쟁이라면 이 한 줄 기사로도 장편소설 한 권 분량의 '썰'을 풀어낼 수 있을 것이다. 시쳇말로 대충 '촉'은 오니까. 하지만 역사를 '척 하면 삼척 아니여?' 하는 식의 '감'이나 '촉'으로 때려잡는 건 위험천만한 태도다. 역사는 반드시 똑 부러지는 '팩트(Fact)'로만 말해야 한다는 얘기다. 따라서, 이 단원에서는 죽이 되든 밥이 되든 오로지 실록 기록만을 토대로 이야기를 끌어가 볼 요량임을 미리 밝혀둔다. 자, 그럼 '실체적 진실'에 접근하기 위해 진도를 조금 더 나가보도록 하자. 1393년(태조 2) 6월 21일의 기록이다.

> 대간과 형조에서 상언을 하였다. "가만히 보건대 내시 이만이 참형을 당하고 현빈 유 씨가 내쫓겨 사저로 돌아갔으나, 나라 사람들이 그 이유를 알지 못하여 의심하고 두려워함이 그치지 않습니다. 원하옵건대, 전하께서 주변의 믿을 만한 사람을 법사에 내려 국문해서 백성들의 의심을 없애게 하소서."
> 임금이 노하여 우산기상시 홍보, 좌습유 이조, 사헌중승 이수, 시사 이원, 형조정랑 노상을 순군옥에 가두었다.

역사나 '뜬금포'다. 아니, 이쯤 되면 '뜬금포'도 가히 핵탄두급 '뜬금포'다. 대간과 형조에서 그 이유를 물으니 태조가 조정 대신 5명을 감옥에 가두었다는 것이다. 이뿐만 아니다. 다음날에는 좌간의 이황, 우간의 민여익, 직문하 정탁, 기거주 이지강, 우보궐 윤장, 우습유 왕비, 형조전서 이서, 의랑조사의 최사의, 좌랑 민사정, 사헌중승 박포, 잡단진경 이치, 참대감찰 유선 등도 감옥에 가두었다. 태조는 이들을 가둔 이유에 대해 다음과 같이 설명했다.

> "궁중의 내시와 세자빈을 내쫓아 처벌하는 것은 내 집안의 사사로운 일이므로 외부인이 알 바가 아닌데, 지금 대간과 형조에서 이 일을 함부로 논하게 되매, 반드시 일반 백성들이 스스로 의심을 지어내어 떠들고 서로 모여서 의논하게 될 것이니, 다만 이 무리들의 뜻만이 아닐 것이다. 지금 이 무리들을 옥에 가두어 국문하고자 한다."

요컨대 태조는 백성들이 제멋대로 상상해 '노가리가 노가리를 까는 상황'을 매우 우려했던 것이다. 하지만 내 집안일이니 모두들 신경 끄고 '아닥'하라는 태조의 이 말이 역설적으로 세인의 궁금증을 증폭시키는 역할을 톡톡이 해냈다. 종아리만 보고도 배꼽 봤다 우기는 세태에 당사자가 사실 관계를 감추고 변죽만 울려대니, 기실 '유비통신'과 '카더라 방송'이 청취율 1, 2위를 다투는 건 당연한 이치 아닌가. 요즘도 그렇지만, 어떤 사안에 대해 정권이 이를 감추려고 꼼수를 부리면 부릴수록 시덥잖은 말·말·말들이 더 극성을 부리며 횡행하게 되는 것이니 말이다.

세자빈 사건은 무조건 침묵하란 말이닷!

사실 문제는 이게 전부가 아니었다. 보다 심각한 문제는 이즈음 무차별로 행해지는 태조의 '공무원 탄압'이었다. 설령 개국공신이라 하더라도 일단 머리통 좌우로 갸웃거리는 기색만 내비치면 죄다 잡아 처넣는 판국이니, 조정 분위기도 나라 꼴도 서서히 '개판'이 되어 가고 있었던 것이다. 뺑튀기 좀 하면, 돌아가는 꼬락서니로 보아 가장 시급한 건 감옥 증축이었지만, 예산작업 해야 할 담당자들까지 죄다 감옥에 들어앉아 있는 형편이라 그 작업조차 여의치 않은 형국이었다는 말씀이다.

대신들의 이 같은 우려는 거물급 개국공신인 좌의정 조준의 언급에서도 고스란히 묻어나고 있다. 그날 태조의 '공갈포'가 난사된 직후 아무런 대꾸 없이 밖으로 나온 조준은 좌승지 이직에게 다음과 같이 말했다.

> "대간과 형조는 한 나라의 기강을 잡는 곳이므로 예로부터 이를 소중하게 여겼는데, 온 공무원들이 다 감옥에 갇히게 되면 나라 체면이 땅바닥에 떨어질 것이니, 마땅히 말을 잘 해서 임금님이 이를 고치도록 하시오."

그렇다면 태조는 대체 왜 이러는 걸까? 무슨 말 못 할 사정이 있어 대소 신료는 물론이고 백성들까지 아예 당달봉사나 벙어리, 귀머거리로 만들어 놓으려 하는 걸까?

아는 분은 아시겠지만, 당시 조선의 세자는 신덕왕후 강 씨의 아들 이방석(芳碩 : 의안대군)이었다. 태조 이성계는 첫째 부인 신의왕후한 씨에게서 여섯 아들을, 둘째 부인 신덕왕후 강 씨에게서 두 아들을 얻었는데, 이방석은 태조의 둘째 부인 신덕왕후의 둘째 아들이었다. 첫째 부인의 아들도 아니고, 둘째 부인의 둘째 아들이자 통합 서열 '끝번'인 방석이 세자로 책봉된 건 실로 엄청난 파격이었다. 조강지처의 전형 같았던 첫째 부인과 달리 정치적 야심이 남달랐던 둘째 부인의 치밀한 계략과 정도전 등의 '몰빵'에 가까운 지원에 힘입은 결과였다.

그때 방석의 나이는 고작 열한 살이었다. 속된 말로 불X이 채 여물기도 전에 일약 2인자로 도약한 것이므로 세자로서의 입지를 확고히 해두는 게 무엇보다 중요하고 시급할 때였다. 그런데, 이런 중차대한 시점에 돌연 '세자빈 발' 악재가 터졌기에 태조는 부랴부랴 이를 진화하고자 무리수를 거듭하고 있었던 것이다.

그 '악재'가 무엇인지는 그믐밤처럼 깜깜했지만, 태조의 무리수는 그 다음날도 계속되었다. 1393년(태조 2년) 6월 23일, 간밤에 부부싸움이라도 한바탕 치렀는지 아침부터 퉁퉁 부은 얼굴로 나타난 태조는 또 하나의 명단을 발표하면서 대신들을 '올코트 프레싱'으로 밀어붙였다. 혹시나 '승진자' 명단? 했더니 역시나 '유배자' 명단이었다.

즉 홍보, 이수, 윤장, 진경, 이치, 최사의, 조사의, 왕비는 각자 고향 앞으로, 그리고 이원은 죽림, 노상은 전라도 군영軍營, 이조는 각산으로 유배, 공신인 이서, 박포, 민여익, 정탁, 이황, 이지강 등은 집에 가 '영원히' 푹 쉬라는 내용이었던 것이다(이들의 빈자리를 바로 메우겠다는 심산인지 우연의 일치인지, 바로 다음날엔 생원시를 실시해 132명의 신참을 새로 선발했다).

보도통제를 실시한 태조!

이즈음 태조의 행동은 마치 두더지가 구멍으로 대가리를 쏙 내밀면 뽕망치로 무지막지하게 후려갈기는 '두더지 놀이'를 연상시킬 정도였다. 태조는 또 대신들과의 언로言路도 슬슬 막아버리기 시작했다. 그 일환으로 1393년(태조 2년) 7월 1일에는 이직에게 이런 명령을 내렸다.

"날마다 정사를 자세히 듣고 판단하려 할 때에 대소 신료들이 제멋대로 보평전報平殿에 들어와서 보고하니, 매우 행동이 거만하고 무례하다. 이제부터는 첨절제사(종3품 무관)로 하여금 문을 지키게 하여 잘 살피게 하고, 먼저 보고한 후에야 들어오게 하라."

- 《태조실록》1393년(태조 2년) 7월 1일

이제부턴 대면對面보고도 '선수' 보고 받겠다는 통첩이었다. 임금의 태도가 이처럼 강경일변도로만 치닫다 보니 조정 분위기는 끓는 물에 냉수 퍼부은 것처럼 급속히 가라앉기 시작했다. 국에 덴 놈은 찬물도 불어 마신다고, 대신들은 약속이나 한 듯 일제히 몸사리기에 들어갔던 것이다. 게다가, 신기하게도 이후부터는 이 사건에 대한 사관의 기록들조차 감쪽같이 사라져 버렸다. 그야말로 조선 판 '보도 통제'가 가동된 게 아닐까 하는 의구심을 감출 수 없는 대목이라 하겠다.

사실 이즈음 태조가 안테나를 길게 뽑고 촉수를 곤두세운 건 밑바닥 여론이었다. 이 사건이 일어난 건 태조 2년, 그야말로 조선이 걸음마를 막 시작하던 무렵이었다. 하지만 나라 안 사정은 그리 녹록치 않았다. 쿠데타에 대한 반감이 확산되는 데다 개혁도 게걸음질 치고 있어 '아, 옛날이여~'를 합창하는 백성들이 점점 늘어만 가던 시기였다. 이런 민감한 시기에, 공신들은 공신들대로 '완장 부대'

처럼 갑질하며 전리품 나눠 먹기에 혈안인데 왕실의 불미스러운 일까지 새어나가면 자칫 정권의 도덕성에 치명타가 될 수도 있었다. 옛말에 백성들 입 막기는 냇물 막기보다 어렵다 하지 않던가.

세자빈 사건의 재구성

앞의 이야기는 1393년(태조 2년) 6월 19일부터 7월 1일까지, 불과 열흘 남짓한 기간 동안 벌어진 일들을 정리한 것이다. 이 기간 중 조선 조정은 거의 초토화되다시피 했다. 그 전개 과정을 세 꼭지로 요약하면 이렇다.

① 태종이 내시 이만의 목을 베었는데 공교롭게 같은 날 세자빈도 궁궐에서 쫓겨난다.

② 이 괴이한 일이 여러 입을 거치면서 확대 재생산되는 양상을 보이자 조정 대신들이 임금에게 그 연유를 묻는다.

③ 이에, 뻔히 알면서 임금을 희롱한다고 생각한 태조는 이 일을 입에 올리는 신하들에게 그 즉시 웰빙식단(콩밥)과 평생휴가(유배)를 무차별로 제공한다. 그러면서 <넘버3>의 송강호 같은 표정으로 "내가 집안의 사사로운 일이라고 하면 그냥 사, 사사로운 일인 거야. 내 말에 토, 토, 토, 토 다는 색히들은 다 배, 배신이야, 배신……" 뭐 이러면서 신하들을 더욱 옥죄기 시작한다.

영화 〈과부〉의 한 장면

이쯤 되면 그 사건이 '매우 충격적이고 부도덕한 사건'이었으리라는 거야 돌덩이를 이고 다니지 않는 이상 다들 감 잡았을 것이다. 하지만, 좀 더 구체적으로 콕 찍어, 만일 우리 모두가 상상하는 '그 일'이 세자빈과 내시 간의 스캔들이 맞다면, 사건 당사자인 현빈 유 씨 입장에서도 한번쯤 생각해볼 필요가 있을 것이다.

현빈 유 씨가 이방석과 언제 결혼했는지는 알려지지 않았다. 다만 이방석이 세자로 책봉된 때가 열한 살이었으니 그즈음 결혼하지 않았을까 추정할 뿐이다. '연상연하' 커플이 대세였던 시대상황을 감안하면 당시 유 씨의 나이는 이방석보다 너댓 살 가량 위였을 것이다.

그렇다면 신랑은 열한 살, 신부는 열다섯 살? 이들 부부의 나이가 실제로 이렇게 된다면, 현실적으로 우리는 현빈 유 씨의 고충을 충분히 이해해줘야 하지 않을까 싶다. 왜냐하면, 요즘과 비교할 수 없을 정도로 발육이 더디던 시대에 채소로 비유하면 딱 '풋고추' 같은 발육 상태의 세자와 결혼했으니, 그들의 부부생활이 '식순'대로 착착 진행되지 못했을 것임은 안 봐도 비디오이기 때문이다.

명색이 신랑이 초딩 필 나는 '코찔찔이'이다 보니 마누라를 '쎄쎄쎄'나 '공기놀이' 파트너쯤으로나 알고, 그나마 매일 밤 무언가를 방사하기는 하는데 그게 '지린내 진동하는 액체'일 따름이었다면, 아침마다 이런 꼬맹이의 속옷 나부랭이나 갈아입히면서 팔자에 없는 보모노릇 해야 했던 세자빈의 불만은 천장도 뚫어버릴 기세였지 않겠는가.

그런데 바로 그 절묘한 타이밍에 건장한 체격에 훤칠한 키, 갸름한 얼굴선, 크고 쌍꺼풀 진 눈…… 아니 뭐 이렇게 구체적으로 묘사할 것도 없이, 그냥 딱 원빈 같은 20대 초반의 내시와 매일 마주치게 되었다고 치자. 그렇다면 지위 같은 건 차치하고, 순수한 이성의 감정으로 '스파크'가 튈 수도 있지 않겠는가? 또 그렇게 튄 '스파크'가 사랑으로 승화되어 농익어 가다 보면 넘지 말아야 할 선을 넘는 경우도 충분히 상정해볼 수 있는 것 아니겠는가?

내시에게 '사형', 세자빈에게 '고향 앞으로!'를 명한 태조의 선고 내용이 딱 이런 경우에 내려지는 선고와 정확히 맞아떨어지기에 해보는 추정인 것이다. 여느 임금들이 내시와 세자빈의 '이루어질 수 없는 사랑'을 적발했을 때 가하던 그 징벌 내용과 거의 일치하니 말이다.

하지만, 그럼에도 불구하고 이 사건을 두 사람 간의 스캔들 때문이라고 단정짓지는 않으련다. 왜냐하면, 실록 어디에도 구체적인 언급이 없기 때문이다. 누가 봐도 '뻔할 뻔자'이나 그렇다고 똑 부러지는 증거는 전무한, 비유컨대 주변에 구린내는 진동하지만 그게 방귀 때문인지 똥차 때문인지는 알 수 없는, 뭐 그런 사건이었다고나 할까.

고로 사실 관계에 대한 언급은 딱 여기까지만이다. 오늘날엔 세자빈과 내시 간의 엽기적인 '섹스 스캔들'로 널리 알려져 있는 사건이지만, 실상은 실록 어디에도 그런 걸 명시해 놓은 대목이 없기 때문이다. 따라서 당시 궁궐 안에서 무슨 일이 일어났는지, 세자빈과 내시 이만이 실제로 어떠한 관계였는지 따위는 이제 온전히 여러분 각자의 상상에 맡기는 도리밖에 없다. 반복하거니와, 역사는 사실(Fact)만 가지고 말해야 하는 것이니까.

09
조선판 '나쁜남자'를 위한
옹주의 기구한 사랑

세상의 온갖 특권을 누릴 것만 같은 왕족!
하지만 기구한 운명의 옹주가 있을 줄이야……

공주 vs 옹주

오늘날 공주公主는 젊은 여성들에게 '꽁짜'로 제공할 수 있는 최상의 '립 서비스' 중 하나다. 지위나 권세는커녕 날품으로 하루하루 연명하는 가정에서도 아버지가 딸내미에게 아낌없이 날리는 '립 서비스'가 "어이쿠, 우리 공주님"이다. 공주는 또 '예쁘다'와 거의 동의어로 쓰이기도 한다. 그래서 스스로 예쁘다고 착각하는 후천성 과대망상증 환자를 일컬어 '공주병에 걸렸다'고 한다.

하면, 옹주翁主는 어떨까? 우리 역사와 데면데면하게 지낸 분들에게는 꽤 생소할 수 있는 호칭이다. 아닌 게 아니라, 필자의 주변에도 공주를 모르는 사람은 없지만, 옹주를 모르는 사람은 더러 있다. 혹자는 '공주가 늙으면 옹주 아니냐'고 되묻고, 혹자는 공주의 오기誤記라며 즉각 면박을 주기도 한다. 해서 이 단원을 시작하기 전에 공주와 옹주의 차이점에 대해 간략히나마 학습(?)하고 진도를 나가도록 하겠다.

먼저 공주와 옹주의 정의부터 공개하면, 공주란 임금의 정실부인(왕비)이 낳은 딸을 말하고, 옹주는 임금의 후궁이 낳은 딸을 말한다. 공주라는 호칭은 삼국 시대 이전부터 사용된 걸로 알려지고 있으나, 옹주라는 호칭은 우여곡절 끝에 세종 대에 이르러 정착되었다. 실제로 태종 시절만 해도 대군의 부인, 왕의 후궁, 왕의 서녀, 개국 공신의 어머니와 처, 왕세자빈의 어머니, 종친의 딸 등을 두루 '옹주'라고 불렀다. 태종이 '가희아'라는 기생을 후궁으로 들이면서 '혜선옹주'라는 칭호를 부여한 것도 그래서다.

다음으로, 공주와 옹주의 대우는 어땠을까? 당연히 공주가 '한 끗발' 높은 대우를 받았지만, 옹주도 이에 준하는 많은 특혜를 받았다. 이들의 결혼은 공히 종부시宗簿寺에서 주관했으며, 이들과 결혼한 남자(부마)에게는 자동으로 고위 공무원의 지위가 주어졌다. 예컨대 공주의 남편에게는 종1품을 주었다가 뒤에 정1품으로 올려

주고, 옹주의 남편에게는 종2품을 주었다가 뒤에 정2품으로 올려주는 식이었다.

공주와의 결혼이 인생 역전이라고?

여기까지만 보면 공주나 옹주의 '피앙세' 자리는 뭇 남성의 로망쯤으로 여겨질 수도 있겠다. 하지만 실상은 그렇지 못했다. 실제로 1등 신붓감을 묻는 설문에서 임금의 딸들은 항상 꼴찌를 다툴 정도로 인기가 없었다. 왜냐하면, 공주나 옹주를 마누라로 둔다는 건 사내로서의 자존심과 출세 의지를 다 포기하는 거나 같았기 때문이다.

물론 그 시대에도 '무르팍 나온 파란 추리닝' 족에게는 공주 - 안 되면 최소한 옹주 - 와의 결혼이 로망이자 '인생 로또'일 수 있었다. 하지만 공주나 옹주의 배필로 낙점 받는 인물이 대부분 명망가 자제로 '한 방'의 꿈을 차곡차곡 쌓아오던 중이었던 걸 고려한다면, 그녀들이 신붓감 순위에서 왜 꼴찌를 다툴 수밖에 없는지 대충 이해할 수 있을 것이다.

게다가 임금의 사위라는 '소셜 포지션' 때문에 일생을 '폼생폼사'로만 살아가야 한다는 것도 '징글징글'했고, 특히 '레저 생활'로 치부되던 축첩(蓄妾 : 첩을 두는 것)과 재혼 금지라는 족쇄 또한 '왕짜증'이었을 것이다. 요컨대 '로또 대박'은커녕 자칫하다가 노래방에서 혼자 이런 유행가나 싸지르면서 눈물, 콧물 세트로 짜내기 십상인 자리가 부마라는 얘기다.

"당신의 거미줄에 묶인 줄도 모르고~♪ 아차 해도 뉘우쳐도 모두가 지난 이야기~♬"

중종이 애지중지한 딸, 효정옹주

조선 11대 임금 중종의 사위 순원위 조의정趙義貞은, 몸뚱이가 불평불만으로 특화되다시피 한 인물이었다. 그의 아내는 효정옹주로, 중종과 숙원 이씨의 둘째 딸이었다. 실록에 따르면, 이 조의정이라는 화상은 '드세고 사나워 제멋대로 하고 교훈과 경계를 따르지 않는' 천방지축에 굴레 벗은 망아지 같은 종자였다. 다른 사람도 아니고 장인(중종)의 입에서조차 '광패(狂悖 : 행동이 도의에 벗어나서 미친 사람처럼 사납고 막됨)하다'는 표현이 튀어나올 정도면 얼마나 '품행제로'인지

대충 때려잡을 수 있지 않겠는가?

반면, 꼭 그렇게 설정하려는 건 아니었겠지만, 조의정의 처 효정옹주는 곱기가 비단결 같은 여성이었다. 실록에서조차 '옹주가 정숙하여 투기(質妬)하지 않고……'라는 대목이 등장할 정도니 말 다 했다. '여자는 질투 빼면 두 근도 안 된다'는 속담이 횡행하는 판에 투기 같은 걸 일체 하지 않는 여자라 하니, 그녀의 성격이 얼마나 무던했는지 짐작하고도 남음이 있을 것이다.

실제로 효정옹주가 지나치게 착했다는 걸 배제한다면 도무지 이해할 수 없는 게 지금부터 풀어놓으려는 이 이야기다. 임금의 딸이 남편에게 이처럼 저자세로 끌려다닌 사례는 조선 역사 전체를 탈탈 털어도 실로 드문 일이기 때문이다. 워낙 못생겨서 그런가 싶어 실록을 눈부리 빠지도록 들여다봤지만, 어디에도 그녀가 참 억울하게 생겼다는 기록은 없었다.

아무튼, 결혼 초기(1532년)만 해도 조의정의 '상태'가 이 지경인지 몰랐던 중종은 여느 아버지들처럼 딸내미 부부가 함께 거주할 근사한 보금자리를 마련해주기 위해 무리깨나 했다. 실제로 대신들은 흉년으로 백성들이 큰 고통을 겪고 있는데 군대까지 동원해 사저를 너무 화려하게 꾸민다며 중종에게 노골적인 불만을 토해냈다.

또한 "효정옹주 일가가 화려한 사저도 모자라 이웃집을 강제로 사들여 집 늘리기에 혈안이니 이를 속히 정지시키고 추후 돈을 대주거나 일꾼을 배정하지 말아 달라."고 강력히 요청하기도 했다. 하지만 중종은 이 같은 주장에 고개를 주억거리면서도 끝내 공사 중단을 명하지는 않았다. 착한 옹주에 대한 애정이 어느 정도였는지 충분히 읽히는 대목이다.

중종의 마음을 아프게 한 효정 옹주

한데, 문제는 딸내미 집에서 건너오는 이야기들이 기대와 전혀 딴판이라는 데에 있었다. 보모 등의 전언에 따르면 딸내미 집에선 마치 막장 드라마 전개 상황과 매우 흡사한 일들이 연일 벌어지고 있다는 것이다. 이를테면, '오렌지족' 같은 젊은 남자 주인공은 날마다 마누라를 닭장에 족제비 몰아넣듯 윽박지르고, 청순가련형의 마누라는 이런 수모를 묵묵히 견뎌내는 일이 반복되는데, 그 도가 점점 더해진다는 얘기였다.

스토리를 좀 더 막장으로 몰고가려는 속셈인지, 남자 주인공은 이제 제 마누라가 임금의 딸이라는 사실조차 망각하고 마누라를 숫제 종 부리듯 한다는 소문까지 건너왔다. 이에 중종이 받은 충격은 컸다. 남의 딸 이야기라면 '캬, 이거 점점 흥미진진해지는데?' 어쩌구 하며 아침드라마 보는 기분을 만끽했겠지만, 이 일은 엄연히 자기 딸내미의 '휴먼 다큐'였기 때문이다. 중종은 수차례 조의정을 불러 공감도 치고, 훈계도 하고, 똥꼬도 간지럽히면서 '똑바로 살아라'를 고장난 녹음기처럼 반복해댔다.

하지만 딱 그럴 때만 살짝 대가리를 조아릴 뿐 이 화상은 전혀 달라지는 낌새가 없었다. 아니, 워낙 노란 물이 진하게 밴 '단무지' 같은 화상이었던지라 임금을 어려워하는 기색도 점점 사라져갔다. 이를 입증이라도 해보이겠다는 듯, 조의정은 어느 날 효정옹주의 보모와 하인들을 모두 내쫓아 버렸다. 부부 사이의 일을 조정에 실시간으로 꼬나바친다는 이유에서였다.

그런데, 2~3년쯤 지나니 이번에는 조의정이 효정옹주의 여종 풍가이豊加伊와 붙어먹는다는 소문이 마른 볏단에 불길 옮겨붙듯 좌악 퍼지기 시작했다. 소문은 소문을 낳는다고, 그 얼마 뒤엔 심지어 '옹주의 거처를 여종처럼 대우하고, 풍가이의 거처를 옹주처럼 대우한다'는 믿기 힘든 이야기까지 새어나왔다. 딱히 임금으로서가 아니라 딸 가진 애비의 심정으로서도 이는 도저히 묵과할 수 없는 처사였다.

하지만 어쩌랴. 제 아무리 천방지축이라도 사위는 사위인 데다, 이놈을 족치면 그 불똥이 고스란히 딸내미에게 옮겨 붙을 게 자명하거늘. 중종은 결국 풍가이라는 여종만 함흥지역으로 내쫓는 선에서 이 일을 일단락 짓기로 했다. 하지만 이미 간을 배 밖으로 장기외박 보낸 조의정은 이 명령 또한 고분고분 받아들이지 않았다. 절대 군주국가에서 감히 군주의 명령을 껌 씹는 소리 정도로나 여겼던 것이다.

이 대목에서 흥미로운 건, 그즈음 효정옹주가 풍가이의 유배를 막기 위해 두 번씩이나 중종을 찾아갔다는 사실이다. 아무리 투기가 없다지만 제 남편 애인을 살리기 위해 아버지를 찾아갈 정도였으니, 이 정도면 "지금 〈아씨〉 찍는 거여 뭐여?" 하는 푸념이 절로 튀어나올 지경이다. 중종 또한 이런 딸내미의 행보가 어처구니 없었는지 "부녀자로서 질투가 없는 것은 진정이 아니다"라면서 만나주지조차 않았다.

갑자기 찾아온 효정옹주의 죽음

1544년(중종39) 2월 15일, 갑자기 예기치 못했던 변고가 터졌다. 아닌 게 아니라 이런 막장 드라마가 점입가경으로 흐르기 위해서는 한없이 착한 마누라에게 어떤 식으로든 변고가 들이닥치긴 해야 했다. 그래야만 우리 백의민족이 가장 선호하는 '권선징악'의 결말을 이끌어낼 수 있으니까. 그런데 이날 실제로 그런 일이 일어났던 것이다. 효정 옹주가 아이를 낳고 나흘 만에 산후증으로 숨을 거두었으니까.

 한동안 우황 든 숫소처럼 어쩔 줄 몰라 하던 중종은 겨우 정신 줄을 잡은 뒤 승정원(오늘의 청와대 비서실)에 이런 명령을 내렸다.

> "효정 옹주가 이달 15일에 해산했는데, 비로소 오늘에야 병세가 위독하다고 알려와 즉시 의원과 의녀를 보내 진료하도록 명했으나 도착하기도 전에 이미 숨졌다고 한다. 내가 순원위 조의정을 보니 간사한 정상이 매우 많은데 이를 나중에 알린 것이다. 의금부는 즉시 조의정을 잡아들여 가두라."
>
> - 《중종실록》1544년(중종 39년) 2월 19일

 중종의 분노가 절절이 녹아있는 명령이었다. 특히 '간사한……'이라는 표현까지 동원한 걸로 미루어 효정 옹주의 죽음에 조의정의 책임이 매우 크다고 생각하고 있음이 분명했다. 중종은 같은 날 오후 조의정의 계획적 범행임을 단정하는 듯한 발언도 한 무더기 쏟

아냈다.

　"전 순원위 조의정은 성품이 광패狂悖해 여러 해 동안 도에 어긋난 행동을 많이 저질렀기에 내가 훈계한 것이 한두 번이 아니었다. 그런데 허물을 고치지 않을 뿐 아니라 4~5년 전부터는 옹주의 여종 풍가이를 첩으로 삼아 사랑하면서 옹주의 거처를 노비처럼 대우하고 풍가이의 거처를 옹주처럼 대우해 가도家道를 문란시켰으니, 죄를 다스리지 않을 수 없었다. 그러므로 그 자신을 경계시키기 위해 비첩 풍가이는 내수사에서 치죄하도록 하고, 그는 외방에 내쳐 잘못을 고칠 것을 기대했다. 조의정은 그래도 징계되지 않고 즉시 종을 보내 몰래 풍가이를 데려다가 고향 집에다 두었다. 이것도 진실로 그의 죄이지만 나는 나이 어린 부마의 광패한 소치라고 생각하고 용서해 죄를 다스리지 않았는데 오히려 내심 기뻐하면서 이때부터 옹주를 더욱 박대했다. 그가 옹주가 죽는다면 이 첩(풍가이)을 아내로 맞이하겠다는 계획을 세운 지가 이미 오래되었다."

　잠시 말을 끊고 찬찬히 대신들을 둘러보던 중종이 결연한 표정으로 말을 이었다.

　"이번 달이 옹주의 출산 달이어서 의녀를 보내려 했더니 조의정은 한마디 상담도 않다가 오늘 병이 위독하게 되어서야 비로소 와서 고했다. 즉시 의녀를 보내 그 집에 당도하니 조의정이 또 들어가지 못하게 했고,

의원이 미처 도착하기 전에 중도에서 이미 죽었다는 말을 들었다 한다. 의정의 행위가 매우 수상쩍으니 의금부에 내려 추고하라. 풍가이는 아무리 조의정의 사랑을 받았다 하더라도 옹주와는 종과 주인의 분수가 있는데 조의정의 사랑을 믿고 항상 옹주를 능멸하고 거처를 문란케 해 소박 받게 하고 죽게까지 했으니, 아울러 의금부에 내려 추고하라."

- 《중종실록》1544년(중종 39년) 2월 19일

돌아가는 폼새로 보건대, 이제 조의정을 기다리는 것은 망나니의 현란한 칼춤 공연뿐인 듯했다.

마침내 붙잡혀 온 부마

의금부에 긴급 체포된 조의정은 나름 의연하려고 애썼다. 장인이 자신을 버리지 않으리라는 기대감 때문이다. 실제로 장인은 여러 차례 자신을 불러 따뜻한 격려의 말과 함께 등까지 토닥거려준 어른이 아니던가. 생각이 여기까지 미치자 조의정은 아연 용기가 솟구치는 느낌이었다.

"내가 풍가이를 비밀리에 첩으로 삼은 것은 아닙니다. 옹주가 지난 기해년(1534년)에 신에게 '옛부터 어린 부마들이 막뒈먹은 애들을 첩으로 삼아 가도家道를 어지럽히는 경우가 많은데 아름다운 일이 아닙니다. 여종 풍가이는 첩으로 삼을 만합니다' 하고 소개해줬습니다. 신이 옹주의 말에 따라 풍가이를 첩으로 삼긴 했으나 다른 여종들처럼 예사로 막 부렸습니다. 또 옹주가 스스로 첩으로 삼는 걸 허락해 조금도 투기하지 않았으므로 항상 마음에 미안한 생각을 품었으며 우리 부부의 정의는 더욱 두터웠습니다. 그런데 '풍가이만 사랑해 옹주처럼 대우했으므로 가도를 문란하게 했다.'고 하니, 어찌 이런 일이 있겠습니까?"

- 《중종실록》1544년(중종 39년) 2월 19일

말인 즉, 자신이 풍가이를 첩으로 삼은 건 옹주가 '소개팅'을 주선했기 때문이며, 옹주와의 애정 전선에는 아무런 이상이 없었다는 것이다. 또한 옹주의 병이 위독하게 되어서야 보고했다는 점에 대해서도 '천지간에 있을 리 만무한 일'이라고 펄쩍 뛰었다. '옹주는 산후에 건강 상태가 좋았고 음식도 보통 때와 같이 잘했는데, 19일에 이르러 갑자기 기침이 잦고 구토를 하므로 한편으로는 보고하고 한편으로는 종친부(宗親府 : 종실 일을 관장하던 관서)의 약사를 불러 의녀, 산비 등과 백방으로 약을 쓰면서 구호했지만 얼마 안 되어 절명했다'는 것이었다. 그러나 의금부 '고문 기술자'들이 몸 풀기용으로 몇 가지 '신개발품'을 선보이자 곧바로 꼬리를 돌돌 말고는 중종의 말이 전부 사실이라고 승복했다.

한편, 풍가이도 잡아들이라는 중종의 명령에 대해서는 반론도 만만찮았다. '무지한 그 종은 상전의 명을 따랐을 뿐인데 어떻게 죄를 물을 수 있느냐'는 것이었다. 하지만 중종은 이것만이 구천을 떠도는 딸내미의 원혼을 풀어주는 일이라고 여긴 듯 자신의 주장을 굽히지 않았다.

임금의 명도 하찮게 여겼던 부마

다음날 결국 의금부 당상이 체포 영장을 들고 풍가이의 소재 파악을 위해 조의정 집으로 갔다. 집에는 아무도 없고 늙은 환관만 있었다. 다짜고짜 풍가이의 소재를 캐물으니 환관이 한 사내종을 불러 자초지종을 얘기하도록 했다. 사내종의 말은 꽤나 충격적이었다.

"(3년 전) 풍가이가 함흥으로 유배 갈 때 사실 제가 데리고 출발했습니다요. 그런데 숭례문 밖에 이르렀을 때 갑자기 주인어른(조의정)이 나타나 송동이랑 몇몇 종들에게 풍가이를 데리고 가라 시키고, 함흥에는 다른 여종을 보내게 했습니다요. 풍가이는 지금 순천의 큰댁에 숨겨놓았는데, 주인어른이 친척이라 거짓말 하고는 예사로 활보하고 있다 합니다요."

임금이 유배 보낸 죄인을 중간에서 제 멋대로 바꿔치기 하는 사위라니! 이쯤 되면 무궁무진하다는 우리말의 표현력으로도 역불급을 실토케 하는 '막가파' 사위라 아니할 수 없다. 이건 뭐 볼 것 없는 '기군망상(欺君罔上 : 임금을 속임)죄'였던 것이다.

조의정은 이제 개한테 물린 꿩 신세나 진배없었다. 실제로 이 '범죄사실(기군망상)' 하나만으로도 모가지가 몸통과 분리된 전례가 얼마나 많았던가? 조의정이 고의로 딸내미를 죽게 만들었다는 중종의 의심은 점차 확신으로 변해갔다.

조정을 움직인 풍가이

그런데 그즈음 조정 안팎에 묘한 기운이 흐르기 시작했다. 압송된 풍가이에 대한 동정 여론이 뜨겁게 일기 시작했던 것이다. 풍가이의 소식을 전하는 사관의 댓글에서도 그녀에 대한 연민과 애정이 절절히 묻어나고 있다.

풍가이는 국문을 당하면서도 안색이 변하지 않았고 한마디도 착란(어지럽고 어수선함)한 말이 없었다. 이에 조정 관료들이 풍가이의 선처를 바라는 차자(劄子 : 간단한 상소문)를 올렸다. 그런 뒤에 교도관이 풍가이에게 말했다. "조정이 너를 구원하기 위해 이렇게 하니 임금님께서도 물론 알고 계실 것이다. 네가 비록 자백하더라도 반드시 참작해서 조처할 것인데 어찌 딱하게도 이처럼 형벌을 받으려 하는가?" 그러자 풍가이가 대답했다. "조정에서는 비록 그렇게 해도 임금님께서 노여움을 풀지 않으시는데, 어찌 감히 살려고 하겠습니까. 또한 비자(婢子 : 여종)로서 상전을 능멸했다는 이름을 얻으니 차라리 죽는 게 낫습니다." 풍가이는 글을 조금 알았다. 그의 손가락이 끊어졌기에 물어보니 "어머니가 아플 때 끓여서 약에 타서 먹였습니다." 했다. 아아, 어찌 자기 어버이에게 효도한 사람이 자기 상전에게 그처럼 불공不恭하였겠는가."

- 《중종실록》1544년(중종 39년) 3월 17일

본인의 잘못을 화끈하게 인정하고, 임금이 노여움을 풀지 않으므로 형벌을 감수하겠다고 결연히 말하고, 상전을 능멸했다는 말을 듣느니 차라리 죽음을 택하겠노라고 말하고, 손가락을 자른 전력도 있고⋯⋯. 이쯤 되면 이건 일개 여종이라기보다 깍두기 중간보스 필이 더 강하게 묻어나는 포스였지만, 조정의 대소 신료들은 풍가이의 이런 면모에 열광하기 시작했다.

특히, 어머니가 아플 때 손가락을 잘라 약에 타 먹였다는 대목에 이르러서는 팬클럽까지 서너 개 만들어낼 기세였다. 조선처럼 유교 이념을 신봉하는 나라에서 효도는 충성과 더불어 가장 고귀하게 받드는 가치가 아니던가. 게다가 글도 좀 안다 하니, 비록 종이지만 나름 지성미까지 갖추고 있다는 얘기가 아니던가.

막장으로 흐르던 이야기는 이제 빠르게 신파조로 바뀌는 모양새였다. 타고난 효성과 곧은 심지에 나름 지성미까지 겸비한 이 착한 종을 죽여서는 안 된다는 여론이 비등해지기 시작했던 것이다. 당황하기는 중종도 마찬가지였다. 속히 수사를 마무리하고 딸내미의 원혼을 풀어줘야 하거늘, 뜬금없이 '풍가이 신드롬'이 도성을 강타해 버렸으니…….

오랜 설왕설래 끝에 드디어 처벌이 확정되었다. 중종은 그래도 한때 사위였던 정리를 감안해 조의정을 죽이지 않고 원하는 곳으로 쫓아냈다. 또 대신들의 빗발치는 옹호론에 밀려 풍가이는 사형 대신 장 100대에 유배형으로 결정했다. 여자의 경우 유배는 보석금으로 대체 가능했기 때문에 사실상 장 100대로 형이 확정된 셈이었다.

또 다른 방향으로 들어선 사건

그리하여, 막장으로 시작되었던 이 이야기는 여러 사람의 심금을 울리는 신파 모드로 전환하면서 조용히 마무리되는 듯했다. 하지만 장 100대를 맞고 절뚝거리며 의금부를 나서던 풍가이가 상궁 은대銀代의 하수인들에게 납치되었다가 변사체로 발견되는 돌발사태가 발생하면서, 이야기는 갑자기 하드보일드 타입의 액션 모드로 급선회하기 시작했다.

수사 결과에 따르면, 상궁 은대는 내수사의 사내종 다섯 명을 시켜 풍가이를 납치한 뒤 동생집 행랑방으로 끌고가 10여 일 동안 가두어 두었다가 다시 조의정의 집으로 데려갔다. 그리고 여기서 장독杖毒이 악화돼 몸도 가누지 못하는 풍가이의 상처 난 부위를 다시 무차별 난타한 뒤 장고藏庫 안에 스무 날이나 버려두었다. 풍가이는 결국 장독 악화와 굶주림으로 그 안에서 숨지고 말았다.

그렇다면 드라마 막판에 혜성처럼 나타난 은대는 또 누구이며, 그녀는 왜 이 사건에 끼어들게 된 걸까? 수사 결과 은대는 숙원 이씨(효정옹주의 어머니)의 동생으로 밝혀졌다. 죽은 효정옹주의 이모였던 것이다. 그녀는 이 일이 있기 전 정순옹주(효정옹주의 친언니)의 남편(송인)과 뻐리리한 여종이 애를 낳자 그 애를 밟아 죽이고 여종은 때려죽인 어마무시한 전력까지 있었다. 이번 사건의 경우는, 이를 테면 엄마 대신 이모가 촬영한 〈복수는 나의 것〉이었던 셈이다.

문제는 그녀가 이미 국법에 의해 죄 값을 치른 사람에게 개인적 징벌을 가하고 목숨까지 빼앗았다는 것이었다. 홍문관 부제학 송세학 등은 이 사건이야말로 조정을 업신여기고 임금의 권위에 심대한 상처를 준 행위이므로 '천둥 같은 노여움을 내어' 엄단해야 한다고 주장했다.

그러나 중종은 이를 받아들이지 않았다. 이모로서 조카의 종을 때린 건 국가에서 나설 일도 아니고 그리 흉패한 일도 아니라는 논리였다. 대간들이 여러 날 번갈아 치죄를 요구하는 글을 올렸지만 중종은 은대를 감싸기만 했다. 때문에 은대는 '깃털'이고 중종이 '몸통'이라는 흉흉한 소문까지 나돌았다.

이처럼 끝까지 은대를 감싸던 중종은 양사 관원들이 집단으로 사직서를 내고, 대신들이 사형이 어려우면 멀리 유배라도 보내라고 한 발 물러선 뒤에야 비로소 이를 수용했다. 이에 사관은 '죄는 만 번 죽어도 아깝지 않은데 귀양에 그쳤으므로, 인심이 시원치 않게 여겼다'는 댓글로서 불편한 심기를 드러냈다. 은대는 대구에 유배를 갔다가 1년도 채 되지 않아 원대 복귀했다. 그 사이 정권이 바꾸고, 새로 즉위한 명종의 어머니 문정왕후가 그녀를 다시 불러올렸기 때문이다.

이 사건이 우리들에게 주는 교훈(?)

반전에 반전을 거듭한 이 사건은 순도 100%의 실화다. 하지만 얼핏 보면 드라마적 요소 또한 꽤나 잘 구비된 것처럼 보인다. ① '착한 여자'와 '나쁜 남자'로 선명히 대비되는 두 캐릭터, ② 그 사이에 끼어든 '나쁜 남자의 여자', ③ '착한 여자'의 급작스러운 죽음, ④ '나쁜 남자의 여자'에 대한 '착한 여자' 이모의 처절한 복수극……

하지만 이 사건을 처리하는 과정에서 중종의 스텝은 크게 꼬였다. 예컨대, 인명을 셋이나 해친 상궁 은대에게 유배형이라는 가벼운 벌을 내리는가 하면, 임금을 기망欺罔한 조의정에 대해서도 이전과 사뭇 다른 잣대를 들이대었다. 중종이 이처럼 모호한 결정을 내린 이유는 자명하다. 두 사람 공히 자신과 이런저런 연緣이 닿아있는 인물들이기 때문이다. 다소 역설적이지만, 그래서 이 이야기는 오늘을 사는 우리에게 큰 깨우침(?) 하나를 주고 있는 것이다. 많은 사람들이 왜 권력자 주변에 서성거리고, 어떤 식으로든 권력자와 연을 맺으려고 안달복달하는지, 그 이유를 명쾌히 설명해주고 있으니까.

10

누가 장미를 꺾었는가?

임금의 여자, 궁녀!

절대 왕권 조선에서 이 철칙을 무시한 사건이 벌어졌다!

임금의 잠재적 파트너, 궁녀

한번 궁녀는 영원한 궁녀! 비록 궁궐 안에 시뻘건 페인트 글씨로
이렇게 써 붙여놓은 건 아니지만, 적어도 모든 궁녀들의 가슴에는
인두불로 지진 자국처럼 또렷이 새겨져 있는 구호다. 사실 궁궐에
들어와 정식 궁녀로 등록된 여자들은 이 구호가 무얼 의미하는지
너무도 잘 알고 있었다. 어린 나이에 입궁할 때부터 귀에 딱지가 앉
도록 들어온 말이었기 때문이다.

실제로 궁녀들은 궁궐에 한 번 발을 들여놓으면 죽기 전엔 나갈
수 없었다. 아니, 좀 더 정확히 얘기하면 죽기 직전에야 나갈 수 있

었다. 궁궐에서 죽는 것도 불경한 일이었기 때문이다. 또한, 한 번 궁녀로 등록되면 어느 누구도 그 궁녀를 넘볼 수 없었다. 그녀들 모두가 잠재적인 임금의 '잠자리 파트너'였기 때문이다. 따라서 임금의 눈길이 도저히 갈 것 같지 않은 '폭탄'이라고 잘못 집적거렸다가 걸리면, 그 때는 바로 죽음이었다.

이런 살벌한 시대에 아프다는 핑계로 궁궐을 빠져 나온 '장미'라는 예쁜 이름의 궁녀가 사대부 남자들과 술자리는 물론 잠자리까지 했다 해서 조정을 발칵 뒤집어놓는 사건이 발생했다. 말하자면 사대부 남자 몇 놈이 '싸~가지 없이' 임금의 잠재적 '잠자리 파트너'를 끼고 술도 처먹고 잔치도 벌이고 외박(留宿)도 시켰다는 얘기인 것이다. 그것도 '국민 임금' 세종의 여자를 끼고…….

감히 궁녀를 건드리다니!

이 사건이 알려진 건 1435년(세종 17년) 8월 14일, 세종이 뾰로통한 용안으로 다음과 같은 지시를 내리면서였다.

"궁녀 중 장미薔薇라는 아이가 병으로 밖에 나갔는데, 신의군 이인이 자신이 사는 할머니 집으로 그 애를 초청해 아우들과 함께 잔치를 벌여 술도 마시고 유숙도 했다 한다. 또 그의 매부 김경재도 장미를 집으로 데려가 함께 술을 마셨다고 한다. 의금부는 즉시 이 일을 철저히 조사해 아뢰도록 하라."

신윤복의 쌍검대무(雙劍對舞)

대신들이 웅성거리기 시작했다. 다들 "또 주니어 식키들이야? 아니, 이 식키들, 황태자 클럽 패러디하는 것도 아니고 허구한 날 왜 이런대?" 하면서 날콩 먹은 표정을 감추지 않았다. 그도 그럴 것이, 신의군 이인이라 하면 익안대군 이방의(태조의 3남)의 아들이었고, 김경재는 김한로(양녕대군의 장인)의 아들이었기 때문이다.

의금부에서는 즉각 장미를 연행해왔고, 조사 결과 이 모든 것이 거의 사실로 드러났다. 장미로부터 "몸이 아프다는 거짓말을 하고 궁을 나와 쉬고 있을 때 할머니 생신을 맞은 이인과 그 동생들이 분위기 좀 살려달라고 초청하므로 가서 놀아준 사실이 있다."는 진술을 받아냈던 것이다. 이 잔치에는 이인의 매부이자 '고독한 사냥꾼'로 통하던 김경재도 참석했으므로 수사의 초점은 자연 이 두 사람 사이에 모종의 '썸씽'이 있었는지로 모아졌다.

수사 결과 장미가 이들의 옆방에서 '벽을 사이에 두고' 잔 것까지만 확인되었다. 하지만 의금부에서는 벽을 사이에 뒀든, 요강을 사이에 뒀든 궁녀가 외간 남자 집에서 잠을 잔 그 자체가 이미 '죽을 죄'에 해당한다며 강력한 처벌을 요구했다. 또 장미를 불러 잔치를 벌인 이인, 자기 집에 궁녀를 재운 할머니 최씨, 궁녀와 함께 수작질을 하며 술잔을 돌린 김경재 등의 목을 베고, 이 사실을 숨긴 이인의 동생들도 모조리 엄벌할 것을 요구했다.

그러나 세종은 이인을 폐서인해 먼 변방으로 추방하고, 김경재와 이인의 동생들은 유배시키며, 할머니 최씨는 용서해주라는 뜨뜻미지근한 지시만 내리고 사건을 일단락 지으려 했다. 그러자 이번엔 사헌부가 바통을 이어받아 이들 모두 사형에 처하라고 떼로 달려들었다. 이때도 세종은 "태조太祖의 자손을 모두 쫓아내는 게 과연 합당한 일인가?" 반문하며 오히려 이들을 두둔하는 스텐스를 취해 사건은 결국 원안대로 일단락되고 말았다.

또 다시 불거진 사건

한데 꺼진 불도 다시 보라는 금언처럼, 완전히 사그라든 줄 알았던 이 사건의 불씨가 그로부터 9년 후인 1444년(세종 26년) 1월 평안도 땅에서 솔솔 연기를 피워 올리기 시작했다. 평안도 여연으로 쫓겨가 평민으로 살아가던 이인이, 평안도 관찰사와의 술자리에서 이 이야기를 다시 꺼내며 자신의 억울함을 호소하고 나섰던 것이다.

"관찰사 형! 장미랑 진짜로 사귄 건 우리 매부 김경재였다 이거야. 장미랑 김경재는 함께 술도 퍼마시고, 함께 자기도 하고, 서로 물건을 주고받고, 또 산에 가서 놀기도 하고……. 안하는 짓이 없었다 이거야. 사실 내가 죄 지은 게 아닌데, 그 전날 조사받으면서 겁도 나고, 또 처남 매부 간에 의리도 있고 해서 내가 사실대로 진술하지 못했다 이거야. 그런데 유배는 내가 더 멀리 오게 됐으니, 이런 개 같은 경우가 어디 있냐 이

거야. 관찰사 형, 한 번만 부탁해요. 꼭 김경재랑 대질 한번 시켜 주세요,

네?"

이인의 말은 관찰사를 통해 곧 세종에게 보고되었고, 의금부에서는 그해 1월 11일 모든 걸 제로베이스에서 새로 검토하겠다고 밝힌 뒤 전면 재수사에 착수했다. 한데 수사 결과 이인의 선주정 같은 말들이 대부분 사실인 걸로 드러났다. 조정은 또 다시 불 난 호떡집 모드로 자동변환되었다. 의금부에서는 김경재와 장미를 불러 강조 높게 '조지기' 시작했다.

김경재는 '장미가 혼자 우리 집에 와서 잔 적이 있다'고 진술했다. 그러나 장미는 김경재의 처 외조모(이인의 할머니) 최씨를 모시고 가 함께 잤을 뿐 혼자 가서 잔적은 없다고 반박했다. 물고문, 통닭구이, 비행기태우기, 비녀꽂기 등 기상천외한 고문 기술을 총동원했지만 장미는 다 죽는 시늉을 하면서도 끝내 진술을 번복하지 않았다.

어이없는 결말

1444년(세종 26년) 5월 8일 의금부는 최종 수사 결과를 발표하면

서 관련자 모두에게 참수형을 구형했다. 이에 재판장 세종은 "이인은 여연閭延에 그냥 두고, 김경재는 무창茂昌의 관노로 삼게 하며, 궁녀 장미는 참형에 처한다"고 판결했다. 대소신료들이 다시 개떼처럼 들고 일어났다. "셋 다 지은 죄가 막상막하인데, 장미만 극형에 처하고 두 사람의 죄는 눈감아주는 게 제대로 된 재판인가?" 하는 주장이었다. 세종은 이에 '답변 안 하겠다', '듣지 않겠다'로 일관했다.

이렇게 세종과 대신들 사이에 지리한 '밀당'이 다섯 달 넘게 이어지던 그해 5월 29일 끝내 장미에 대한 사형은 집행되고 말았다. 장미 부모의 재산은 몰수되었고, 부친은 귀양에 모친과 형제들은 모두 관노비로 보낸다는 후속 조치도 이어졌다. 그렇다면 장미의 죄명은 무엇이었을까? 근무지 무단이탈? 아~니죠. 외간 남자랑 술을 먹어서? 아~니죠. 외간 남자 집에서 잠을 자서? 아~니죠.

그 답은 사형을 집행하기 사흘 전 세종이 대사헌 권맹손 등의 주청에 반박하면서 지나가는 말투로 슬쩍 던진 한 마디 속에 숨어 있었다.

"장미가 애당초 몸이 아프다고 거짓말을 했으니, 집으로 가는 날 이미 '죽을 죄(死罪)'를 저지른 것일 뿐, 두 사람 때문에 벌을 받는 것은 아니다."

- 《세종실록》1444년(세종 26년) 5월 26일

요컨대, 거짓말을 했기 때문에 죽인다는 것이었다. 요즘도 직장인들이 쉬고 싶을 때 대놓고 하는 거짓말이 '몸이 좀 아파서……'인데, 불과 500여 년 전 이 땅에서는 이 말 한 마디가 극형의 사유가 되었다는 얘기다. 차라리 '내 여자가 외간 사내들이랑 붙어먹은 건 용서가 안 돼'라고 했다면 납득이나 갔을 텐데, 가장 합리적이었다는 세종이 이런 논리를 내세웠으니 여느 임금들은 또 얼마나 황당한 논리로 무고한 궁녀들을 비명에 보냈을까…….

새삼 조선의 궁궐이라는 곳은 하나의 '존귀한 목숨'과 셀 수 없이 많은 '파리목숨'들이 공존한 공간이었음을 절감케 하는 사건이 아닌가 싶어, 심히 떨떠름할 따름이다.

11

왕족과 '맞짱' 뜬
간 큰 기생 탁문아

기생의 신분으로 왕족을 상대로 고소장을 써민 탁문아!
그녀의 인생 역정을 통해 본 우리 여성 이야기를 만나보자.

조선 기생의 대명사, 탁문아

이젠 흔적조차 가뭇없지만, 1980년대까지만 해도 경향 각지에 '요정'이라는 게 꽤 번창했었다. 아리따운 한복 차림의 기생(그때까지만 해도 이 호칭이 별 거부감 없이 통용됐다)들이 시중을 드는 고급 '방석집'이었는데, 주로 그 지역의 방귀깨나 뀌는 '기름종이(有志)'들이 단골로 드나들곤 했다. 특히 서울의 몇몇 요정은 정계 거물들이 물밑협상 장소로 뻔질나게 드나들어 1960~70년대 우리 정치를 숫제 '요정 정치'라고도 불렀다.

이 '요정정치' 문화가 정점에 달해있던 1970년, 정치인들이 즐겨 찾는 한 고급요정의 스물 여섯 살 먹은 기생이 살해당하는 사건이 발생해 나라 안이 온통 벌집 쑤셔놓은 듯했었다. '정인숙 살인 사건' 이 그것이다. 당시 요정 정치의 주 무대로 활용되던 선운각에서 일 하던 정인숙은 오빠 차 안에서 변사체로 발견되었는데, 현직 국무 총리의 '세컨드'이며 그의 애까지 낳았다는 소문이 무성하던 터라 그 파장이 더욱 커졌던 것이다. 더욱이, 그녀의 수첩에는 정·관계 거물들 전화번호가 26개나 적혀 있었다 한다. 비단 정인숙뿐만 아 니다. 당시엔 정계 거물을 '기둥서방'으로 둔 기생들이 꽤 많았다고 한 다. 정계 거물 아무개와 '썸씽'이 있는 사이라 하면 그 자체가 곧 '백그 라운드'로 통하던 시대였기 때문이다.

조선 시대에도 주로 정계 거물 내지 왕실 종친들을 '타깃'으로 뛰 는 기생이 있었다. 대표적인 기생 중 하나가 '잘록한 개미허리'를 트 레이드마크로 세종의 아들 삼형제를 줄줄이 쓰러뜨렸던 초요갱楚 腰輕이다. 일개 기생 신분으로 〈조선왕조실록〉에 16번이나 이름을 올릴 만치 당대를 쥐락펴락한 기생계의 전설이다.

그런데, 당대에는 이런 초요갱도 울고 갈 '네임 벨류'를 자랑하는 또 하나의 기생이 있었다. 탁문아卓文兒. 홍콩 여배우 이름을 연상 케 하는 이 기생도 초요갱과 같은 과의 기생이었다. 주로 '호흡을 맞춘' 인물들이 당대 거물이거나 왕실 종친이었기 때문이다.

조선 시대를 대표하는 기생으로 흔히 황진이를 떠올리지만, 사실 황진이와 탁문아는 '노는 물' 자체가 달랐다. 황진이가 지방자치단체장 급을 꼬셔가며 놀았던 데 반해 탁문아는 주로 왕실 종친이나 정승급 공신들과 놀아났기 때문이다. 적어도 조선 초기 중앙 정계 인사나 왕실 종친들에게 가장 유명했던 기생은 탁문아였을 거라는 얘기다. 실제로 실록에 등장한 횟수도 초요갱의 '곱배기(32회)'가 될 정도로 거물급 기생이었으니까.

남이 장군을 궁지로 몰아넣은 애첩

탁문아가 실록에 처음 등장한 건 '백두산 돌은 칼을 갈아 없애고 (白頭山石磨刀盡)……'의 '쾌남아' 남이南怡가 쿠데타를 도모했다는 이유로 전격 체포된 1468년(예종 즉위년) 10월 24일이었다. 남이는 태종의 외증손(태종의 넷째 딸 정선 공주가 남이의 할머니다)으로, 약관 16세에 무과에 급제해 출중한 '군바리 기질'로 승승장구하다 이시애의 난을 평정하는 데 공(북청 전투)을 세우고 27세에 병조판서가 된 불세출의 무장이었다.

조선을 뒤흔든 섹스 스캔들

북청싸움에서 남이가 진 앞에 출몰하면서 사력을 다하여 싸우니, 향

하는 곳마다 적이 마구 쓰러졌고 몸에 4~5개의 화살을 맞았으나 얼굴색

이 태연자약하였다.

- 《세조실록》1467년(세조 13년) 7월 14일

이런 '상남자' 남이가 예종 즉위 이후 임금과 대신들의 집중 견제
를 받다 덜컥 쿠데타 모의 혐의로 걸려들었던 것이다. 말하자면 '권
력은 자식과도 나누지 않는다'는 정치판 속설이 그대로 적용된 사
례라 하겠는데, 당시 남이와 한 집에 살던 첩이 바로 탁문아였다.

그날 남이와 함께 체포된 탁문아는 임금 앞에서 남이에게 불리
한 진술들을 꽤 많이 쏟아냈다. 남이가 사람을 시켜 갑옷을 수리하
게 했고, 박자하, 박자전 형제에게 활과 화살을 만들게 했으며, 이
유를 알 수 없는 야행이 잦았고, 세조의 국상 중에 나라에서 금하
는 육식을 했다는 등등. 게다가, 겸사복(기병 친위군대) 소속 군인 남
효량 또한 고문을 이기지 못한 나머지 '남이가 스스로 왕에 오르려
했다'고 진술했다.

결국 남이는 체포 사흘 뒤 강순, 문효량 등과 함께 거리에서 수레
에 사지가 찢겨 죽는 환렬(轘裂)형에 처해졌으며, 그 얼마 뒤 탁문아
는 환관 신운의 노비로 '하사'되었다. 그런데 며칠 뒤 신운이 돌연

탁문아를 반품했다. 워낙 거물급 기생(임금 앞에서 공연도 수차례 했었다)이라 부려먹기 힘들다는 이유에서였다. 예종은 이를 받아들여 반품된 그녀를 진해의 관비로 발령했다.

사지에서 살아 돌아온 탁문아

세조 때 남이와 함께 사뿐사뿐 구름 위를 거닐다 정권교체(예종)와 더불어 곧바로 개골창에 처박힌 탁문아는 이제 역사의 무대에서 영영 사라지는 것처럼 보였다. 그러나 강산이 두 번 변하려 하던 18년 뒤, 그녀는 거짓말처럼 '짠~' 하고 등장하더니 이번엔 10대 임금 성종의 속을 새까맣게 태워 놓기 시작했다.

"당양위 홍상은 이금정의 첩 연경비(어디서 좀 들어본 이름이다. 그렇다. 바로 어을우동의 남편 태강수 이동이 푹 빠졌던 그 기생이다)를 빼앗아 삐리리 하였고, 좌승지 윤은로는 강양군 이축의 첩 탁문아를 빼앗아 삐리리 하였는데, 모두 지위가 높은 재상으로서 법으로 금하는 것을 두려워하지 아니하고 음란 방탕하여 거리낌 없이 풍속을 크게 무너뜨린 것이옵니다. 청컨대 직첩을 거두고 추국하소서."

1486년(성종 17년) 12월 21일 사헌부에서 성종에게 종친의 낯 뜨거운 행각을 '또 하나' 고해 바쳤다. 성종의 매제인 홍상과 처남인 윤은로가 이금정의 첩 연경비와 이축의 첩 탁문아를 빼앗았다는 보고였다. 성종의 입에서 대뜸 육두문자가 튀었다. "또여~? 아니, 뭐 이런 순 개…나리들이 다 있냐?" 생각해보면 이번 건은 성종이 흥분 좀 할 만한 사안이었다. 자신의 큰 이모(인수대비의 언니) 아들, 즉 이종사촌(이축)이 데리고 놀던 첩을 처남(윤은로)이 빼앗은 사건이었기 때문이다.

어휴, 콧구멍이 두 개니 숨을 쉬지……. 종친이라는 것들이 조선을 '개족보의 나라'로 만들기 위해 총궐기하는 것도 아니고, 이건 또 무슨 해괴한 짓거리인가 싶어 성종의 눈구석엔 즉각 쌍 가래톳이 섰다. 게다가 이것들이 가지고 '오재미 돌리 듯한' 그 애첩이 탁문아라니, 그 또한 실로 놀라운 일이 아닐 수 없었다. 지난 18년 동안 '어디서 무엇을 하고 어떻게 살았는지' 통 알 수 없었던 전설 속의 탁문아가 여전히 종친들과 붙어먹고 살았다니…….

이렇게 혜성처럼 재등장한 탁문아로 인해 조정은 다시 '장터 모드'로 변환되었다. 임금에게 대드는 걸 레저생활로 아는 대간들이 떼로 홍상과 윤은로의 처벌을 요구하고 나섰던 것이다. 한동안 멘붕에 빠져있던 성종은 이윽고 정신을 수습한 뒤 이축과 이금정을 불러서 '피해자 진술'을 받았다. 이 자리에서 이축은 다음과 같이 진술했다.

> "신이 일찍이 탁문아를 첩으로 삼아 집에 데리고 있은 지 이미 오래인
> 데 지난해 5월에 버리고 수세(休書 : 이혼증서)를 주었습니다."

탁문아와는 지난해 5월에 헤어져 남남이므로 윤은로가 채어가든 주워가든 내 알 바 아니라는 얘기였다. 다분히 실세인 윤은로를 의식한 진술이었다. 반면 탁문아는 '수세' 같은 건 본 적도 없다고 딱 잡아뗐다. 사건은 바야흐로 진실게임으로 흐르는 양상이었다.

대간들은 탁문아의 진술에 신빙성을 더 두고 성종을 압박해갔다. 오그라진 개 꼬리 대竹봉투에 삼년 뒤도 안 펴진다고, 평소 품행으로 봤을 때 윤은로가 채어간 게 틀림없다는 주장이었다. 하지만 성종은 이축의 말은 안 믿으면서 탁문아의 말은 왜 그리도 잘 믿냐고 오히려 역정을 냈다. 그러면서 "증거 대봐!, 증거 대봐!" 하고 대신들을 코너로 몬 뒤 양측 주장이 서로 다르고 모든 게 애매하니 윤은로에게 벌을 줄 수 없다고 딱 선을 그었다.

성종의 이종사촌 이축의 여자에서 성종의 처남 윤은로의 여자로 말(?)을 갈아탄 탁문아는 또 한동안 실록에서 사라졌다. 이를테면

2차로 '잠수'를 탄 셈이다. 그러나 이미 '세포 분열이 멈춰도 한참 전에 멈춘' 퇴기였던 터라 그녀는 윤은로의 사랑을 그리 살뜰히 받지는 못했던 것 같다. 탁문아의 다소 파격적인 세 번째 등장이 이런 추정을 가능케 한다.

왕실과 '맞짱' 뜨는 탁문아

1494년(성종 25년) 6월 11일, 사헌부에 고소장이 하나 날아들었다. 동지중추부사 윤은로에게 차인 '경이景伊'라는 첩이 실세 윤은로를 처벌해 달라고 낸 고소장이었다. 여기서 경이는 바로 탁문아가 개명한 이름이었다. 어쩌 팔자가 자꾸 꼬인다 생각한 탁문아가 심기일전을 모색하면서 이름을 경이로 바꿨던 것이다.

고소 내용은 윤은로의 비리에 관한 것이었다. 요약하면, 윤은로가 지난해에 자신과 헤어지면서 '위자료'조로 주었던 집을 다시 강탈하려 하고, 자신을 이축에게 돈을 받고 '판매'하려 하며, 방납(상인이나 관리들이 중간에서 남의 공물을 대신 바치고 그 대가를 곱절로 불려 받던 일)으로 엄청난 부정 축재를 했다는 것이었다. 일개 기생 출신으로 종친들 '세컨드' 노릇이나 전전하던 여성이 내민 고소장치고는 꽤나 센 내용이었다. 대신들은 일제히 쾌재를 불렀고, '삼삼칠 박수'로서 고소인 탁문아를 응원했다. 당시 윤은로에 대한 대신들의 평가는 그야말로 최악이었기 때문이다. 실제로 고소장이 접수되던 날 사관이 달아놓은 댓글(사평)까지도 윤은로에 대한 인식공격성 '돌직구'로 점철되어 있다.

> 윤은로는 본시 가정교육이 없는 데다 학식마저 없었다. 오직 이익만을 도모하여 승지가 되고, 이조참판이 되더니, 뇌물을 받아 챙기는 일이 이루 말로 다 할 수 없을 정도로 심했다. 또 방납으로 재산을 축적하고 집을 사서 탁문아에게 주어 살게 하다가 사랑하는 마음이 사그라지고 뜻이 쇠한 데다 또 소첩小妾까지 새로 얻게 되자 탁문아의 집을 빼앗으려고 하니, 드디어 탁문아가 고소하게 되었다.
>
> - 《성종실록》1494년(성종 25년) 6월 11일

하지만 성종의 입장에서는 그야말로 눈엣가시 같은 존재가 탁문아였다. 전생에 왕족에게 떼인 돈이라도 있었는지, 사사건건 종친들을 물고 늘어져서 왕실의 명예를 '개똥'으로 만드는 행태가 더는 참을 수 없다고 판단했다. 성종은 일단 "전에 이조참판일 때도 방납으로 비방을 받은 적이 있으니 다시는 그런 짓을 하지 않았을 것"이라고 윤은로를 두둔한 뒤 갑자기 탁문아의 잘못을 지적하기 시작했다.

"(경이는) 윤은로와 여러 해를 동거하였으니 부첩夫妾의 관계가 이미 정해졌거늘, 바로 감히 사헌부에 고소하여 모함하려 하니 이는 크게 잘못된 것이다. 한성부로 하여금 먼저 그 죄를 바로잡게 하라."

- 《성종실록》1494년(성종 25년) 6월 11일

성종이 '왕실 스캔들' 때 주로 적용했던 '괘씸죄'가 다시 가동되는 순간이었다. 그러나 사헌부에서는 고소장이 양자가 헤어진 이후 접수되었기 때문에 탁문아를 윤은로의 첩으로 보는 건 무리가 있다며 성종의 지시를 반박했다. 윤은로의 죄를 감싸주기 위해 엉뚱한 죄목을 끌어다 붙이는 게 아니냐는 주장이었다.

성종과 대간들의 지리한 공방은 6개월이나 계속되었다. 성종은 마치 윤은로의 '고문 변호사' 같은 태도를 시종 견지했다. 때문에 그 사이 탁문아는 네 차례나 고문을 당하고 초주검이 되었으나 윤은로는 털끝 하나 다치지 않았다. 그리고 같은 해 12월 5일 성종은 '경이가 고한 바는 증거가 없고, 진실되지도 못하다'는 의금부판사 이극균 등이 올린 보고를 받아들이는 모양새를 취하면서 슬그머니 이 사건을 덮어버리고 말았다.

사라진 탁문아, 우리에게 남은 질문

이때부터 탁문아에 대한 기사는 실록에서 사라지게 되었다. 따라서 그녀가 여생을 어떻게 보냈는지 아는 사람은 없다. 다만, 비록 처벌을 면했더라도 꽤나 녹록치 않은 삶이 아니었을까 추정은 된다. 왜냐하면, 왕실을 능멸했다는 괘씸죄로 혹독한 시련을 당한 터라 재산이 온전히 보전됐을지도 의문이고, 그때 이미 나이도 적지 않았을 터라 좋은 사내 만나 알콩달콩 살다 갔으리라고 보기도 어렵기 때문이다.

하지만 이것 하나만큼은 분명한 듯하다. 탁문아가 당시로서는 보기 드문 강단에다 상당한 문장의 소유자였다는 것. '무식하면 용감하다'는 금언(?)이 적어도 탁문아에겐 적용되지 않을 수 있다는 얘기다. 무엇보다 탁문아라는 이름 석 자만 봐도 그녀가 문장에 꽤 능했음을 유추해볼 수 있다.

당시 기생들 이름은 그 여성의 특징을 함축한 경우가 많았다. 예컨대 앞서 거론한 초요갱은 '허리가 개미처럼 가는 초나라 미인 같다'는 뜻이다. 또 옥부향玉膚香은 '옥같이 맑은 피부에서 아름다운 향기가 난다'는 뜻이고, 자동선紫洞仙은 '신선들이 사는 곳의 선녀'라는 뜻이다. 그밖에 '이슬을 머금은 꽃'이라는 뜻의 함로화含露花라는

　　　　조선을 뒤흔든 섹스 스캔들　163

기생도 있었다. 고로 '높을 탁卓 + 글월 문文 + 아이 아兒'라는 그녀의 이름은 직역하더라도 '문장이 높은 아이'가 되는 것이다.

아무튼, 남성들 사이에서 역 성차별이라는 볼멘소리가 터져 나오는 요즘에도 여성 혼자 권력의 실세와 '맞짱' 뜬다는 건 결코 쉬운 일이 아니다. 하물며, 중세 봉건왕조시대에 천한 신분으로 적(?)의 소굴에 고소장을 집어넣고 임금의 처남과 일전을 불사한 당돌한 기생 탁문아는 필경 하나뿐인 목숨을 내놓기로 작정하고 덤볐으리라. 그래서인지, 한 여성 블로거(필명: 불멸향기)는 당대의 실세와 '맞짱' 뜬 탁문아에 빙의한 듯한 논조로 조선의 사대부에게 이런 일침을 날리기도 했다.

> 나는 부부재산 공동명의제를 제안한다. 노비와 첩들도 너희들과 똑같이 먹고 사는데 비용이 든다. 생존에 관한 문제가 어찌하여 괘씸죄에 속할 수 있는가? 천지인天地人, 하늘 아래 다 같은 인간이거들 어찌 여성들에게 너희들 맘대로 이렇게도 가혹한 운명의 사슬을 지워 힘겨운 삶을 살도록 내버려 둘 수 있단 말이냐? 나는 다시 태어나도 이 잔인한 부당함에 항의하고 몸 살라 싸울 것이다.

몇 해 전 신사임당이 5만 원권 지폐의 초상인물로 선정되자 정작 여성계가 벌떼처럼 들고 일어났었다. '가부장적 사회가 만들어낸

전형적인 현모양처상'이라는 게 반대 이유였다. 이들은 또 "현대 여성들이 살아가는 데에 의미를 주는 인물이 뽑혀야 진짜 의미가 있는 것"이라고도 덧붙였다.

여성계가 지칭하는 인물이 누구인지는 알 수 없다. 하지만 문맥만 놓고 봤을 때 탁문아도 그런 여성의 범주에 충분히 넣을 수 있지 않겠나 싶다. 그녀야말로 남성들이 지워준 가혹한 운명의 사슬을 끊기 위해 제 목숨 초개같이 버릴 각오로 권력자와 '맞짱' 떴던, '현대 여성들이 살아가는 데 의미를 주는' 인물이자 여권운동의 선각자라 생각되기 때문이다.

12
세자빈과 여종의 '미친 사랑'

정숙하기만 할 것 같은 장소, 궁궐.
하지만 그곳에서의 미친 사랑은 만인을 경악케 하는데……

세종, 며느리를 내치다

1436년(세종 18년) 10월 26일, 세종은 이날 작심한 듯 수많은 말을 쏟아냈다. 사관이 한자漢字로 받아 적었으니 망정이지, 녹음기로 녹취라도 했다면 20~30분 분량은 너끈할 정도로 다변이었다. 대소 신료가 모두 참석한 국무회의나 경연 자리에서가 아니었다. 영의정 황희를 비롯한 3정승까지 물리치고 도승지 신인손과 동부승지 권채만 불러 앉힌 자리에서였다.

게다가 그 내용 또한 매우 파격적이었다. 혹은 사관을 전혀 의식하지 않은 상태에서 흉금을 털어놓은 경우였거나, 혹은 사관이 숨

소리까지 다 받아 적어 자신의 안타까운 심경을 후세에 알려주기를 바란 경우였거나, 둘 중 하나였을 것이다. 세종의 말투가 시종 한탄조였던 점으로 미루어 이날 세종의 안색은 흙색에 가까웠을 걸로 추정된다.

그렇다면 이날 세종에겐 대체 무슨 일이 있었던 걸까? 무엇이 '국민 임금' 세종으로 하여금 이토록 많은 한탄조의 언사를 쏟아내게 했을까? 톡 까놓는 걸 좋아하는 우리 국민성을 고려해 결론부터 말하면, 이날은 세종이 며느리를 내쫓은 날이었다. 그것도 첫 번째 며느리에 이어 두 번째 며느리마저 내쫓게 된 치욕적인 날이었다.

세종은 첫 번째 며느리 김 씨를 1427년(재위 9년) 4월 9일에 들였다가 2년 3개월 후인 1429년 7월 20일 내쫓은 전력이 있다. 당시 며느리의 죄목은 세자(후일 문종)의 사랑을 얻기 위해 압승술(壓勝術, 음양가에서 쓰는 비술로, 남을 저주하거나 사랑을 얻기 위한 각종 비책)을 썼다는 것이었다. 그 행태들을 보면, 세자에게 사랑 받는 여인이 신던 신발의 일부를 베어 불에 태운 다음 가루를 술에 타서 세자에게 먹이고, 교접하는 뱀에게서 흘러나온 액을 수건으로 닦아 차고 다니는 등 꽤나 엽기적인 것들이었다. 세종은 '요망하고 사특하다'는 이유로 김 씨를 궁궐에서 쫓아내고 압승술을 '코치'했던 시녀 호초는 참형에 처했다.

세종, 또다시 며느리를 내치다

그런데 세종의 불행은 예서 끝이 아니었다. 지역별 예선을 착실히 거치고 창덕궁에서 본선까지 치루는 성대한 '세자빈 선발대회'를 개최한 끝에 맞아들였던 두 번째 며느리를 7년 뒤에 또다시 내치지 않으면 안 될 상황에 봉착한 것이다. 공교롭게도 그날이 10월 26일이었으니, 이야말로 '조선판 10. 26. 사태'인 셈이었다.

아무튼, 신인손과 권채에게 두 번째 며느리마저 내쫓지 않으면 안 될 당위성을 장황하게 역설하고 난 세종은 이들에게 영의정 황희, 우의정 노한, 찬성 신개 등과 협의해 '세자빈 폐출에 즈음한 보도 자료(교지)'를 작성하라고 지시했다. 그리고, 이들 다섯 명이 숙의해 작성한 '보도 자료'에는 봉 씨가 '종묘의 제사를 받들 수 없고 한 나라에 국모의 의표가 될 수 없는' 이유로 다음의 여섯 가지가 적시되어 있었다.

① 원래 투기(질투)가 많은 성질이다.
② 대를 이를 자식을 낳지 못했다.
③ 궁궐 여종들에게 항상 남자를 사모하는 노래를 부르게 했다.
④ 세자가 종학(왕실학교)으로 옮겨 거처할 때 몰래 시녀의 변소에 가서 벽 틈으로 외간 사람들을 훔쳐보았다.
⑤ 지난해 생신에 쓴 오래된 물건을 몰래 가져다가 새로 마련한 것처럼 속이고 바쳤다.
⑥ 궁중에서 쓰는 물건과 음식물을 세자 명령도 없이 몰래 친정어머니 집으로 빼돌렸다.

그러나 이는 그야말로 '언론플레이'에 불과할 따름이었다. 당시 봉 씨가 쫓겨나게 된 결정적인 이유는 따로 있었다는 얘기다. 그 결정적인 이유가 '보도 자료(교지)'에서 빠진 건 순전히 세종의 당부 때문이었다. 봉 씨의 폐출을 발표하던 바로 그날(10월 26일), 세종은 장황한 이야기를 맺으면서 신인손 등에게 다음과 같은 당부를 덧붙였다.

> "봉 씨가 궁궐의 여종과 동숙한 일은 매우 추잡하므로 교지에 기재할 수 없으니, 우선 질투가 심하며 아들이 없고, 또 노래를 부른 너댓 가지 일을 범죄 행위로 헤아려서, 세 대신과 더불어 함께 의논하여 속히 교지를 지어 바치게 하라."

그랬다. 위에서 언급했듯이, 그즈음 세자빈 봉 씨가 여종과 동성애를 한 사실이 들통나버렸던 것이다. 그렇다면 봉 씨는 왜, 뭐가 부족해서 세자빈이라는 전도양양한 자리에 있으면서 하찮은 여종과 '미친 사랑'에 빠지게 되었던 걸까? 자, 그럼 이제부터 세종의 두 차례에 걸친 '보도 자료(교지)'를 토대로 당시 궁궐 안팎을 발칵 뒤집어놓았던 세자빈과 여종의 그 '미친 사랑' 이야기를 파헤쳐 보기로 하자.

왕실을 뒤집어 놓은 세자빈의 엽기 행각

《세종실록》에 따르면, 세자와 봉 씨의 사이는 결혼 초기부터 삐걱거리기 시작했던 듯하다. 이는 세종이 '뜻밖에도 세자가 친히 맞이한 이후로 금슬이 서로 좋지 못한 지가 몇 해나 되었다'고 언급한 데서도 여실히 드러난다. 한마디로 학구파에 '범생이' 타입인 세자로서는 '날라리' 타입에다 성깔 또한 만만찮은 봉 씨가 그리 탐탁하게 여겨지지 않았던 것이다.

실제로 봉 씨는 결혼 초기 여사(女師 : 개인교사)가 '열녀전'을 가르치자 며칠 만에 책을 뜰에 내던지면서 '내가 이 따위 글을 왜 배우며 생활해야 하는가'라고 대들었다. 또 늙은 여종에게 밤마다 '할미는 어찌 내 뜻을 알지 못하오' 하며 세자를 불러오도록 재촉하는가 하면, 세자가 오랫동안 밖에 나가 있다가 돌아와 궁궐 내 뜰을 거닐고 있자 '저 분이 왜 방으로 들어오지 않고 바깥에서 빙빙 돌기만 하실까?' 하며 빨리 들어오길 조르는 상스러운 짓도 거침없이 자행했다.

세자는 도무지 무드라곤 없이 '무대뽀'로 들이대는 이런 마누라가 점점 부담스러워졌고, 그런 아들을 바라보는 세종의 미간에는 점점 내 천川 자만 깊게 패여 갈 따름이었다.

"저 놈이 다른 건 다 날 닮았으면서 그건 왜 날 안 닮았는지……. 어이구, 머리야."

세자가 아버지를 닮아 '학문(항문이 아니다)을 넓히고, 학문에 힘쓰고, 학문을 닦는' 건 칭찬해마지 않을 일이었지만 아버지를 전혀 닮지 않은 그 '한 가지' 때문에 세종의 머리는 지끈거렸다. 평소 '성욕은 식욕과 같은 것'이라며 왕성한 정력을 무차별로 과시하였던 세종과 달리 세자는 여색을 그다지 밝히지 않았기 때문이다.

후사가 걱정되었던 세종은 봉 씨가 세자 취향이 아니라서 그런가 싶어 이번에는 세자가 좋아할 만한 승휘(承徽, 세자의 후궁) 3명을 새로 선발했다. 죽어라 공부만 하는 아들의 여가 생활(?)을 위해 한꺼번에 젊은 여자를 세 명이나 더 안겨주었으니, 세상에 이런 아버지도 더는 없었을 것이다.

아들 또한 이런 아버지의 '뜨거운 부정'에 보답이라도 하겠다는 듯 승휘 권 씨의 방에 부지런히 들락거리더니, 드디어 덜컥 임신까지 시켜버렸다. 아들의 '슈팅 능력'을 확인한 세종은 역시 부전자전이라며 회심의 미소를 날렸다. 하지만 세자빈 봉 씨의 눈에서는 파바박 불똥이 튀었다. 말하자면, 이거야말로 쇠똥에 미끄러져서 개똥에 코 박을 일이 아니고 무엇이냐는 것이었다. 봉 씨는, '자기(세자)

가 무슨 무하마드 알리라고 나비처럼 날아서 엉뚱한 벌에 침을 쏘냐'며 궁궐이 떠나가도록 방방 난리브루스를 춰댔고, 이에 세종이 직접 며느리를 달래는 역대급 해프닝까지 벌어지게 되었다.

갈 데까지 간 세자빈 봉 씨

그러던 어느 날, 봉 씨는 기자 회견을 자청해 충격적인 고백을 했다. 자신도 임신을 했다는 것이었다. 언론은 대서특필했고, 세종은 크게 기뻐하며 봉 씨의 거처를 좀 더 안전한 궁중으로 옮겨주었다. 그런데 한 달 남짓 지나자 봉 씨가 또 기자회견을 자청하더니, 더 충격적인 고백을 했다. 이번엔 낙태를 했다는 것이다. 그러면서 자기 뱃속에서 단단한 물건이 나왔는데, 지금 이불 속에 있다고 주장했다. 세종이 늙은 궁궐 여종에게 이를 확인하게 했으나 이불 속에는 아무것도 없었다. 봉 씨가 임신했다는 말은 순 '뻥'이었던 것이다.

이 일로 시아버지에게도 완전히 찍혀버린 봉 씨는 이후 술에 손을 대기 시작했다. 그런데 그 아버지가 취중에 만든 딸이었던 건지, 봉 씨의 술 실력이 예사롭지 않았다. 그녀는 방 속에 늘 술을 비치해 놓고 큰 그릇으로 연거푸 들이켜 '떡'이 되기 일쑤였으며, 만취하면 시중드는 아이로 하여금 자신을 업고 뜰 가운데로 마구 돌아다니게 하고, 술이 모자라면 친정에서 공수해와 마시기까지 했다. 게다가 자기 아버지(봉여)가 죽고 얼마 뒤엔 술을 집에 보내려다가 세자에 의해 제지당하자 '이 술은 내 몫인데 집에 보내지 못할 바에야 내가 몽땅 마셔 없애겠다'며 또 마구 퍼마시기 시작했다.

이 뿐만 아니었다. 봉 씨는 세자가 며칠 왕래하다가 발길을 뚝 끊으면 남편에게 보내는 '사랑의 세레나데'를 지어 여종에게 부르게 하고, 심지어는 세자의 사랑을 받는 궁인을 두들겨 패 반 쯤 죽여 놓는 행패까지 자행하기에 이르렀다. 거의 '주폭酒暴'에 가까운 화려한(?) 행보였던 것이다.

돌아가는 판세가 이 모양이다 보니 이제 봉 씨 방으로 향하는 남편의 발길도 완전히 끊기고 말았다. 그나마 가물에 콩 나듯 하던 '의무 방어전' 스케줄 또한 전면 취소되었다. 봉 씨의 독수공방은 점점 길어만 갔다. 정을 붙일 데라곤 여종 소쌍召雙밖에 없었다. 봉 씨는 길고 긴 동짓달 어느 밤 소쌍이라는 여종을 자신의 방으로 불러들였다. 그런데 여기서 그만 사달이 나고 말았다. 봉 씨가 여종에게 실오라기 하나 걸치지 말고 홀라당 벗을 것을 명령했던 것이다. 여기서부터는 필자 또한 묘사에 어려움을 느끼기에, 1436년 10월 26

일자 세종의 발언으로 설명에 대체하니 양해하시기 바란다.

"봉 씨가 이전에는 일어나면 항상 시중드는 여종들에게 이불과 베개를 거두게 했는데, 자기가 소쌍과 동침 한 이후부터는 자기가 직접 거두었으며, 또 몰래 그 여종에게 그 이불을 세탁하게 했다. 이런 소문들이 궁중에 떠들썩해 내가 중궁과 함께 소쌍을 불러서 그 진상을 물으니, 소쌍이 말하기를, '지난해 동짓날에 빈께서 저를 내전으로 들어오게 하셨는데, 다른 여종들은 모두 지게문 밖에 있었습니다. 저에게 같이 자기를 요구하므로 저는 이를 사양했으나, 빈께서 윽박지르기에 마지못해 옷을 반쯤 벗고 병풍 속에 들어갔더니, 빈께서 저의 나머지 옷을 다 빼앗고 강제로 들어와 눕게 하여, 남자의 교합하는 형상과 같이 서로 희롱하였습니다' 하더라."

《세종실록》에 따르면 이즈음 봉 씨는 소쌍을 육체적으로 뿐만 아니라 정신적으로도 무척 사랑했던 듯하다. 소쌍이 다른 궁녀와 친하게 지내는 것도 질투했다는 기록이 있을 정도니 말이다. 내용인즉, 봉 씨가 친정에서 데리고 온 본방 나인 석가이石加伊를 시켜 소쌍이 권 씨의 계집종 단지端之와 함께 노는 것도 막았다는 것이다.

발각된 봉 씨와 세종의 뒷처리

이제야 하는 말이지만, 사실 그 당시만 해도 궁녀들 사이에 동성애는 상당히 광범위하게 퍼져 있는 상태였다. 궁녀끼리의 동성애를 보통 대식(對食 : '마주 앉아 먹는다'는 뜻인데, 어째 표현이 좀 '거시기'한 건 사실이다)이라고 했다. 세종은 궁녀들끼리의 대식이 적발되면 초범은 곤장 70대, 재범은 100대씩 때려서 이를 근절시키려고 애깨나 쓰고 있었다. 그런데 눈이 눈썹을 못 본다고, 그러는 와중에 정작 자신의 며느리가 여종과 동성애를 벌이다 적발되는 '초 울트라'급 스캔들이 터져버린 것이다.

소쌍의 리얼한 묘사에 충격을 먹고 잠시 휘청거리던 세종은 곧 각을 잡고 봉 씨를 불러들여 자초지종을 캐물었다. 하지만 봉 씨는 이 같은 혐의를 완강히 부인했다. 자신이 소쌍과 동성애를 한 게 아니라 소쌍이 권 씨의 여종 단지와 동성애를 즐겼다는 것이었다. 그러면서 봉 씨는 구체적인 상황 묘사까지 곁들였다.

> "소쌍이 단지와 더불어 항상 사랑하고 좋아해 밤에는 같이 잘 뿐 아니라 낮에도 목을 맞대고 혓바닥을 빨았습니다."

그러나 그녀의 이런 진술은 세종의 의구심만 더욱 증폭시킬 따름

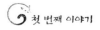

이었다. '봉+소쌍 커플'과 관련한 궁인들의 증언도 쇄도했거니와, 무엇보다 소쌍이 단지와 '목을 맞대고 혓바닥을 빨았던 일'을 봉 씨가 어찌 그리 소상히 알고 있는가 하는 점 때문이었다. 말하자면 이 역시 자신의 직접적인 체험에서 나온 구체적인 상황 묘사일 가능성이 매우 농후하다고 봤던 것이다. '과학수사'라기보다 다분히 '심증'에 의존한 수사였지만, 대소 신료들은 세종의 이런 추리에 일제히 머리를 주억거렸다. 이로써 봉 씨의 퇴출은 만장일치로 각의를 통과하게 되었고, 변태적 에로티시즘에 기반한 '조선판 10. 26사태' 또한 막을 내리게 되었다.

세종은 곧 후속 조치도 취했다. 먼저 딸내미 덕분에 지돈령부사까지 쾌속 승진하다 사망한 아버지 봉여의 관직을 추탈하고, 그해 말에는 3명의 후궁 가운데 딸을 하나 낳은 경험이 있는 권 씨를 세자빈으로 책봉했다. 역시 애 낳는 데 일가견이 있어서인지 권 씨는 5년 후인 1441년(세종 23년)년 7월 23일 훗날 단종이 되는 귀여운 아들을 낳았다. 그러나 권 씨는 그 다음날 출산 후유증으로 사망하고 말았다.

그리고, 아들 일이라면 하나에서 열까지 죄다 관여했던 아버지 세종도 그 9년 후(1450년) 오랜 투병 끝에 세상을 떠났다. 30년 '임금보輔' 생활 끝에 비로소 '보' 자를 떼어내게 된 문종은, 두 번이나 크게 데인 트라우마 때문인지 결국 '돌싱남'인 상태에서 용상에 앉게 되었다.

아쉬움이 남는 문종의 가정사

어떻게 보면, 이 사건은 왕실에서 벌어진 흔한 섹스 스캔들의 '변종' 쯤으로 치부될 수도 있는 것이었다. 두 며느리의 연속 폐출이라는 초강수를 둔 세종의 결정에 이의를 제기하는 대신들도 당시엔 전무했다. 두 며느리가 저지른 일탈 행위는 왕실이 아니라 여염집이었더라도 지탄을 면키 어려울 정도로 추잡했으니까.

하지만 두 며느리의 잇단 폐출은 결과적으로 우리 역사의 큰 물줄기를 전혀 엉뚱한 방향으로 돌려놓는 시발점이 되고 말았다. 생각해보시라. 30년 동안 죽어라 '준비'만 했던 문종은 정작 임금이 된 지 2년 4개월 만에 병사했고, 다음 보위를 이어받은 임금은 권 씨(사망 후 현덕왕후로 추증되었다)의 아들 단종이었다.

달랑 열두 살의 나이에 극히 '서자스러운(후궁 출신이 낳은 아들이었으므로 수양대군의 눈에는 특히 그렇게 비쳤을 수 있다)' 포지션으로 임금이라는 중책을 떠맡게 되었던 것이다. 바람막이가 되어줄 부모가 모두 떠난 상황에서 코흘리개를 갓 벗어난 단종이 이어받은 왕좌는 자연 위태로울 수밖에 없었고, 적통이라는 자부심이 남다르던 수양대군에게 이는 분명 용기와 명분을 동시에 주는 '호재'였을 터였다.

역사에서 가정假定은 죽은 자식 고추 만지기라지만, 만약 그때 문종이 '눈 질끈 감고' 김 씨 혹은 봉 씨와의 사이에서 적통자를 하나 얻었더라면 조선 왕조는 또 어떻게 흘러갔을까? 김 씨야 워낙 '어리석고 못나고 총명하지 못했다(세종의 표현)' 하니 통과하고, '세자빈 선발대회'를 통해 '공채'된 봉 씨와의 사이에 아들을 하나 두었다면 단종보다 7~8세는 족히 더 먹었을 터인 즉, 제 아무리 수양대군이라도 그리 호락호락하게 군침을 흘릴 생각은 못했을 수도 있지 않았을까?

자식들의 애정문제는 부모도 어쩔 수 없다 하지만, 효자로 소문난 '파파보이'가 아버지의 간곡한 당부에도 불구하고 끝내 두 마누라에게 마음의 빗장을 열어젖히지 않았던 것을 보면, 조선 왕조는 원래부터 이렇게 흘러오도록 예정되어 있었던 게 아닌가 싶기도 하다.

두 번째 이야기

조선 시대에도 '사람'들이 살았다.

그때도 '사람'들은 갖가지 진풍경을 연출하며 좌충우돌 살아갔다.

이제부터 정사(正史)에 감춰졌던 조선 시대의

인간미 넘치는 사회상을 훔쳐보러 함께 떠나보자.

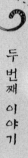

두
번
째
이
야
기

조선의 사회상
훔쳐보기

01
화냥년 & 호로자식

무심코 내뱉는 이 욕설 속에 우리 역사의 치부가 숨어 있다는
불편한 진실, 당신은 알고 계십니까?

대~한민국은 욕설공화국?

언제 적 일이던가. 한 메이저언론 논설위원이 그즈음 논란의 중
심에 서 있던 '나는 꼼수다'를 신랄히 통박하는 칼럼을 기고했는데,
그 내용 중에는 이런 대목이 있었다. "……기실 그들은 겁이 많은
지적 양아치들이다. '쫄지 마 씨바'를 주문처럼 외우고 있는 것은 실
은 쫄고 있기 때문이다.……" 바야흐로, '씨발'을 어원으로 하는 육
두문자 '씨바'가 한 오피니언 리더의 은덕(?)에 힘입어 메이저언론 지
면에 떠억 하니 올라앉게 되는 역사적인(?) 순간이었다. 아닌 게 아
니라, 시절이 하 수상하다보니 요즘 나라 안엔 별별 난삽한 욕지거
리들이 난무하고 있다. 거의 육두문자로만 기사를 만드는 한 인터

넷 대안 언론이 수년 째 높은 구독률(?)을 자랑하는가 하면, 트위터 등 각종 SNS에서는 욕설로 범벅이 된 패거리 싸움이 실시간으로 벌어지고 있다.

이 '욕설공화국 만들기'에 동참하는 부류는 지위고하는 물론, 성性의 구분조차 무의미할 지경으로 광범위하다. 실제로 몇 해 전 한 여성 국회의원이 기자들과의 식사 도중 "조까튼 ○○일보……." 운운해 구설에 올랐던 것, 그 얼마 뒤 한 부장판사가 자신의 페이스북에 '가카새끼 짬뽕'이라는 패러디물을 올려 논란이 됐던 것 등은 이를 방증하는 편린들이다. 이쯤 되면 "야, 이 신발넘아!", "엇쭈, 이 십장생이?", "개나리 같은 식키!" 따위는 차라리 애교스러운 언어유회로 되레 박수를 쳐줘야 하는 게 아닐까 싶다.

물론, 욕설이라는 게 요즘 사람들만의 전유물(?)인가 하면 그런 건 절대 아니다. 돌이켜보면 우리 조상님들도 질펀하고 찰진 육두문자를 자주 입설에 올렸다. 때문에 우리가 가래침 뱉듯 뱉어대는 욕설 중에는 '역사와 전통'을 자랑하는 것들도 꽤 있다. 이를 '무식한' 순으로 나열해보면, 이미 죽은 시신을 꺼내어 다시 찢어 죽여도 시원찮을 놈이라는 어마무시한 의미의 '육시랄 놈'을 비롯해 몸을 다섯 토막 내어 죽일 놈이라는 의미의 '오살五殺할 놈', 오라(포승줄)에 묶일 놈이라는 의미의 '오라질 놈(우라질 놈)' 등이 있다.

또 비슷한 의미로 자주 쓰이는 욕설 중엔 '화냥년'과 '호로자식'이라는 것도 있다. 불과 얼마 전까지 연로한 어르신들이 격분할 때면 간간이 소환해 애용(?)하시던 욕설이다. 그런데 이 욕설 속에 병자호란 때의 쓰라린 아픔과 우리 역사의 치부가 고스란히 녹아들어 있다는 사실을 당신은 아는가? 유교적 가치가 모든 것을 삼키던 시절, 인간윤리나 사회관습에 어긋나는 행위를 한 부녀자와 사내아이들에게 가차 없이 퍼붓던 욕설 '화냥년'과 '호로 자식', 이 욕설이 언제, 어디서 비롯되었으며, 이 욕설의 이면에는 어떤 역사적 사실들이 숨어 있는지, 이제부터 그 '비하인드 스토리'를 적나라하게 파헤쳐 보기로 하자.

오랑캐에 능욕당하는 조선 부녀자들

광해군 시절 만주에서 여진족이 세력을 확장해 후금後金이라는 나라를 건국했다. 기존의 명나라 외에 또 하나의 왕조가 만들어진 것이다. 한데, 이 후금의 군바리들이 시쳇말로 '땡삐집단'이었던 모양이다. 인구는 조선과 엇비슷했지만 호전성만큼은 비교를 불허할 정도로 높았기 때문이다. 다행히 광해군 시대에는 '등거리 외교정책

(일명 '줄타기정책'이라고도 하는데, 명나라와 후금의 어느 한쪽에 치우침이 없는 외

^{교정책)} 덕택에 서로 안면 붉히는 일 없이 그럭저럭 지낼 수 있었다.

한데, 쿠데타로 광해군을 몰아내고 왕위에 오른 인조 때 그만 사단이 벌어지고 말았다. 취임 선서를 대충 마친 인조가 향후 조선의 외교정책 기조를 '향명배금_{向明排金}'으로 바꾸겠다고 못박자, 명나라와 대척점에 서있던 이 '땡삐'들이 발끈해서 우루루 조선을 '까부시기 위해' 쳐내려온 것이다. 이에 "쫄지마 씨바"를 주문처럼 외치던 인조는 적군이 코앞에 닥쳐오자 냅다 강화도로 튀고 소현세자는 소현세자대로 전주로 토껴버리는 등 조정은 일순간 '개판'으로 변해버렸다. 결국 다들 천둥에 강아지 날뛰듯 허둥지둥 우왕좌왕 갈팡질팡 왔다리 갔다리…… 난리부르스를 쳐댄 끝에 조선은 후금을 '형!'으로 모시는 등 심히 '쪽팔리는' 강화를 체결하면서 두 손을 바짝 쳐들고 말았다. 이게 정묘호란_(1627년)이다.

'간'을 좀 보니 이거 순 '허당'이라고 판단했던지, 이제 '땡삐'들은 식량을 강청하고 병선_{兵船}을 요구하는가 하면 민가를 약탈하는 등 그야말로 조선을 대놓고 '호구' 취급하기 시작했다. 더욱이 정묘호란 때 맺은 '형제의 맹약'을 '군신_{君臣}의 의義'로 바꾸자고 요구하는 등 이젠 숫제 '오야붕' 행세까지 하려고 들었다. 그러다가 이에 대한 조선의 반발이 거세지고 역공의 낌새마저 포착되자 나라이름을 '청'으로 고친 다음 12만 명의 대병력을 앞세워 재차 쳐내려오게 되었다. 이게 병자호란(1636년)이다. 김훈의 장편소설 '남한산성'은 이에 대한 애끊는 기록인데, 당시 조선은 '청나라에 대해 신하로서의 예를 다하고 명明과의 외교관계를 끊는다'는 등 우리 역사상 최악의 굴욕적인 조약(이름 하여 '삼전도의 굴욕'이라고 한다)을 체결하며 처참하게 꼬꾸라지고 말았다. 명실 공히 청나라의 '시다바리'가 되었던 것이다.

문제는 이때부터였다. 만주 벌판에서 '들개'처럼 살아온 청나라 군바리들 눈에 뽀시시한 조선의 부녀자들이 들어오기 시작했던 것이다. 말 그대로 '오랑캐의 나라'였던 터라 청나라엔 가뜩이나 여성의 숫자 또한 모자라는 형편이었다. 놈들은 조선의 부녀자들을 마구잡이로 채어가기 시작했다. '꼴에 보는 눈은 있어서' 놈들이 찍은 여성은 대부분 '뼈대 있는 집안' 부녀자들이었다. 이렇게 해서 당시 청나라로 끌려간 조선의 부녀자가 무려 5~60만 명에 달했다고 한다.

돌아오는 '환향녀'들

그런데 얼마 뒤부터 슬슬 문제가 터지기 시작했다. 잡혀갔던 부녀자들이 사선을 뚫고 탈출하는 일이 빈발했던 것이다. 사안이 이렇다보니 비싼 몸값 지불하고 부녀자를 데려오는 사례도 급증하게 되었다. 물론 시댁 쪽에서 나섰을 리는 만무고, 친정(본가) 쪽에서 데려온 경우가 대부분이었다.

이렇게 돌아온 부녀자들을 '환향녀還鄕女'라고 불렀다. 하지만 이들을 바라보는 세간의 눈초리는 싸늘하기만 했다. 오랑캐들에게 정절을 바치고 돌아온 문란하고 음탕한 여자들이라는 차가운 시선이었다. 조정은 골머리를 앓기 시작했다. 잡혀갔던 부녀자가 무지렁이 처자들이었다면 모를까, 대부분 정권의 한 축을 떠받치는 사대부 부녀자나 첩이었기 때문이다.

1638년(인조 16년) 신풍부원군 장유는 자신의 며느리인 한 씨(한이겸의 딸) 문제를 들어 아들이 재혼할 수 있도록 해달라고 예조에 청원서를 제출했다. 며느리 한 씨는 병자호란 때 청나라에 끌려갔다 돌아온 문제의 '환향녀'였던 것이다. 예조에서는 의정부에서 결정할 문제라고 공을 의정부로 넘겼다. 이에 영의정 최명길은 '임진왜란 때 포로로 끌려갔다가 풀려나거나 되돌아온 부녀문제의 해결책에 준하여 속환된 부녀들은 이혼하지 않고 사는 것이 마땅하다'고 주장했다. 요컨대, 정치인들이 나라 꼴 이 모양으로 만들어 놓아 부녀자들이 끌려간 것이지 그녀들이 자발적으로 건너간 건 아니지 않느냐는 얘기였다.

이에 장유가 반발하고 나섰다.

"부녀가 정조를 잃었으므로 사대부 집안에서 선조의 제사를 모시게 할 수 없으며, 누구의 자손인지 알 수 없는 아이를 자손으로 기를 수 없으므로 이혼시켜야 합니다."

최명길이 재차 반박했다.

"속환된 사족 부녀가 한두 사람도 아니고 모두 정조를 잃은 것도 아닙니다. 만일 이혼을 명하면 지아비들이 자기 처를 속환해오지 않을 것이므로 많은 부녀가 타국의 혼귀가 될 게 뻔합니다. 그러니 이혼을 허락해서는 안 됩니다."

화냥년과 호로자식의 진실

조정에서는 이 문제로 연일 '관계장관 대책회의'가 열렸고, 오랜 진통 끝에 인조는 '환향녀'들과 남편들에게 따로 적용하는 이른바 '맞춤형 대책'이란 걸 내놓았다. 먼저 '환향녀'들에겐 일단 홍제원 냇물(오늘날 연신내)에서 몸을 깨끗이 씻고 서울로 들어오면 청나라에서의 일은 불문에 붙이겠다고 했다. 또 남편에겐 정부 차원에서 이혼을 허락해 줄 수는 없으나 그 심정 모르는 바도 아니므로 각자 알아서 '첩'을 둘 수 있도록 해 주었다. 한마디로 '나는 꼼수다'의 조선왕조식 버전이었다. 그러나 이 따위 허접한 '꼼수'가 쉬 먹혀들 리는 만무했다. 한쪽에선 "얼레리꼴레리……" 하고 놀리는데, 조정에서 고작 내놓은 방안이라는 게 냇가에서 몸을 씻고 들어오면 불문에 붙여주겠다니…….

상황은 점점 악화일로를 걷기 시작했다. '환향녀'들은 온갖 하찮은 이유로 줄줄이 이혼을 당하는 아픔에 시달렸고, 많은 규수들이 주변의 비난을 견디지 못해 스스로 목숨을 끊거나 산으로 숨어들어 은둔생활을 해야 했다. 또 일부는 삭발하고 비구니가 되었다. 그나마 남아 있는 부녀자들도 시댁의 따가운 눈총 속에서 죽지 못해 사는 나날을 이어가야 했다. 자신들도 모르는 사이 신체에는 어느덧 '주홍글씨'가 선명히 새겨져 있었던 것이다. 또 '환향녀'라는 말은 여러 입을 거치면서 점차 '화냥년'이라는 욕설로 변질되어 불리기 시작했고, 이 욕설은 수 백 년이 지난 오늘까지도 성적으로 문란한 여성을 일컫는 대표적인 쌍욕으로 명맥을 이어오고 있다.

그런데, 비극은 예서 끝이 아니었다. '환향녀' 사태는 미봉책으로 그럭저럭 수면 아래에 쑤셔 박아 놓았지만, 여전히 청나라엔 아직 돌아오지 못하고 있는 포로들이 많이 있었던 것이다. 결국 인조는 동부승지를 속환사贖還使로 해서 청나라에 '조선인 포로 귀환 협상팀'을 보내게 되었고, 1차로 6백여 명의 포로를 데리고 돌아올 수 있었다.

한데 여기서 또 다른 문제가 생겼다. 그 포로들 속에 오랑캐 아이를 밴 여성들이 꽤 섞여 있었던 것이다. 문제는 심각했지만, 그렇다고 별 뾰족한 묘책이 있는 것도 아니었다. 더욱이 당시는 낙태에 대한 개념도 없을 때였다. 그러니 어쩌겠는가, 그냥 낳을 수밖에……. 이렇게 태어난 아이들을 주변에서는 언제부턴가 '호로胡虜자식'이라고 부르기 시작했다. 쉽게 풀이하면 '오랑캐 포로의 자식'이라는 뜻이다. 이 '호로자식'은 오늘날까지도 돼먹잖은 남의 자식에 대한 치명적인 욕설로 요긴하게(?) 활용되고 있다. 요컨대, 오늘 우리가 아무렇지 않게 쓰고 있는 '화냥년'과 '호로자식'이라는 욕설의 이면에는 이처럼 슬프고도 치욕적인 우리 역사의 아픈 생채기가 고스란히 녹아들어 있는 것이다. 오호, 애재라~.

02
신고식이 사람 잡네

너무나 가학적이고 무절제했던 조선의

신참 공무원 신고식 엿보기

역사와 전통의 신입생 환영회

우리나라 사람들은 술 배가 너무 커서 반드시 커다란 사발에 술을 따라 이맛살을 찌푸리면서 단숨에 들이킨다. 이는 무작정 술을 뱃속에 쏟아 붓는 것이지, 술을 마시는 것이 아니다. ……(중략)…… 술을 마시면 반드시 취하고, 술에 취하면 반드시 술주정하고, 술주정하면 반드시 서로 싸움질을 해 술집의 항아리와 사발들을 남김없이 깨뜨려버린다.

언뜻 보면 착하게살기협의회 사무국장님이 오늘의 우리 음주문화를 극딜하는 대목처럼 보인다. 하지만 그게 아니다. 지금으로부터 230여 년 전 당대의 밀리언셀러 작가 박지원이 '열하일기'에서 작정하고 깐 우리 국민들의 음주행태다. 고백컨대, 필자는 이 대목을 보면서 정확히 두 번 전율했다. 200여 년 전의 음주문화가 오늘의 그것과 어쩌면 이리도 판박이인가 싶어 한 번 전율했고, 세기가 2번이나 바뀌었음에도 '옛것'을 그대로 잇고자 하는 후대 주당들의 눈물겨운 '전통문화 계승정신'에 또 한 번 전율했다.

실제로 '커다란 사발에 술을 따라 이맛살 찌푸리면서 단숨에 들이키는' 음주문화는 거의 원형 그대로 오늘날까지 이어져오고 있다. 그 대표적인 현장이 매년 3월 대학가에서 벌어지는 신입생 환영회 자리다. 때문에 그맘때면 신고식에서 죽기 살기로 술을 마시던 신입생이 진짜로 죽었다는 충격적인 '뉘우스'도 종종 접하게 되는데, 그럴 때마다 거의 '리얼타임'으로 후두부를 강타하며 떠오르는 행사가 조선시대의 새내기 신고식 '면신례免新禮'다.

조선의 신참 공무원 환영식, 면신례

조선시대에 과거에 급제하거나 새로 관직에 들어간 신참 - 당시엔 신래新來라고 불렀다 - 이 선배들 앞에서 절대 피해갈 수 없는 통과의례가 바로 이 면신례였다. 문제는 이 면신례가 오늘의 새내기들은 상상조차 할 수 없을 정도로 혹독하고 엽기적이었다는 점에 있었으니, 이제부터 '공포의 신고식'을 치르게 될 조선시대 신참 공무원의 꽁무니를 살금살금 따라가 보도록 하자.

조선시대엔 대과大科에 급제하면 모든 급제자에게 '공무원증'이 제깍 발급되지 않았다. 갑과, 을과, 병과의 성적에 따라 차별대우가 심한 편이었다. 갑과 1~3위 합격자들에겐 바로 '공무원증'이 발급되었다. 하지만 나머지들은 '수습' 딱지를 붙인 채 근무를 시작해야 했다. 이렇게 '수습' 딱지를 붙인 채 부서에 배속되면 신참이 가장 먼저 하는 것은 밤마다 고참들 집에 인사 다니는 일이었다.

이 때 신참은 자기 신상을 적은 '자지(刺紙 - 오해 마시라. 일종의 '명함'이다)'를 가지고 가야 했다. 이 자지는 역시나 '두껍고 큰 것'을 으뜸으로 쳤는데 무명 한 필로 겨우 석장을 바꿀 수 있었다 하니 꽤나 값나가는 물건이었음을 미루어 짐작할 수 있겠다. 아무튼, 두껍고 큰 '자지'를 앞세운 채 고참들을 일일이 찾아뵙고 나면 그 다음으로는 술과 음식을 차려 대접하고 인사드리는 자리를 또 마련해야 했다. 이를 '허참례許參禮'라 했다. 그 집단에 '참여를 허락하는 예'라는 뜻이다.

그런데 여기 들어가는 비용이 시쳇말로 장난이 아니었다. 100가지 음식을 처음엔 3이라는 숫자에 맞춰 - 예컨대 정종 3병, 물고기 3마리, 과일과 나물이 각 3반 하는 식으로 100가지 차리는 - 잔치를 총 5회 진행한다. 그리고는 5의 숫자로 올라가서 상차리기를 또 3회 진행한다. 이렇게 7, 9까지 진행해가는 것이다. 허참례 때는 이미 퇴직한 선배들까지 모두 불러 대접하는 게 관행이었으므로 위와 같은 단위로 상차림을 했을 때 여기 들어가는 비용은 웬만한 집 기둥뿌리 가볍게 뽑아 놓을 정도였다.

어쨌든, 이렇게 허참례까지 끝내고 나면 그제야 비로소 모두들 두 발 뻗고 편히 잠자리에 들 수 있었다……고 하면 얼마나 좋을까만, 안타깝게도 실상은 그 정반대였다. 허참례가 그럭저럭 마무리되면 이번에는 '메인 이벤트'라 할 수 있는 면신례가 기다리고 있었기 때문이다. 면신례는 보통 허참례가 끝난 10여일 뒤에 치러졌는데, 기생과 광대를 부르는 건 '기본 옵션'이고 심지어 재산목록 1호인 소까지 잡아 대령해야 하는 그야말로 '그랜드 쇼'였다.

게다가 신참들은 행사에 드는 수만 량의 비용을 전액 본인이 책임져야 했으므로 전답을 팔거나 집을 저당 잡히는 건 기본이고 방울소리 요란하게 각지를 돌며 구걸질도 불사했으며, 개중엔 부유한 장사치 집에 데릴사위로 들어가 이 일을 의뢰하기까지 했다 (1541.12.10.).

사람 잡는 면신례

그렇다고 이벤트가 본격 시
작된 뒤 함께 유흥을 즐길 기
회라도 주어졌는가 하면 이
또한 전혀 그렇지 못했다. 더
욱 혹독한 통과의례가 기다
리고 있었기 때문이다. 이 '생
사람 잡는' 신고식의 하이라
이트는 주흥이 도도해지면서
본격적으로 펼쳐지는 고참들
의 '얼차려 퍼레이드'였다. 면
신례를 주관한 상관장이 메
인 MC가 되어 즉석에서 간단

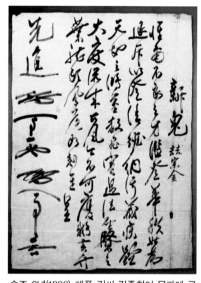

순조 6년(1806) 해풍 김씨 김종철이 무과에 급
제해 임관했을 때 선배들 앞에서 한 면신례 문서

한 내기나 게임을 하다가 고참이 지면 그냥 '통과!'를 선언하지만 신
참이 지면 갖가지 해괴한 '얼차려'들을 패키지로 진행했던 것이다.

여기서 그 종목들을 간단히 나열하면, 온 몸에 진흙 바르기, 얼
굴에 오물 칠하기, 미친년 오줌 얼굴에 칠하기, '거시기'에 먹칠하기,
개 흘레붙는 시늉하기, 숯검댕이 묻은 손 씻고 그 물 마시기, 무거
운 기둥 들기 따위의 '필수과목'과, 겨울철 물속에 들어가기, 여름철

땡볕 쬐기 등 계절별 '선택과목'에 이르기까지 그야말로 '초 울트라 급' 얼차려가 총망라되어 있었다.

뿐만 아니다. 구타는 또 얼마나 심했던지, 한번은 대궐 안에서 생사람 잡는 소리가 지축을 흔들어 임금(중종)이 자다가 깨는 불상사까지 일어났는데, 이 또한 신고주를 얻어먹은 고참이 취중에 신참을 거꾸로 매달아놓고 두들겨 패서 터져 나온 비명이었다고 한다 (1520년 7월 20일). 때문에 신고식 한 번 끝나면 고참들의 '돌림빠따'에 의한 맷독(杖毒)으로 안방에 드러누워 끙끙 앓는 신참들이 부지기수였다.

> "조금이라도 뜻에 맞지 않으면 신입의 몸을 학대(虐待)하는 등 갖가지 추태를 부리고, 아랫사람들을 매질하는데 그 맷독(楚毒)은 이루 말할 수 없습니다."
>
> - 《중종실록》1541년(중종 36년) 12월 10일

방귀 잦으면 똥 나온다고, 하는 짓들이 이 모양이다 보니 자연히 신참이 목숨을 잃는 대형 참사도 심심찮게 발생했다. 대표적인 사고를 두 개만 간추려 보면, 먼저 1453년(단종 1년) 6월 8일엔 정윤화라는 신참이 죽었다. 승문원의 새내기 신고식에서 당한 '얼차려'의 후유증 때문이었다. 정윤화는 본디 종기가 있어 술을 삼가야 하는

몸이었음에도 고참들의 강요로 술을 억지로 마신 데다 엽기적인 '얼차려'까지 당하자 피곤함이 겹쳐 결국 목숨을 잃게 되었던 것이다. 또 1526년(중종 21년) 1월 24일에는 조한정이라는 신참이 면신례 도중 기절했다가 고참들에게 엎혀 집으로 향했지만 끝내 숨지고 말았다. 9시뉴스 리포트 식으로 말하면, '너무나 가학적이고 무절제한 신고식 문화가 낳은 예고된 참사'였던 것이다.

막가는 면신례

이뿐만이 아니다. 신고식 문화가 워낙 의식 속 깊숙이 침투해 있다 보니 한번은 개그콘서트보다 더 우스꽝스러운 역대급 해프닝이 벌어지기도 했다. 이마에 달랑 작대기 하나를 붙인 새파란 훈련병이 새로 부임한 육군참모총장에게 신고식 하지 않는다고 반말과 욕지거리를 퍼부은, 세계 병사兵史에 유례를 찾아보기 어려운 '하극상'이 발생했던 것이다.

때는 바야흐로 1494년(성종 25년) 9월 22일. 도총관(군무를 총괄하는 최고 군직)으로 막 임명된 변종인이 군대를 훈련시키기 위해 훈련원에 나가 앉아 있는데 이극달 등 도총부 소속의 '권지(일종의 훈련병)'들이 일진 같은 포스로 건들건들 다가왔다. 그리고는 다짜고짜 "야, 신참! 너 신고식은 왜 안 하는데? 종인이 너 지금 엉까? 앙?" 뭐 이러면서 시비를 걸기 시작했다. 변종인으로서는 기가 막히고 코가 막힐 노릇이었다. 그야말로 전혀 예기치 못했던 희대의 '개망신'이 아닌가. 벼락같이 호통도 쳐봤지만 '짝대기'들은 "엇쭈, 성깔 좀 있는데?" 하는 표정을 지을 따름이었다. 이에 낯짝이 총천연색으로 변해가던 변종인은 결국 씩씩대며 임금에게 달려가 이들의 '천인공노할 만행'을 꼰질렀다. 그리고는 이 세계에 유래 없는 하극상에 대한 사직당국의 납득할 만한 조치를 요구했다.

성종이 이극달 등을 불러 "새까만 훈련병 주제에 장관급 재상을 희롱하다니, 너희들 죽고 싶어 환장했냐?"고 호통쳤다. 하지만 모두 입을 맞춘 듯 "저희 무과는 무조건 전입 쫄다구가 고참에게 신고식을 해야 명부에 이름도 올려주고 제대로 된 대접도 합니다요. 그렇지 않으면 장관 아니라 장관 할애비라도 그냥 신래, 신래, 하라고 배웠습니다요. 신고식만큼은 계급장 떼고 하자는 게 유구한 역사를 자랑하는 저희 무과의 오랜 전통이 되겠습니다요" 요렇게 씨부려대는 것이었다. 뚜껑이 달캉 열린 성종은 그 자리에서 이극달 등 14개의 '짝대기'들을 전원 파면해버렸다. 하지만 그들은 그 얼마 뒤 전원 슬그머니 복직되었다. "조상의 빛난 얼을 오늘에 되살리는 것도 죄가 되냐?"는 여론의 질타와 사간원 정원 이의손의 간청 등에 힘입은 복직이었다.

이처럼 조선시대에 정부미 좀 먹어보겠다는 자라면 누구도 피해 갈 수 없는 것이 허참례요, 면신례였다. 저 유명한 조선의 두 '스타' 이율곡과 정약용도 신고식 때문에 고초깨나 겪어야 했다. 이율곡은 명종 시절 승문원의 신고식을 거절했다가 쫓겨나는 수모를 당했었고, 정약용은 판서 권엄에게 보낸 편지에서 '신입생 신고식' 때의 굴욕을 떠올리며 진저리를 쳤다.

> "절름발이 걸음으로 게를 줍는 시늉을 하고 수리부엉이 울음을 흉내내는 일 따위는 제가 직접 하는 것입니다. 시키는 대로 해보라고 애를 썼으나 말소리는 목구멍에서 나오지 않고 발걸음은 발에서 떨어지지 않는 걸 어쩌겠습니까?"

역대 임금들 또한 이처럼 무식하기 짝이 없는 신고식의 폐해를 막기 위해 머리깨나 동여매야 했다.

> "오늘 이후로 신참과 고참 간에 규검糾檢하는 일 이외에는 더럽히고 침학하며 회롱하는 일은 일체 통렬히 개혁하도록 하라. 혹시라도 구습을 그대로 답습하는 자가 있으면 적발하여 치죄하라."
> — 《선조실록》 1569년(선조 2년) 9월 13일

명종, 선조 때는 이처럼 강력한 응징을 천명해보기도 하고, 성종 때는 경국대전 규정에 '신래를 참학하는 자는 장 60대에 처한다'는 벌칙조항을 만들어 넣기도 했다. 하지만 백약이 무효였다. 이제 신고식은 하나의 문화 트랜드로 정착해 종놈들조차 신고식 행사를 치를 정도로 그 저변은 더욱 확대되어 갈 따름이었다.

> 지금은 사관(四館 : 성균관, 예문관, 승문관, 교서관) 뿐 아니라 충의위(양
>
> 반들로 구성된 특수군대)와 내금위(왕의 호위군대) 등 여러 위의 군사와 아
>
> 전, 하인까지도 새로 소속된 이들을 못살게 굴고, 온갖 귀한 음식을 가져
>
> 오라고 독촉하여 끝이 없다.
>
> - 성현[1439(세종21)~1504(연산군 10년)의 〈용재총화〉 중에서

조선은 그야말로 '신고식 천국'이 되어가고 있었던 것이다.

스스로 면신을 허락한 인물

사실 신고식의 궁극적인 목적은 '군기잡기'였다. 말하자면 선배들이 조직 상하 간 위계질서를 분명히 하기 위해 시련을 주는 과정이었다는 것이다. 그렇다면 이처럼 가혹한 신고식 전통은 언제, 왜 세

위졌을까? 14대 임금 선조 또한 이 점이 자못 궁금했던지 어느 날 슬그머니 이율곡에게 물었다.

"성균관처럼 선비들이 포진한 기관에서 혹독한 신고식이 벌어지게 된 연유가 무엇이요?"

이에 이율곡은 이렇게 대답했다.

"고려 말에 과거가 공정치 못해 어린 귀족자제들이 관직에 들어오자 인심이 격분해 침학을 시작하게 된 것입니다."

즉 고려말 우왕 때 '갑질의 대명사'로 불리던 권문세족의 어린 자제들이 낙하산 타고 마구 공직에 진출하는 일이 잦아지자 이를 조롱하고 신참들의 '군기'를 확립하기 위해 시작한 게 그 유래라는 얘기다.

그렇다면 이처럼 아~무도 피해갈 수 없었던 통과의례를 정면으로 돌파해나간 '간덩이 부은' 귀인(?)은 정녕 없었을까? 있었다. 놀랍게도, 역대급 초대형 간의 소유자가. 박이창(?~1451)이라는 인물이 그 주인공이었다. 1417년(태종17)에 문과에 급제한 박이창은 기골이 장대한 데다 호탕하고 강직하면서도 신념이 강한 '터프가이' 스타일이었다.

이런 박이창이 첫 발령을 받은 곳은 신고식이 빡세기로 소문난 한림원이었는데, 평소 성격이 워낙 활달하고 괄괄해서 '너무 깝친다'는 인상까지 주는 박이창이었으니, 고참들이 그를 곱게 봐줄 리만무했다. 그래서인지 몇 차례나 신고식을 치렀는데도 "넌 아직 멀었어. 자리에 앉지 마라." 하고 '꼬장'을 부리기 일쑤였다. 때문에 박이창은 50일이 지나도록 자기 자리에 앉지도 못하고 있었다. 당시만 해도 50일이 지나도록 면신을 시켜주지 않으면 그 관직에 앉을 수 없는 게 관례였다.

이에 상투 끝까지 핏대가 치민 박이창은 어느 날 자신이 일할 자리로 뚜벅 뚜벅 걸어가 털썩 앉아버렸다. 그리고는 자신을 '개무시'하는 선배들을 되려 투명인간 취급한 채 업무를 보기 시작했다. 전문용어로 '자허면신自許免新, 즉 스스로 면신을 허락해 버렸던 것이다.

면신례를 거치지 않으면 그 집단의 일원으로 간주받지 못하고 아예 그림자 취급당하기 일쑤이던 시대에 고참들을 무시하면서 스스로 면신해버리는 초울트라급 '깡'을 보여준 박이창, 그는 이후 어떻게 되었을까? 무사히 공직생활을 마칠 수 있었을까?

많은 이들의 걱정과 달리 그는 이후 우부승지, 공조참판, 형조참판 등 중앙의 요직을 두루 거치고 나중엔 '도지사의 꽃'이라는 평안감사까지 역임했다. 나름 공직의 탄탄대로를 쾌속질주했던 것이다. 예나 지금이나 '배째라' 작정하고 '무대뽀'로 들이대는 놈 이길 자 없다는 숫컷들 세계의 속설을 행동으로 입증시켜준 실증적 사례라고나 할까.

조선의 전설적인 화생방무기 열전

한반도를 누란의 위기에서 건져낸 신무기가 인분人糞이라고?

세상은 '똥 덩어리' 전성시대?

우리 몸에 부착(!)된 '물건'이나 우리 몸에서 배출되는 '물질' 중에는 금기어禁忌語 취급 받는 것들이 몇 개 있다. 전자는 문자로 옮길 경우 즉각 음란·왜설 시비에 휩싸일 게 뻔하므로 패스하고, 후자의 경우 대표적인 물질은 뭐니 뭐니 해도 똥이다. 한데, 몇 해 전 나름 '언어의 청정구역'으로 통하던 드라마 속에서 이 오랜 금기어를 전면에 내세우는 작은 반란 - 혹은 역발상 - 을 통해 일약 카리스마의 화신으로 등극한 극중 인물이 있었으니, 그가 바로 〈베토벤 바이러스〉의 주인공 강마에다. 드라마 속에서 강마에는 단원들이 기대대로 움직여주지 않거나 연습과정에서 불협화음이 날 때면 거침없이 이런 독설을 날리곤 했다. 똥! 덩! 어! 리!

실제로 강마에 역을 맡았던 김명민이 후일 "아직까지 〈베토벤 바이러스〉 속 똥!덩!어!리!에 견줄만한 주옥같은 대사는 없는 것 같다"고 술회했을 정도로 이 네 글자는 드라마사에 남을 명대사(필자는 Oh, No라고 부르짖지만)로까지 회자되고 있는 실정이다. 어떤 유명 PD의 말마따나, 드라마에서 '똥을 똥이라 부르지 못하는 시절'과는 이 한 편으로 말미암아 비로소 아듀!를 고하게 된 셈이다.

또 반드시 그렇다고 단정할 순 없지만, 어쨌든 똥이 이 드라마를 통해 금기어라는 빗장을 살짝 푼 뒤부터 다양한 분야에서 똥을 전면에 내세우는 마케팅 상품들이 봇물처럼 쏟아져 나왔다. 서점가에선 '누가 내 머리에 똥 쌌어?'라는 동화책이, 유아용품 업계에선 '누가 내 칫솔에 똥 쌌어?'라는 치약이, 식품 업계에선 똥 무더기처럼 생긴 이른바 '똥빵'이 날개 돋친 듯 팔리는 기현상이 빚어졌던 것이다. 심지어 얼마 전엔 '똥 싼 바지'라는 게 '시대의 대세'로 지구촌을 쓸고 다닌 적도 있었다.

이쯤 되면, '응가', '큰 것', '뿌지직' 등으로 대체되어 불리며 모두에게 멸시받던(실제로 화장실에서 막 나오는 사람들을 보면 하나같이 똥과 전혀 무관한 일을 하다가 나온 듯한 표정들이다) 똥!덩!어!리!가 어느 날 갑자기 수면 위로 둥둥 떠올라 강렬한 사이키조명을 한 몸(?)에 받는 격이라 해도 무리한 표현은 아닐 것이다.

구한말 똥의 수난사

　그렇다면 조선시대엔 어땠을까? 그 시대에도 똥이 오늘처럼 '각광'을 받았을까? 아니다. 전혀 그렇지 못했다. 특히나 조선 후기 똥의 역사는 그야말로 고난과 핍박으로 점철된 암흑의 역사였다. 각종 사료에 따르면, 구한말 조정에서는 백성들이 거리에 아무렇게나 싸지른 똥 무더기 때문에 고충이 이만저만 아니었다고 한다. 특히 서울 시내 도로의 경우 '흙 반 똥 반'이라 할 정도로 인간과 가축(주로 소와 말)이 밀어낸 '황금 덩어리'들이 진창으로 널려 발 디디기조차 쉽지 않았다고 한다. 말하자면 사이키 조명세례는 고사하고 조정에서 '전쟁'을 선포해야 할 정도로, 똥은 척결의 대상이었다는 얘기다.

　예를 하나 들어보자. 구한말 서울 풍경을 논할 때 주로 인용되는 글이 영국인 여성여행가 이사벨라 비숍의 여행기(국역 〈조선과 그 이웃나라〉)다. 비숍은 1894년부터 모두 4회에 걸쳐 우리나라를 방문했는데. 1894년 1월에 본 서울의 첫인상을 그녀는 이렇게 묘사하고 있다.

　　"나는 베이징을 보기 전까지는 서울이 세상에서 가장 더러운 도시가 아닐까 생각했고, 사오싱(중국의 도시)의 냄새를 맡기 전까지는 서울이 가장 냄새나는 도시가 아닐까 생각했다. 거대 도시이자 수도로서 서울의 위엄을 생각할 때 그 불결함은 형용할 수 없을 정도로 심각하다."

이 대목을 읽고 혹자는 1위 자리를 중국에 내줬으니 나름 선방한 것 아니냐며 자위할지 모르겠다. 하지만 '더러움의 챔피언' 자리를 놓고 중국과 피튀기는 경쟁을 해야 했다는 이 기막힌 사실에 '아~ 어쩌란 말이냐, 이 아픈 가슴을~'이라는 유행가 가락이 절로 입 안에 맴도는 건 도저히 막을 방도가 없다.

실제로 얼마 전엔 비숍의 이런 주장을 뒷받침하는 연구결과까지 보고되었다. '구한말 광화문 앞에서 세종로로 이어지는 서울의 중심가가 조선시대에는 냄새 고약한 분뇨가 밟히는 더러운 거리'였다는 것이다. 보고서에 따르면 이 구역 지층에서 15~18세기 것으로 추정되는 각종 기생충 알이 무더기로 발견되었다는 건데, 해당 교수(서울대 신동훈 교수)는 그 이유를 다음과 같이 분석했다.

"조선 사대문 안에서 기생충 알이 다수 나온 것은 한양의 번화가에 인 분이 널려 있었음을 알려주는 증거입니다."

실제로 구한말 당시 정부는 김옥균의 건의로 '치도국治道局'이라는 부서를 만들어 무단으로 똥을 버리는 행위에 대해 강력히 처벌했고, 독립신문 같은 진보 기관지에선 '똥을 개혁하는 게 곧 부국강병의 지름길'임을 강변하는 사설을 싣기도 했다.

우리 똥은 좋은 것이여

그러나 곰곰이 돌아보면, 이처럼 푸대접으로 점철되었음에도 불구하고 똥은 예로부터 우리에게 '예쁜 짓'도 참 많이 해온 물질이라는 생각을 떨쳐버리기 어렵다. 먼저 의학적 측면에서 볼 때, 똥은 건강 진단의 척도 같은 구실을 톡톡히 해낸 물질이었다. '쉰세대'들

똥지게

이 공유하는 '대변봉투'의 추억도 그렇거니와, 영화 '광해, 왕이 된 남자'에서 의사가 왕의 똥을 시식하는 장면은 단순히 구색이나 맞추려고 끼워 넣은 컨셉이 아니었다는 얘기다.

다음으로, 농사일에 있어서도 똥은 비료로서의 구실을 '진짜비료'보다 더 화끈하게 해낸 물질이었다. 필자에게도 '진달래 먹고 물장구치던' 어린 시절 똥장군 지고 조심스럽게 걷는 큰아버지 꽁무니

에 매달려 텃밭으로 향했던 향그러운 기억이, 그 똥물 먹고 실하게 자란 배춧잎사귀처럼 싱싱하게 살아 있다.

그런가 하면, 일부 견공(便犬)들에게 똥은 이 세상 그 무엇과도 바꿀 수 없는, 영양가 만점의 주식主食이었다. "임마, 아무리 배가 고파도 그렇지, 넌 어떻게 똥을 처먹냐?"는 진돗개의 면박에 "새꺄, 밥 먹는데 제발 똥 얘기 좀 하지마!"라고 역정을 냈다는 변견에게 있어 아이들이 막 싸질러 김이 모락모락 나는 똥무더기는 기실 가장 따끈따끈한 이밥이었던 것이다.

조선의 신개념 무기, 똥대포

뿐만 아니다. 쉬 믿기지 않겠지만 똥은 '구국의 대열'에 동참해 '배달의 기수'로서의 기상을 만방에 떨친 '애국지물愛國之物'이기도 했다. 이게 뭔 말이지? 하며 연신 두 눈만 껌벅거리고 앉았을 독자 제위를 위해 자, 그럼 이제부터 그 이유를 설명해 올리겠다.

임진왜란 초, 파죽지세로 밀고 올라온 왜군들에게 강제로 등기 이전되어 잠시 '촌쥬죠'로 불렸던 청주성淸州城은 의병들의 눈물겨운

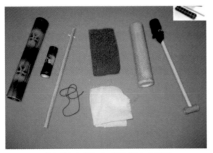

기록에 근거하여 재현해본 〈분포〉

사투로 불과 얼마 뒤 탈환되었다. 이는 임진왜란 당시 의병들이 육전에서 빼앗겼던 성을 탈환한 최초의 승전보다. 바로 이 전투에서 의병이 사용한 무기 중에 '분포糞砲'라는 게 있었다. 우리말로 풀면 똥대포가 되겠는데, 당시 의병들은 바로 이 똥대포라는 희대의 강력한 화생방 무기로 조총을 앞세운 왜군들과 '맞짱'을 떴다는 얘기다. 똥대포는 실탄(똥!덩!어!리!)을 '실탄박스(똥을 담은 항아리)'에 쏟아 부어 휘휘 저은 다음 대나무로 만든 '약실(대나무통)'에 넣고 피스톤(수동 공이, 나무자루 끝에 삼베를 감아 만든다)으로 성 아래에 있는 왜군들에게 냅다 갈기는 '물총' 타입의 신무기였다.

비록 직접적인 살상은 불가능했지만 '살인적인 냄새'로 적군으로 하여금 "죽겠스므니다"를 연발케 하는 등 전열을 분산시키는 효력이 충분했을 뿐더러 몸에 상처가 있는 경우엔 온 몸에 '똥독'이 올라 결국 목숨을 잃게 만드는 효력까지 있었다.

또한, 모든 무기가 전투를 거듭하면서 진화해가듯 똥대포 역시 전투를 거듭하면서 '실탄(똥물)'의 성능을 획기적으로 높였는데, '금즙金汁'이라는 가공할 '실탄'의 등장이 그것이었다. '금즙'이란 똥을 걸러서 1년가량 푹 삭힌 숙성된 똥물을 말하는데, 독성이 워낙 강하고 악취가 '노무노 노무노' 지독해서 왜군들에게는 '공포의 핵 똥물'이라는 별칭으로 불리기까지 했다.

이 '금즙 장착 똥대포'를 비교적 상세히 언급한 저서로는 송규빈 (1696~1778)의 《풍천유향》이 있다. 조선의 군사문제 개선방안이 수록된 이 책은 송규빈이 50여 년에 걸쳐 연구한 내용을 정조 2년에 발간한 것이다. 실학의 대가 정약용 또한 똥대포를 민간병사(오늘의 '민방위대')의 정식 무기로 체계화한 인물이었다. 그가 강진 유배 중(1812년) 만든 《민보의民堡議》는 농민 자위조직에 의한 국방체계를 주장한 최초의 논문이었는데, 여기에 민간인들이 쉽게 만들 수 있는 무기의 하나로 똥대포가 수록되어 있다.

고춧가루 뿌리는 일본군

그렇다면 당시 공포의 똥대포와 맞닥뜨려 '식겁'했던 왜군들은 이후 어떤 전략으로 이에 대응해왔을까? 아니, 그들에게도 똥대포에 맞설 만한 화생방무기가 있었을까? 딱히 똥대포에 대응하기 위해서라는 근거는 없지만, 당시 왜군도 조선군대를 제압하기 위해 모종의 '비밀병기'를 준비하고 있었다. 그 역시 지극히 친환경적인 화생방 무기였는데, '고춧가루'라는 신형 최루탄이 그것이었다.

고추는 15세기 중반 포르투갈로부터 일본에 처음 소개되었다고 한다. 물론 식용으로였다. 한데 임진왜란의 판세가 만만치 않게 돌아가면서 '첫 끗발이 개 끗발'이라는 화투판 정설이 점차 힘을 얻게 되자 이에 '빡친' 풍신수길이 고춧가루를 전장에 투입키로 전격 결정했던 것이다. 이를테면 성을 공격할 때 고춧가루를 태우거나 직접 뿌려서 이 일대를 아예 '이산가족 상봉현장'처럼 만들어 놓은 다음 뒤통수를 후려친다는 계략이었던 것이다(사실 이게 우리나라에 고추가 처음 들어온 유래이기도 하다.).

하지만, 우리 군대의 대응 또한 호락호락 하지 않았다. 다들 "악으로! 깡으로!"를 모토로 하는 '대~한민국 땅개'의 20~30대조 할배들이 아니던가. 조선군 지휘부는 긴급히 소집한 전략회의에서 신개념의 화생방무기를 또 하나 내놓기로 결정했다. 나무를 태우고 난 뒤에 남는 '재'를 적군의 눈에 마구 뿌려댐으로써 시야를 가리고 수비를 방해하는 연막탄 전법이었다. 앞서 소개한 '민보의'에는 이 재를 뿌리는 공격법도 '취회吹灰'라는 이름으로 수록되어 있다.

똥물, 고춧가루, 재까지 총동원된 전쟁

똥냄새 등천하고 고춧가루와 재가 난무하는 전쟁! 한쪽에선 코 싸매기에 여념이 없고 다른 한쪽에서는 눈물 콧물 짓이기며 재채기를 연발해대는 전쟁!

B-2니, F-22니, 핵추진잠수함이니, 토마호크니 하는 최첨단 무기들이 귀에 익은 오늘의 시각에서 보면 그저 우스꽝스러운 해프닝에 불과한 듯하지만, 당시 우리 민초들이 가진 절박함이 얼마나 컸으면 전쟁터에 그 귀하디귀한 '천연비료'까지 퍼들고 나와 싸웠을까 생각하니 자못 숙연해진다. 그러나 이런 숙연함 속에서도 끝내 숨길 수 없는 원초적 궁금증 한 가지는, 백척간두의 그 긴박했던 순간 항아리에 담아 온 '숙성된 똥물'이 바닥을 드러냈을 때 우리 병사들은 무어라 소리치면서 지원을 요청했을까 하는 점이다.

"봐유, 똥물 다 떨어졌슈, 후딱 똥물 좀 퍼다 줘유~!" 이랬을까? 아니면 "어이~, 아따 여그 총알 다 떨어졌당께. 총알 걸쭉한 놈으로 다 한 바가지 싸게 퍼 오드라고이~!" 이랬을까?

뱀발(蛇足) 하나……

고춧가루가 최루탄으로서의 역할을 톡톡히 해내서인지, 이후 조선도 고춧가루를 화학무기로 사용하기 시작했다. 1813년(순조 13년) 간행된 군사기술서 〈융원필비〉에 따르면, 조선군은 '비몽포', '찬혈비사신무' 등의 화학무기에 고춧가루를 장전(?)해 사용했다는 것이다.

04
어른들의 '구름과자' 담배 이야기

담배는 언제 들어왔을까? 그리고,
조선 최고의 '골초대왕'은 누구였을까?

화려한 시절은 가고

대한민국 골초들에겐 사무실뿐 아니라 버스나 열차 안에서도 아무 거리낌 없이 담배연기를 풀풀 날려대던 아름다운(?) 시절이 있었다. 호랑이 담배 피우던 시절의 이야기가 아니다. 불과 30여 년 전만 해도 그랬다. 그 시절엔 여직원들 주요 일과 중 하나가 윗사람 책상의 재떨이를 비워내는 일이었고, 열차나 고속버스에도 좌석마다 간이재떨이가 앙증맞게 부착되어 있었다. 고속버스 같은 경우는 그 얼마 뒤 20번까지 금연석으로 묶이는 변고(?)가 닥쳤지만, 21번 이후의 흡연석에서 연기를 풀풀 뿜어내도 누구 하나 대놓고 항변하지 못하던 꿈같은(?) 시절이었다.

골초들의 이런 호사는 가정에서도 예외가 아니었다. 아랫목에 정좌한 채 식사를 마친 우리네 아버지들은 앉은 자리에서 바로 '식후연초' 한 대를 피워 물었고, 막 비워낸 밥공기에 재를 톡톡 털어내면서 맛있게 담배 한 대 다 태우고 나야 비로소 식사시간은 '쫑'이 나곤 했다. 아닌 게 아니라 그즈음 골초들은 '식후연초食後煙草는 불로장생不老長生이니, 식후불연초食後不煙草는 사후지옥행死後地獄行이니 하는 조어를 무슨 대단한 풍월이라도 읊는 양 나불거리고 다녔다.

그런데, 불과 30여 년 만에, 세상은 천지개벽이라는 표현이 무색할 정도로 싹 바뀌고 말았다. 끽연자의 입장에서만 보면 태초 이래 이런 암흑기는 일찍이 없었다. 담배는 이제 벤젠이나 카드뮴에 버금가는 독극물로 '공인'되는 추세고, 그걸 입에 물고자 하는 무리(?)들은 지위고하를 막론하고 삭풍이 파리떼처럼 앵앵대는 한데로 내몰리게 되었다. '이건 신유박해(천주교 박해)에 버금가는 박해'라는 푸념도 곳곳에서 창궐한다. 담배가 우리나라에 들어온 지 400년 만에, 숫제 '공공의 적'으로 내몰린 담배와 '범죄집단' 취급까지 받는 끽연자들은 바야흐로 전례 없는 일생일대의 위기상황에 봉착하게 된 것이다.

담배는 언제 들어왔을까?

〈조선왕조실록〉에 따르면 담배가 이 땅에 들어온 건 임진왜란이 끝나고 18년쯤 지난 뒤였다. 1633년(인조 16년) 8월 4일자 《인조실록》에는 다음과 같은 기사가 실려 있다.

이 풀(南草)은 1616년 일본으로부터 들어왔는데 처음엔 그리 널리 퍼지지 않다가 1621년에 이르러 대중적으로 급속히 확산되었다.

1616년, 즉 광해군 8년에 처음 들어왔다는 얘기다. 실제로 실록에 담배에 관한 기사가 처음 등장한 것도 광해군 시절인 1623년(광해군 15년) 2월 15일이었다.

동래 왜관(倭館)에 화재가 발생하여 80칸을 모두 태웠다.【임술년에도 큰 화재가 발생하였다. 왜인들이 담배를 즐겨 피우므로 떨어진 담뱃불로 화재가 일어난 듯하다.】

물론 담배가 임진왜란 때 왜군들에 의해 유입되었다는 주장도 있긴 하다. 이수광의 《지봉유설》이 대표적이다. 하지만 위와 같은 정사 기록들로 미루어 적어도 '수입(輸入)'이라는 정식 통관절차를 거쳐 본격적으로 들어온 시기는 임진왜란 후인 광해군 8년 전후로 봄이 맞을 듯하다.

젖먹이만 면하면 으레 담뱃대를?

그런데 문제는 그 다음 대목, 즉 담배가 '1621년에 이르러 대중적으로 급속히 확산되었다'는 구절이다. 당시 담배의 파급력이 어느 정도였기에 정사에 이런 기사가 버젓이 실렸던 걸까? 1621년을 전후해서는 그런 걸 확인할 수 있는 기록이 없다. 다만, 그보다 190년쯤 뒤인 1808년(순조 8년)에 그 단서가 될 만한 기사가 하나 눈에 띈다. 《순조실록》에 따르면 그해 11월 19일 순조는 그즈음 가히 LTE-A급으로 확산되고 있는 '전 국민의 골초화' 현상을 개탄하면서 자못 심각한 표정으로 이렇게 말했다.

> "근래에 이르러서는 속습俗習이 이미 고질이 되어 남녀노소 할 것 없이 즐기지 않는 사람이 없어서 겨우 젖먹이를 면하면 으레 횡죽橫竹으로 피우고 있는데, 세상에서 더러 '팔진미는 폐지할 수 있어도 남초(담배)는 폐지할 수 없다.'고 하니, 비록 금하고자 하나 이유가 없을 따름이다."

충격이다. 몇 해 전 인도네시아 두 살짜리 젖먹이가 주식인 엄마

젖 대신 담배를 하루 두 갑씩 '빤다'는 엽기적인 소식이 인터넷을 달군 적도 있지만, 200년 전 명색이 동방예의지국이라는 이 땅에서도 젖먹이만 면하면 으레 담뱃대를 물었다 하니, 실로 뒤통수를 오지게 가격당한 기분이다. 여성과 꼬맹이들까지 죄다 '담배질'을 했다는 항간의 소문이 '팩트'로 확인되려는 순간이기 때문이다. 하지만 이 정도론 2% 부족하다. 보다 정확한 견적을 내기 위해서는 다른 기록을 좀 더 찾아봐야 한다.

이럴 땐 무엇보다 동 시대에 조선 땅에서 살았던 '파란 눈'들의 증언이 보태어지면 금상첨화다. 한데 기록을 살피다보니 다행히도 그런 증언이 있다. 1653년 항해 중 기상악화로 제주도에 표착한 72개의 '파란 눈'들. '하멜 표류기'로 유명한 네덜란드인 선원 핸드릭 하멜 일행(36명)이다, 하멜은 이 '표류기'에서 조선인의 생활상을 미주알고주알 까발리고 있다. 여기엔 당연히 조선사람들의 끽연풍습도 언급되어 있다. 시기적으로도 이 땅에 담배가 들어온 지 불과 40년 뒤인지라 이는 당시 백성들의 흡연 실태를 입증해줄 매우 요긴한 자료라 하겠다. 그 기록을 잠시 살펴보자.

50~60년 전에 그들은 담배에 대해 전혀 몰랐다. 그때 일본인들이 그들에게 담배 재배술과 사용법을 가르쳐 주었다. 그리고 일본인들은 그 담배 씨를 남반국에서 가져왔다고 말했기 때문에 지금도 많은 사람들이

담배를 '남반코'라 부른다. 이 나라에서는 담배를 많이 피우는데 여자들은 물론 네 댓살 되는 아이들도 담배를 피운다. 담배를 피우지 않는 사람은 거의 없다.

어째 증언 내용이 점점 '항간의 소문'에 근접해가는 모양새다. 이건 순조의 언급과도 상당부분 맥을 같이 하는 것이니 말이다. 그런데 어쩌랴, 증빙자료는 이것뿐만 아닌 것을. 조선시대의 끽연문화를 다룬 '연경烟經'이라는 책이 있다. 우리말로 직역하면 '담배의 경전'이 되겠는데, 조선 중기의 재야 문장가 이옥(1760~1815)이 지은 담배예찬서다. 전4권으로 구성된 이 책에는 담배의 역사, 담배의 재배방법과 성질, 도구 등이 석류알맹이처럼 빼곡히 들어차 있는데, 마지막 권에는 다음과 같은 구절이 실려 있다.

"어린 아이가 한 길이나 되는 긴 담뱃대를 입에 문 채 서서 피운다. 또 가끔씩 이 사이로 침을 뱉는다. 가증스러운 놈!"

"젊은 계집종이 부뚜막에 걸터앉아 안개를 토해내듯 담배를 피워댄다. 호되게 야단맞아야 한다."

이쯤 되면 이젠 믿지 않을 도리가 없다. 실제로 조선 후기의 풍속화 중에는 10대 기생이 곰방대를 물고 앉았거나 '호적에 잉크도 마

르지 않은' 목동이 곰
방대를 문 채 소잔등
에 올라앉아 있는 '싸
~가지 없는' 장면들도
어렵지 않게 볼 수 있
지 않은가. 요컨대, '남
녀노소를 논할 것 없
이 즐기지 않는 사람

김홍도의〈장터길〉

이 없어서 겨우 젖먹이를 면하면 으레 횡죽橫竹으로 피우고 있다'는
순조의 푸념은 '뻥'이 아니었다는 얘기다.

이런 우리 국민의 담배사랑은 결코 한때의 유행으로 끝나지 않았다.
그야말로 '대를 이은 충성'이었다는 얘기다. 독일 쾰른신문사 외신특파원
으로 우리나라를 다녀간 지그프리트 겐테는 1901년에 쓴 자신의 저서에
서 조선 후기 우리 국민들의 끽연 실태를 이렇게 묘사하고 있다.

여기는 남녀노소 할 것 없이 모든 사람들이 아침부터 저녁까지 평생
담배를 피운다. 담배를 넣는 허리춤은 신발 깔창처럼 옷차림에 빠지지
않는 필수품이 되었을 뿐 아니라, 그들은 머리 부분이 작고 긴 담뱃대를
잠시도 손에서 놓지 않고 있었다.

- 〈독일인 겐테가 본 신선한 나라 조선, 1901〉

담배의 변천사

담배를 피우는 방법도 시대에 따라 조금씩 바뀌었다. 조선에 담배가 처음 도입되었을 때만 해도 끽연자들은 양반, 상놈 할 것 없이 모두 담배 잎사귀를 그대로 말아 피웠다. 그런데 담배 잎이 입술에 직접 닿으니 쓰고 매웠다.

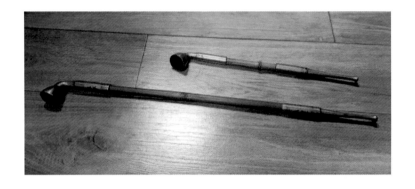

그래서 이번엔 담배 잎을 잘게 썰어 절초折草로 만들고 담뱃대로 피웠다. 담뱃대 끝에 붙인 담배통에 담배를 재여 넣고 불을 붙여 물뿌리로 빨았던 것. 담뱃대는 대나무를 이용했고, 여기에 요란한 장식을 달거나 길게 만들기도 했는데 이를 장죽長竹이라고 불렀다. 장죽은 담배통과 설대와 물뿌리로 만들어졌는데 그야말로 우리나라만 사용하는 발명품이었다.

또 담뱃대의 길이는 신분을 드러내기도 했다. 긴 장죽은 양반들이, 짧은 곰방대는 상놈 또는 종들이 사용했다. 현재와 같은 궐련이 대량으로 보급된 건 개항 이후다. 1879년 일본으로부터 '히로'라는 담배가 들어와 국내 시장을 장악하면서 궐련시대가 본격 개막되었던 것이다.

하지만 궐련은 일반 담배에 비해 고가여서 아무나 피울 수 없었다. 초기에는 고종이나 명성황후, 조정의 귀족과 부유층이 이국산 궐련의 주고객층이 되었고, 점차 도시 하층민까지도 사로잡았다. 장죽과 곰방대로 나뉜 담뱃대의 위계질서는 낡은 봉건적 유물로 치부되기 시작했다. 궐련은 사서 피우는 누구에게나 평등해 새로운 문명의 상징이란 이미지를 얻었다. 위계질서의 아래쪽에 위치한 사람들도 즐겨 피웠다(안대회 '담바고문화사' 참조).

조선시대엔 담배가 만병통치약?

담배의 원산지는 남아메리카 중앙부 고원지대다. 그런데 1558년 스페인 왕 필립2세가 원산지에서 종자를 가져와 관상용, 약용으로 재배하면서 유럽에 전파되었다. 그리고 포르투갈 선교사에 의해 일본에 들어왔다가 1616년께 조선 땅으로 건너왔다. 지구 반대편에서 조선 땅까지 들어오는 데 불과 60년, 여느 기호품들과 비교하면 이건 뭐 거의 오리엔탈 특급을 타고 들어온 격이다.

이 요상한 '구름과자'가 처음 들어왔을 때 이 땅의 백성들은 이걸 어떤 시각으로 바라봤는지도 자못 궁금하다. 항간에는 당시 백성들이 담배를 만병통치약으로 여겼다는데 과연 그랬을까? 사실 정사에는 그런 기록이 없다. 〈조선왕조실록〉을 겉표지까지 토끼 눈알이 되도록 샅샅이 훑어도 만병통치 운운하는 대목은 찾을 수 없었다.

다만 수입 초기에는 사회 전반에 이런 인식이 꽤나 퍼져 있었던 듯한데, 그건 담배에 붙여진 이름에서도 유추할 수 있다. 담배는 남쪽(유럽)에서 들어왔다는 의미로 남초南草 또는 남령초南靈草라고 불렸다. 그리고 '담바고淡婆姑'라고도 불렸다. 이는 'tobbaco(타바코)'의 일본식 발음이 변형된 것이다. 여기서 우리가 주목할 건 남령초라는 이름이다. 1638년(인조 16년) 8월 4일자 기사에 처음 등장한 이이름은 글자 그대로 '남쪽에서 온 신령한 풀'이라는 뜻이다. 그야말로 담배에 던질 수 있는 최고의 찬사인 것이다.

아닌 게 아니라, 담배는 처음 들어올 때 기호품이 아니라 무려 약재로 간주되었다는 기록이 있다. 담배가 몸속의 가래나 노폐물을 배출시켜 주는 효능이 있다는 것이다. 담배 때문에 가래가 생기는 건데 그 가래를 담배가 제거해준다고 믿었다니 그야말로 '웃픈' 일이 아닐 수 없다. 이수광의 《지봉유설》에도 "병든 사람이 그 연기를 마시면 능히 가래를 제거한다"는 기록이 있다. 게다가 담배연기가 몸속 회충을 잡아주고 천식이나 종기에도 효과가 있다는 소문까지 널리 퍼졌다. 사실 '젖먹이를 겨우 면한' 꼬맹이까지 끽연자 대열에 합류한 이유도 담배를 치료효과 뛰어난 약제로 인식했기 때문이다. 1808년(순조8) 11월 19일자 《순조실록》에도 담배가 "가래를 치료하고 소화를 시킨다 하지만……" 하는 임금의 언급이 등장한다.

담배가 뛰어난 약제라는 인식은 유럽 쪽도 마찬가지였다. 특히 페스트가 전 유럽을 쑥대밭으로 만들어 놓은 1347년~1351년 사이 유럽에는 '담배가 페스트에 직빵'이라는 근거없는 소문이 확산되면서 어린애들한테까지 마치 예방주사 맞히듯 담배를 꼬나물게 했다 한다(사카이 노부오 '씨앗혁명' 참조).

하지만 실록에는 담배의 해악을 지적하거나 담배로 인한 폐해를 꼬집는 대목이 더 많다. "오래 피우면 가끔 간의 기운을 손상시켜 눈을 어둡게 한다"던가, "오래 피운 자가 유해무익한 것을 알고 끊으려 하여도 끝내 끊지 못하니, 세상에서 요망한 풀이라고 일컬었다"(1638년 8월 4일)는 기록 같은 게 곳곳에 박혀 있다. 순조의 경우는 여기에 한술 더 떠서 담배를 못 피우게 하는 방안이 없을까 신하에게 묻기까지 한다.

> 담배가 폐해가 되는 것은 술과 같겠으나, 술은 그래도 제사에도 쓰고 성인聖人도 '양量을 제한하지 않되 난잡한 데 미치지는 않는다' 했는데, 담배에 이르러서는 마땅한 것이 없고 해로움만 막심한 것이다. 속습이 이에 이르렀으니, 금지할 수 없겠는가?
>
> - 《순조실록》1808년(순조 8년) 11월 19일

숙종 또한 순조 못지않게 담배에 대한 거부감이 컸던 듯하다. 실록 곳곳에 금연을 지시하는 대목이 실려 있는 데다, 심지어 금연구역에서 '담배질' 한 공무원들을 파면한 기록까지 있으니 말이다.

> 임금이 사직단에서 자면서 백관에게 경계할 점을 지시하기를, '술을 마시지 말고, 담배를 피우지 말라'고 했는데, 서관庶官 두어 명이 이를 위반해 임금이 그 직위를 없앴다.
>
> - 《숙종실록》1701년(숙종 27년) 5월 12일

조선 최고의 '골초대왕'은?

그렇다면 이들과 반대로 담배를 가장 사랑했던 임금은 누구였을까? 조선 임금 중 대표적인 '골초'로 명성을 날린(?) 임금, 그는 다름 아닌 '개혁의 아이콘' 정조였다. 실제로 정조는 '온갖 식물 가운데 이롭게 쓰여 사람에게 유익한 물건으로 남령초보다 유익한 것이 없다'면서 '이제 약상자 안에 없어서는 안 되는 필수품'이라고 담배를 극찬했다. 담배가 만병통치약이라는 인식이다.

초계문신 교육 때 '시간강사'로도 뛰었던 정조는 이들에게 담배를 주제로 한 과제물을 내준 적도 있었다. 1796년(정조20) 11월 18일 춘당대에서 실시된 초계문신 친시(親試 : 임금이 직접 성적을 평가함) 때 정조가 제시한 과제물 제목은 '남령초를 주제로 질문에 답하라'였다. 그가 담배를 얼마나 사랑했는지 절감케 해 주는 주제인 것이다. 한국애연가협회에서 '정신적 지주'로 받들어도 모자람이 없을 '골초대왕' 정조의 담배에 대한 뜨거운 애정이 진득하게 묻어나는 이 과제策問내용을 일부만 옮기면 다음과 같다.

정조

"나는 젊어서부터 다른 기호는 없이 오로지 책 보는 고질병만을 갖고 있다. 연구하고 탐색하느라 심신에 피로가 쌓여 수십 년을 보냈다. 그로 인해 병이 생겨 마침내 가슴 속이 언제나 꽉 막혔기에 밤을 꼬박 새우기도 하였다. 왕좌에 오른 뒤로 책을 보던 고질병을 모두 정무로 옮겨 일하다보니 병증이 더욱 심해졌다……·(중략)······백방으로 약을 구했으나 오로지 이 남령초에서만 도움을 얻었다. 불기운으로 한담을 공격하자 가슴에 막힌 것이 저절로 사라졌고, 연기의 진기가 폐를 적셔서 밤잠을 편히 이룰 수 있었다……·(중략)······그래서 지금 그대 대부들에게 친히 책문策問을 내어 묻는다. 이 풀을 중국 사람은 남령초라 부르고 동방 사람은 남초라고 부르며 민 지역 사람들은 연엽, 박물가 사람들은 연다 혹은 연초라고 부르기도 한다. 어느 것을 올바른 명칭으로 삼아야 하는가? 그대들의 견문을 모두 동원하고 다방면의 사실을 끌어다가 자세하게 증명하라. 내 친히 열람하겠노라."(참조 : 〈연경-담배의 모든 것〉, 이옥 지음, 안대회 옮김)

뱀발(蛇足) 하나……

처음 담배가 들어왔을 때만 해도 우리나라에 흡연예절이라는 게 달리 없었다. 양반이나 상놈이나 때와 장소 가리지 않고 '맞담배질'을 해왔다는 얘기다. 이에 금연론자들이 발끈하고 나섰다. 반상의 법도가 엄격한 신분제 사회에서 이는 자칫 신분제의 근간을 흔들 수 있는 행태라는 비판이었다. '흡연자들이 담배를 구하느라 신분과 체면도 내팽개치고 아무에게나 담배 한 대를 달라고 손 내미니 위계질서가 무너지고 예의와 염치를 무시하는 문제가 발생한다'는 것. 이때부터 지위 높은 사람이나 웃어른과는 '맞담배질'을 하지 않는 흡연예절이 서서히 정착하게 되었다. 거의 정설로 통하는 얘기다.

하지만 야사에서 전하는 흡연예절 정착과정은 이와 사뭇 다르다. 담배예절은 광해군의 잔소리 때문에 정착하게 되었다는 것이다. 담배가 처음 들어왔을 때 조정대신들은 광해군 앞에서도 거리낌 없이 연기를 뿜어댔다. 가뜩이나 병약 체질이던 광해군은 담배 연기가 너무 싫어 흡연하는 대신들을 질책했다. 이 양반아, 자리 좀 가려가면서 피워, 뭐 이렇게 말이다. 이때부터 대신들은 광해군 앞에서 담배 피우기를 삼갔고, 차츰 조정의 후미진 곳으로 몰려가 '군불을 때기' 시작했다. 이렇게 형성된 조정의 흡연문화가 차츰 여염집으로 퍼져나가 오늘날처럼 윗사람 앞에서 담배를 삼가는 흡연예절이 정착하게 되었다는 것이다.

05
술과의 전쟁을 선언하노라

백성들을 위해 금주령을 자주 내린 조선.
그렇다면 금주령 단행의 주인공인 임금은 술을 안 마셨을까?

조선시대에도 금주령이?

담배를 논했으니 이번엔 식순(?)에 따라 술을 논할 차례다. 전혀
다른 생김새, 다른 용도, 다른 제작공정을 거치지만, 늘 세트로 묶
여 '다구리' 당하는 대표적인 천덕꾸러기이니만큼 구색을 맞추기 위
해서라도 술 이야기는 빠뜨릴 수 없다. 술을 빠뜨리면, 그건 애들식
표현으로 피오나 없는 슈렉이나 진배없게 되니 말이다.

사실 술에 관해서라면 필자도 할 말이 꽤 많은 편이다. 물론 옹호
하는 입장에서다. 하지만 어차피 이 배가 '엽기'라는 이름표를 붙이
고 항해 중이니만큼 이 단원에서는 술의 '흑역사'에 대해서 '디립따'

파헤쳐 볼 요량이다. 주당酒黨의 열혈당원 입장에서 볼 땐 분명 다시 떠올리기조차 싫은 암흑기의 상채기이나, 한편으론 술의 고마움을 더욱 절감케 되는 계기로도 작용할 수 있겠기에……

술의 '흑역사'를 생각하면 가장 먼저 떠올리게 되는 게 금주령(혹은 금주법)이다. 오늘날도 '주폭酒爆'들이 도처에서 '미친 존재감'을 과시(?) 중이지만, 이전에는 또 얼마나 유난을 떨어댔기에 나라에서 법으로 술을 금하게 하는 해괴한 발상까지 다 하게 되었을까?

주지하다시피, 금주법으로 가장 유명한 나라는 미국이다. 미국은 1919년 10월 28일부터 정확히 '13년 10개월 19일 7시간 32분 30초'간 금주법을 시행했는데, 술을 금지시켜 범죄를 소멸시키자 하는 게 가장 큰 목적이었다. 하지만 장고 끝에 악수 둔다고, 이 법은 오히려 '알 카포네' 같은 악당이 득세하는 계기로 작용해 '세기의 악법'이라는 오명만 홀랑 뒤집어 쓴 채 역사의 뒤안길로 사라지고 말았다.

그렇다면 조선 시대는 어떠했을까? 그 시절에도 미국처럼 금주법 같은 게 있었을까? 역사적으로 볼 때 '음주&가무'를 '존재의 이유'로까지 간주했던 한민족이다 보니 우리는 술에 관한 인식이 비교적 관대한 편이었다. 그럼에도 불구하고 실록을 들여다보면 '금주령'이라는 단어가 마치 깨알 뿌려놓은 것처럼 곳곳에 널려 있음을 쉽게 볼 수 있다. 요컨대, 여러 대에 걸쳐 시도 때도 없이 금주령이 내려졌다는 얘기다.

태종의 금주령

조선의 금주령은 큰 가뭄이 들거나 흉작·기근이 있을 때 주로 내려졌다. 말하자면 서양처럼 인재人災 때문이 아니라 주로 천재天災에 기인한 조치였다는 얘기다. 그러다보니 일정한 기준이 없이 '지 맘 대로'였다는 인상 또한 지울 수 없는 게 사실이다. 이 때문에 마치 성질 급한 가장이 자식들에게 아무 때나 불쑥불쑥 주의를 주듯 다분히 감정적·즉흥적으로 내린 정황 또한 여러 곳에서 감지된다.

〈조선왕조실록〉에 따르면 금주령을 가장 빈번하게 내린 임금은 태종(이방원)이었다. 드라마에서 주로 터프가이 타입들이 배역을 소화한 덕에 '카리스마 리'로까지 인식되고 있는 태종은 거의 연례행사처럼 금주령을 내렸다. 특히, 가뭄이 심한 봄철에는 무슨 기념일이라도 챙기듯 번번이 금주령을 선포하곤 했다. 당시 금주령이 얼마나 즉흥적으로 내려졌으며, 이런 '오락가락 행정'으로 인해 임금 스스로도 얼마나 곤혹스러워했는지는 태종의 다음 푸념을 보면 쉽게 알 수 있다.

"4~5월에 가뭄 때문에 금주령을 내렸는데, 조금 뒤에 비가 오니 경들
은 바로 금주령을 풀라고 조르고……. 심지어 여름철에 약을 먹는데 술
이 없어서는 안 된다는 턱도 없는 이유까지 내세워서 또 조르고……. 그
런 식으로 하면 지금은 어떠한가? 지금은 또 비가 안 오니 금주령을 다
시 내려야 할 순서가 아닌가? 두어 달 동안에 금주령을 내렸다 해제했다
를 반복하니, 이거야 말로 하늘을 속이는 짓이 아니겠는가?"

- 《태종실록》1407년(태종 7년) 6월 18일

영조의 금주령

그런데 이처럼 치고 빠지는 '단
타'에만 머물지 않고 아예 '술과의
전쟁'을 국정 목표로 정해 마지막
순간까지 줄기차게 금주령을 밀어
붙인 '의지의 조선임금'이 한 분 있
었다. 하필이면 재위 기간이 무려
52년이나 되는 영조가 그 주인공

영조 어진

이다. 다 아시다시피 영조는 최장수 임금이라는 타이틀과 최장기간 재위라는 타이틀을 동시에 보유하고 있는 2관왕이다. 이런 임금이 금주령까지 최장 기간(재위 말까지) 밀어붙였으니 애주가들 입장에서는 '걸려도 더럽게 걸렸다'는 푸념이 안 나올 수 없는 것이다.

영조의 이 같은 강경책은 무엇보다 술에 대한 부정적인 인식에 기인한 바가 큰 듯하다. 실제로 1726년(재위 2년) 10월 13일에 한 다음과 같은 유시는 영조가 술에 대해 가지고 있는 인식의 일단을 엿볼 수 있는 좋은 근거가 된다.

"아! 술은 맛이 아름다운 것이 아니라 곧 실로 미치게 하는 약이다."

뭐 그렇다고 영조가 집권 초기부터 "닥치고 금주!"를 외치며 망나니 칼춤 추듯 철퇴를 마구 휘둘러댔는가 하면 그렇지는 않았다. 실록을 보더라도 재위 10년까지는 비교적 자신의 결단 부족을 자책하는 '내 탓이요' 마인드가 충만했었다. 이를테면 내가 헐렁헐렁하니 금주령이 제대로 약발을 받지 못하는 것 아닌가 하는 자책의 염念이 곳곳에서 묻어난다는 얘기다.

그러다가 그 몇 해 뒤부터 불똥은 조정의 대신들에게로 튕겨나갔다. 말하자면 솔선수범해야 할 '윗물'이 말을 코로 듣는 지경이니 '아랫물'도 덩달아 막가는 것 아니냐는, 이른바 '윗물 구정물'론이었다. 하지만 이때까지도 거의 훈계조로 일관하는 모습이었다.

그런데 재위 35~36년 즈음부터 분위기는 급랭 모드로 빠르게 전환되기 시작했다. 윗물과 아랫물을 싸잡아 휘두르는 철퇴 소리로 나라 안을 꽁꽁 얼어붙게 만들었던 것이다. 이 과정에서 많은 주당들이 희생되었다. 더욱이 금주령 위반을 의심받던 남병사 윤구연 같은 이는 영조가 숭례문에 나가 직접 목을 베기까지 했다. 술로 인해 당시 나라 안이 얼마나 살풍경했는지는 재위 39년 6월 23일자 지평(오늘의 법무부 사무관급) 구상의 진언을 통해서도 알 수 있다.

> "금주령을 범한 사람을 일률로 처단하게 한 성의는, 이를 범하는 사람이 절대 없게 하기 위한 것이었습니다. 그러나 이익이 있는 곳에는 아무리 엄중한 법과 형벌을 가하더라도 백성들이 명을 따르지 않는 것인데, 하물며 이것(음주)은 사람을 죽일만한 율이 아닙니다······ (중략) ······청컨대 이제부터 금주령을 범한 무리들은 죽이지 말고 그 죄의 등급에 따라 처단하소서."

구상의 진언에 감동이 자못 컷던지 사관은 이 기사 말미에 다음과 같은 '선풀'을 남겼다.

그즈음 (금주령을) 범하는 사람이 잇달아서 사형을 많이 당해 모두가 두려워 감히 아무도 말하는 사람이 없었지만, 구상이 한 마디 말로 임금을 감화시켜 감률(減律 : 술을 먹은 양에 따라 등급을 나누어 죄를 정하게) 하라는 의논이 있게 하였으니 식자들이 구상을 훌륭히 여겼다.

결론부터 말하면, 영조가 정권의 명운까지 걸고 추진했던 '술과의 전쟁'은 결국 실패로 끝나고 말았다. 술이란 본시 숨겨놓고 먹을 때가 가장 찌릿할 뿐더러 일단 서너 잔만 투여되면 즉각 간이 배 밖으로 외출할 채비부터 갖추는 묘한 음식이기에 원천 봉쇄라는 게 생각처럼 그리 호락호락하지 않았던 것이다. '술에 취하면 나랏님도 없다(醉中無天子)'는 속담이 주정 김에 튀어나온 두부 부스러기 같은 말이 결코 아니라는 얘기다.

금주령의 주인공 영조가 술을?

그렇다면 임기 마지막까지 오로지 '전쟁'만 독려했을 뿐 그 흔한 휴전선언 한 번 하지 않았던 우리의 영조는 재임 기간 내내 술을 단 한 방울도 입에 대지 않았을까? 정말 그랬을까? 지면 관계상 사설은 작파하고, 이 궁금증을 단칼에 풀어줄 귀인貴人 한 사람을 바로 무대 위로 모시도록 하겠다. 바로 '국민 암행어사' 박문수가 그 주인공이다.

'입바른 소리' 잘하기로 소문난 박문수는 임금 앞에서도 거침이 없어 동료들로부터 "맞는 말도 참 싸가지 없게 한다"는 핀잔을 많이 듣던 인물이었다. 실제로 《영조실록》은 그를 일컬어 '어전에서 농담을 잘하는 사람'으로 기록해놓고 있는데, 영조 또한 이런 박문수를 극진히 아껴 사후에 '영의정' 관직을 추증하기까지 했다. 그럼 우리들의 궁금증을 속시원히 풀어줄, 1755년(재위 31년) 4월 17일 조정에서 양자가 나눈 대화 내용이 담긴 'X파일'을 전격 공개하면서 금주령에 관한 이야기는 예서 갈음할까 한다.

> 박문수 : (미소를 지으면서) 신이 긴히 올리고자(進達)하는 말씀이 있으
> 나 전하께서 엄교(嚴敎 : 엄격한 가르침)가 계실까 두려워 감
> 히 말이 나오지 않습니다.
> 영조 : 그처럼 긴히 올리고자 하는 말이라면 내가 어찌 엄교를 하겠는가?
> 박문수 : 노인에게 술은 무익하진 않으나 지나치게 마시면 해가 되니
> 원하건대, 성상에서는 절제해서 마시소서.
> 영조 : 나는 본래 술을 마시지 않는데 지난 번 친국(親鞫 : 임금이 중죄
> 인을 친히 심문) 때는 마음을 진정시킬 수 없어서 조금 마신 일
> 이 있으나 어찌 과음을 했겠는가? 그러나 경의 말이 그러하니

마땅히 깊이 반성하겠다.

뱀발(蛇足) 하나······

영조는 재위 기간 내내 소론 강경파(준소)의 극심한 반정부 투쟁에 시달렸다. 《영조실록》에 따르면, 부글부글 끓던 영조의 분노가 대분출한 건 1755년(영조 31년) 5월 6일이었다. 그해 1월 나주에 민심을 선동하는 괴문서가 나붙고, 나흘 전(5월 2일)엔 괴담안지(상변서)까지 발견되었기 때문이다. 뚜껑이 덜컹 열린 영조는 그날 백관을 이끌고 남대문으로 나갔다. 영조는 누각에 올라 갑옷까지 챙겨 입은 뒤 괴담안지 작성자인 윤혜의 목을 치고 이후 술을 곤죽이 되도록 퍼마셨다.

이날 영조는 윤혜의 잘린 머리를 깃대에 매달게 하고는 난동에 가까운 주사를 부렸다. 승지 채제공 등이 달라붙어 한참이나 이런 영조를 뜯어 말렸다. 한참 뒤 기진맥진한 표정으로 자리를 뜬 영조는 비척비척 소차(임시 장막) 안으로 기어 들어가 큰 대(大) 자로 뻗어버리고 말았다. 영조가 깨어난 건 다음날 아침이었다. 그때까지도 취타는 신나게 울려 퍼지고 있었다. 술이 덜 깨어 꼬질꼬질한 행색으로 몸을 일으킨 영조는 취타를 멈추게 한 다음 갑옷 차림 그대로인 채 비틀비틀 궁궐로 되돌아갔다.

《영조실록》은 이날(1755년 5월 6일) 임금이 보인 난동에 가까운 행각을 퍽 리얼하게 기록해놓고 있다. 요컨대 '본래 술을 마시지 않는데······' 운운한 영조의 변명은 사실상 '뻥'이라는 얘기다. 불과 보름 전(4월 17일) 박문수에게 지적질(?)을 당하고도 또 떡이 되도록 퍼마신 기록이 바로 뒤에 나타나니, 영조는 그즈음 술을 거의 매일 마셨을 것이라고 몰아붙여도 달리 댓거리 할 말이 없지 않을까 싶다.

06
유배, 그리고 사약 이야기

사약 한 사발로는 간에 기별도 안 간 선비가 있었다는데……

유배를 갔다 와야 진정한 벼슬아치?

몇 해 전 조선왕조의 당쟁 이야기를 개인 블러그에 연재한 적이 있었다. 비록 혼자 쓰고 혼자 읽는 수준의 '알량한' 방문자 수를 기록했지만, 끝내고 나니 17개 카테고리의 제법 방대한(?) 분량이 되어 있었다. 그 연재글을 쓰기 직전 블로그 대문에 내 건 머리글은 이렇게 시작되었다.

조선조 벼슬아치 중 역사책에 이름 석 자 올린 인물치고 귀양살이 한 번 안 해본 이가 과연 몇이나 될까? 조선 역사에 관심을 갖게 되면서 가장 먼저 떠올렸던 궁금증 중 하나가 바로 이것이었다. 아닌 게 아니라, 실록에 한 번이라도 이름이 오른 인물치고 귀양살이 혹은 관직삭탈 등의 이유로 한양바닥을 떠나본 적이 없는 이는 실로 찾아보기 어려웠다. 어떤 이는 귀양을 가서야 비로소 세상이 깜짝 놀라는 베스트셀러들을 누에 명주실 뽑아내듯 줄줄 내놓기도 하였는데, 그 대표적인 인물이 다산 정약용이었다.

그렇다면 그들은 무슨 잘못을 그리 많이 저질렀기에 이렇듯 귀양살이를 밥 먹듯 했을까? 이것이 다음으로 떠올리게 된 궁금증이었다. (후략)

그렇다. 지금부터 풀어보려는 이야기는 조선시대의 징벌제도, 그 중에서도 우리가 드라마나 영화 등에서 흔히 접해왔던 유배流配, 그리고 사약賜藥에 얽힌 비하인드 스토리가 되겠다. 자, 그럼 사설은 작파하고, 제비뽑기 순서(?)에 따라 조선시대 선비들이 밥 먹듯 해왔던 유배 이야기부터 바로 시작해보도록 하자.

'한국형 유배의 토착화'를 이룬 세종

유배(流配, 일명 귀양살이)란 죄인을 먼 곳으로 추방하는 걸 말한다. 이건 사형死刑, 도형(徒刑 : 강제노역), 장형(杖刑 : 60대~100대 곤장형), 태형(笞刑 : 10대~50대 곤장형)과 더불어 5형의 하나이기에 '유형流刑'으로도 불린다. 이 유배형은 오늘의 '징역형'과 괘를 같이 하는 측면이 많다. 단지 "저놈 당장 처넣어!"(현재)와 "저놈 당장 쫓아내!"(조선시대) 정도의 차이만 있을 뿐…….

그렇다면, 당시 조정에서는 죄인을 어느 정도 먼 곳으로 쫓아내야 나름 벌 좀 줬다고 생각했을까? 조선조 초기까지만 해도 유배는 죄의 가볍고 무거움에 따라 2천리 밖, 2천 5백리 밖, 3천리 밖의 세 종류가 적용되었다. 당시엔 중국의 형벌기준을 '날로' 가져와 우려먹는 식이었는데, 유배형에 대한 형벌 기준 또한 마찬가지였다.

한데, 이렇게 정하고 나니 딱 걸리는 문제가 하나 있었다. 만약 3천리 형을 언도했을 경우 도대체 어디로 보내야 이 기준에 충족되는지…… 하는 문제가 대두됐던 것이다. '진주라 천릿길'이라는 노래가사에서도 유추할 수 있듯이, 서울에서 남쪽 끝자락 진주까지의 거리가 고작(?) '천 리' 정도다. 이렇듯 죄인을 남쪽 끝까지 쫓아내봐야 고작 '천 리' 남짓할 따름인데 어떻게 '3천리 밖' 유배가 가능하겠냐 하는 신하들의 '딴지걸기'가 잇따랐던 것이다.

또 우리나라를 일컬어 언필칭 '삼천리 금수강산'이라고 하는데, 여기서 '3천리'는 남쪽 땅끝에서 북쪽 땅끝까지의 거리를 어림잡은 것이다. 따라서 서울을 기점으로 할 때 죄인을 남과 북 어느 쪽으로 보내도 2천리가 채 되지 않는 게 현실이었다. 하여, 서울에서 '3천리 밖'으로 유배 가기 위해서는 비자 발급받고 중국 땅까지 '원정유배'를 가야 한다는 우스꽝스러운 결론이 나오게 되는 것이다.

  뒤늦게 이 나라가 정말 손바닥만 하다는 사실을 통감한 '국민임금' 세종은 유배형의 기준을 우리 실정에 맞게 즉각 뜯어고쳤다. 즉 2000리는 600리 밖 '해변마을', 2500리는 750리 밖 '해변마을', 3000리는 900리 밖 '해변마을' 하는 식으로 말이다. 말하자면 '한국적 유배형의 토착화'랄까……. 하지만 기존 유배 거리가 법률적, 문서적으로 이렇게 변경된 건 아니었다. 형을 내릴 땐 여전히 2000리, 2500리, 3000리로 선고하더라도, 이를 집행할 때 600리 밖, 750리 밖, 990리 밖 '해변마을'로 변환해 적용했다는 얘기다.

추사 김정희의 제주도 유배지

물론 예외는 있었다. 이를테면 임금에게 '꽉 찍힌' 범죄자는 3000 리형이 그대로 적용되었는데, 이 경우는 주로 '돌고 돌아가는 길'을 택했다. 일례로 정조 때 횡령죄를 저지른 김약행이 그런 경우라 하겠는데, 한양을 출발한 '김약행 유배단'은 일단 기장(부산)까지 한~참을 내려갔다가 동해안을 따라 또 한~참을 올라가 함경도 단천 땅에서 비로소 여장(?)을 풀었다. 이쯤 되면 유배라기보다 차라리 국토대장정이었다.

또 당시 유배 가는 죄인에게는 '반드시' 곤장 100백 대가 부과되었다고 한다. 한마디로 그냥 내쫓는 게 아니라 실컷 두들겨 팬 뒤에 내쫓았다는 얘기다. 그렇다면 '반드시'에 대한 예외는 없었을까? 그럴 리가 없다. 당연히 있었다. '매 값'을 돈으로 때우면 됐다. 쉽게 말하면 오늘날 '보석금' 제도라는 게 있듯이, 조선시대에도 일정액의 벌금을 '매 값'으로 지불하면 '빳다' 100대는 면하게 해주었다는 얘기다. 이걸 전문용어로 '속전贖錢'이라 했다. 그야말로, 조선판 유전무장有錢無杖 무전유장無錢有杖이었던 셈인데, 후자의 대표적인 희생자는 정조 때 자기 집을 천주교회(명례방공동체)로 제공했다가 유배형에 처해진 김범우였다. 김범우는 '빳다' 100대를 맞고 유배지인 단양으로 갔는데, 그곳에서 장독이 올라 결국 숨을 거두고 말았다.

유배의 종류에는 어떤 것들이?

유배지까지의 운송수단은 주로 말이었다. 드라마 같은 데서는 간혹 가마를 타고 폼나게 가는 경우도 있는데, 이는 엄연히 불법이었다. 말하자면 국가에서 지정해준 공용 지프가 아니라 고급 외제 '대포차'를 이용한 격이라고나 할까.

아무튼, 말까지 제공받고 우여곡절 끝에 유배지까지 갔다고 치자. 그럼 유배지에 도착하고 난 후엔 또 어떤 대접을 받았을까? 죄인이 유배지에 도착하면 일단 해당 고을 수령이 제반 사항을 관장하기 시작한다. 경우야 어찌 됐든 자기 행정구역에 들어온 '신규전입자'였기 때문이다. 여기서 필연적으로 '범털'과 '개털'에 대한 차별대우가 발생한다. 예컨대 중앙에서 좀 놀았고 여전히 막강한 인맥이 있어 유배 뒤 다시 실세로 부각될 가능성이 있는 죄인은 '범털'로 분류되어 나름 융숭한(?) 대접을, 그 반대인 경우는 '개털'로 분류되어 딱 개에 준하는(?) 대접을 받았다. 누가 가르쳐 줘서가 아니라 순전히 '동물적인 감각'에 의거한 차별이었다.

그럼, 유배지에서 자유는 어느 정도 보장되었을까? 죄인들은 대체로 유배지의 범위 안에서 별다른 구속을 받지 않았다. 이를 정배定配라고 한다. 정배에는 유기정배, 무기정배, 원지정배, 절도(외딴

섬)정배 등이 있었다. 하지만 안치安置의 경우는 많이 달랐다. 그곳에서 다시 거주제한을 받았기 때문이다. 주로 하급관리나 서민은 해당되지 않고 왕족이나 고위관리 등에게만 적용한 유배형이 안치였는데, 부모 및 결혼한 자녀와의 상봉은 허락되었지만 처와 첩, 결혼하지 않은 자녀와의 동거는 하락되지 않았다. '유배지 속의 유배' 안치安置의 종류에는 다음과 같은 것들이 있었다.

① 절도안치絶島安置 : 본인 혼자 육지에서 멀리 떨어진 섬에서 유형생활을 치르도록 하는 중죄인의 안치.

② 위리안치圍籬安置 또는 가극안치加棘安置 : 본인의 거주지를 제한하기 위해 집 둘레에 울타리를 둘러치거나 탱자나무 가시덤불로 싸서 외인의 출입을 금한 중죄인의 안치.

③ 천극안치栫棘安置 : 위리안치된 죄인이 기거하는 방 둘레에 다시 탱자나무 가시를 둘러쳐 햇빛을 보지 못하도록 하는 것으로, 위리안치보다 무거운 형벌이었다.

④ 가극안치加棘安置 : 천극안치보다 더 심한 형벌로 가시 울타리를 더 친다는 뜻이다.

⑤ 본향안치本鄕安置 :본인의 고향에서만 유배생활을 하도록 하는 가벼운 죄인의 안치 등이다.

여기서 우리 눈에 가장 익은 안치는 위리안치인데, 이 형벌에 해당하는 죄인은 주로 가시가 있는 탱자나무가 많은 전라도 연해의 섬으로 보냈다. 그러나 안치 이외의 유배형은 대개 그곳 주민과 어울려 사는 것을 묵인하기도 하고, 가족 또는 제자를 데려가게 해주기도 했다.

임금의 하해와 같은 은총, 사약

이번엔 사약賜藥이다. 텔레비전 사극, 특히 장희빈을 주인공으로 내세운 드라마에서 늘상 보아온 이 사약은 임금이 하사하는 극약이다. 주로 왕족 또는 사대부가 죄를 지었을 때 그들의 '소셜 포지션(Social position ; 사회적 지위)'을 감안해 교수(絞首 : 목을 매달아 죽이는 것)나 참수(斬首 : 목을 베어 죽이는 것) 대신 사약을 마시게 했던 것이다.

사실 지금 우리가 생각할 땐 이렇게 죽나 저렇게 죽나 죽는 건 매한가지 아닌가, 싶을 수 있다. 하지만 당시에는 죄질에 따라 이 또

한 엄격한 차별을 두었다. 목을 매달아 죽이는 교수형은 신체라도 온전히 보전할 수 있었기에 목을 몸통에서 분리시키는 참수형이 자연 더 가혹한 형벌이었다. 물론 이보다 더 가혹한 형벌로 반역자나 대역죄인에게 적용되는 능지처참(죄인의 머리를 베도록 한 뒤 시신의 몸, 팔다리를 토막 쳐서 전국의 각지에 돌려보내어 만백성들이 오래오래 깔보게 하는 형벌)도 있었지만······.

여기에 비하면 사약은 그야말로 격조있는 사형제도였다. 있는 '개폼', 없는 '개폼' 다 잡으며 상처 하나 없는 상태에서 깔끔하게(?) 갈 수 있었으니 말이다. 말하자면, 명색이 왕족이나 사대부인데 비록 죽더라도 좀 더 폼나게 죽어야 하지 않겠냐는 임금님의 '하해와 같은' 배려에서 비롯된, '교과서'에도 없는 사형제도였다는 얘기다.

사약을 내릴 때의 절차는 대충 이러했다. 먼저 의금부 금부도사(왕명을 받아 형을 집행)가 내의원에서 조제한 사약을 받아들고 죄인이 있는 유배지로 간다. 유배지 거처에 도착한 금부도사는 죄인을 불러내 임금의 교지를 읽고, 같은 시간 나졸들은 부엌으로 달려가 아궁이에 군불을 지피기 시작한다. 그리고 온돌이 절절 끓기 시작하면 식순에 따라 죄인은 임금이 있는 곳을 향해 절을 네 번 한다. 사약을 내려준 데 대한 감사(?)의 표시다. 다음으로, 무릎을 꿇은 채 사약을 주욱 들이켠다. 그리고는 절절 끓는 온돌방으로 들어간다.

열을 받아야 사약이 몸에 빨리 퍼지기 때문이다. 그렇게 30분쯤 기다리고 있으면 죄인은 서서히 세상과 하직하게 된다.

송시열은 사약체질?

사약의 재료로는 주로 비소, 생금, 수은이 사용되었는데, 만약 사약을 마시고도 숨이 끊어지지 않으면 나졸들이 활줄 같은 것으로 목을 졸라 죽이기도 했다. 하지만 사약의 '약발'이 어떠했는지는 알 길이 없다. 현존하는 인물 중엔 그걸 먹어본 사람이 없기 때문이다. 다만 각종 문헌을 종합하면, 그 '약발'은 사람에 따라, 혹은 체질에 따라 많이 달랐다고 한다. 이를테면 드라마에서의 장희빈처럼 국물(?)이 목구멍을 채 넘어가기도 전에 피를 토하며 나자빠지는 '오버액션'형이 있는가 하면, 여러 그릇을 받아 마시고도 '기별'이 안 간다며 눈만 말똥거려 금부도사를 당혹스럽게 하는 경우도 있었다는 것이다.

후자에 해당되는 대표적인 인물로, 조선조 성리학의 대가 우암 송시열이 꼽힌다. 아는 분은 아시겠지만, 송시열은 효종~숙종 시절 임금에 버금가는 막강 파워를 과시했던 '집권여당(노론)'의 본좌로서,

'조선은 송시열의 나라'라는 말이 회자될 정도로 정치계와 사상계를 쥐락펴락했던 거목이다. 이 송시열이 숙종 시절 남인과의 파워 게임에서 패하고 제주도로 유배 갔다가 국문(鞠問-왕의 명령에 의하여 국청에서 범인을 심문)을 받기 위해 서울로 돌아오던 중 정읍 땅에서 금부도사와 맞닥뜨리게 되었다. 서인세력에서 조직적인 반발 움직임이 감지되자 숙종이 서둘러 사약을 내렸던 것이다.

식순에 따라 먼저 금부도사가 낭랑한 음성으로 교지를 '대독'했다. 이어서 송시열이 서울 쪽을 향해 절을 네 번 올려붙였다. 이렇게 얼추 의식이 끝나자 송시열에게 사약 한 사발이 제공되었다. 송시열은 이 약사발을 '원샷'으로 단숨에 비워냈다. 한데 아무런 기별이 없었다. 당황한 금부도사가 여분으로 준비해간 사약을 또 한 사발 대접(?)해 올렸다. 또 다시 '원샷'……. 그러나 이번에도 기별이 오지 않았다.

우암 송시열 영정

당황한 금부도사는 이제 식은땀까지 비질비질 흘리

며 제발 죽어주십사 애원하기 시작했다. 워낙 거물이었던지라 활줄을 사용할 수도 없는 상황이었다. 송시열은 사약의 빠른 흡수를 위해 입천장까지 긁어내는 '응급조치'를 한 다음 세 번째 약사발을 들이켰다. 그리고는 얼마 뒤 비로소 눈을 감게 되었다. 당시 그의 나이 83세였다.

뱀발(蛇足) 하나……

이와 반대되는 기록도 '당연히' 있다. 윤선거(송시열의 제자이자 정적인 윤증의 아버지)의 제자 나양좌(소론)는 '명촌잡록明村雜錄'에서 "이에 송시열은 계교가 궁하자 다리를 뻗고 바로 드러누웠다. 도사가 약을 재촉했으나 끝내 마시지 않으므로 약을 든 사람이 손으로 입을 벌리고 약을 부었는데 한 그릇 반이 지나지 못해 죽었다"라고 기록해놓고 있다. 자신이 속한 당파黨派에 따라 한 가지 사안을 보는 시각도 이렇게 달라지는 것이다.

07

조선시대 신문고는 누가 울렸을까?

누구나 맘대로 신문고를 두드려?
어림 반 푼어치도 없는 소리 말어!
신문고 격고의 진실!!

대한민국은 민원공화국?

몇 해 전, 모 언론매체에는 좀 황당한 기사가 하나 실렸다. '20년 전 군복무 중 군 차량에 부딪쳐 머리를 다쳤던 김 모 씨가 국가유공자 지정을 요청했다가 무산되자 6년간에 걸쳐 국민권익위원회에 4,300여 차례의 민원을 제기했다'는 것이다. 얼핏 셈을 해봐도 매일 2건 정도의 민원을 6년 동안 하루도 빠짐없이 제기한 꼴이니, 이 사람 가히 '민원의 종결자'라 불러도 손색없을 만치 '징한' 인물이다.

물론, 이 정도까진 아니지만 '민원공화국'으로 불리는 우리나라에

는 '반복민원 제기'를 일생의 낙(?)으로 삼는 '고수'들이 꽤 많다. 이
들의 공통점은 하나같이 '도대체 남의 말은 코로 듣는다'는 것이다.
해당 관청에서 미주알고주알 아무리 설명을 잘 해줘도 그야말로 '말
(馬)귀에 염불 읽기'가 될 따름이다.

이들에겐 공통점도 하나 있다. 자기 주장이 받아들여지지 않는
경우 해당 관청에 마치 최후통첩하듯 다음과 같은 '공갈포'를 이구
동성으로 날려 보낸다는 것이다.

　　"정 그렇다면 이제 청와대에 올리는 수밖에 없다."

아닌 게 아니라, 대~한
민국의 많은 민원인들에게
청와대는 대통령 집무실이
라기보다 숫제 '해결사들
의 합숙소' 같은 데라는 인
식이 더 팽배해져 있는 게
사실이다. 실제로 청와대 홈페이지에 들어가면 '국민 여러분의 작은
소리도 소중하게 귀 기울이겠습니다'라는 문구와 함께 '국민신문고'
라는 코너도 별도로 마련되어 있다. 여기에 민원을 제기하면 나름
신속히 처리되는데다 '약발' 또한 타 부처에 비해 센 편이다. 대상

민원에 대한 제한 같은 것도 거의 없다.

다들 아시겠지만, 이 청와대 신문고는 조선시대의 신문고 제도를 본 뜬 것이다. 그렇다면 민원상달의 원조 격인 조선시대 신문고는 어떻게 운영되었을까? 오늘날의 청와대 신문고처럼 누구나 참여 가능하고, 처리기간도 빠르고, 대상 민원에 대한 제한도 거의 없었을까? 과연 그랬을까? 자, 그럼 이제부터 조선시대 신문고 제도의 '민낯'을 함께 들여다보기로 하자.

성질 급한 놈 죽기 딱 좋은 이용절차

신문고申聞鼓는 조선 3대 임금 태종(이방원)이 송나라 '등문고登聞鼓'를 벤치마킹해 1401년부터 대궐 밖에 달아두었던 큰북을 말한다. 원통하고 억울한 일이 있는 백성은 누구나 거주하는 지방 관청에 그 원통함을 고하고, 그 관청에서 이를 받아들이지 않을 경우 큰북(신문고)을 두드려 임금에게 직접 호소토록 하는 '민의상달'의 대표적인 제도였다.

하지만 그 절차는 '원스톱서비스'가 대세인 요즘 시각에서 볼 때

상상을 초월할 정도로 번거로웠다. 먼저, 억울하고 원통한 일이 있는 사람은 일단 고을 원님(시장·군수)을 찾아가 억울함을 호소하고 이에 대한 '확인서'를 받아야 했다. 그런 다음 이번에는 관찰사(도지사)를 찾아가 다시 억울함을 '리바이벌' 하고, 또 '확인서'를 받아야 했다.

이렇게 구비서류(민원서류와 확인서 2장)를 준비하고 나면 다시 서울의 사헌부를 찾아가 지참한 민원서류를 제출하고 '확인서' 한 장을 더 받아야 했다. 한두 달 동안 '뒤 볼 새 없이' 뛰어다니며 이렇게 '확인서' 3장을 모두 받아든 뒤에야 비로소 신문고를 관장하는 의금부로 향할 수 있었던 것이다.

그렇다면 의금부에서는 어땠을까? 의금부에서는 곧바로 신문고를 두드릴 수 있게 해주었을까? 천만의 말씀 만만의 콩떡이다. 민원인이 의금부에 '확인서' 3장을 제출하면 이번에는 '확인서'의 진위 여부를 확인하는 절차가 기다리고 있었다. 전화나 팩스가 없던 시절이므로 진위 여부를 확인하는 작업도 발로 뛰며 하는 수밖에 없었다. 결국 의정부 관리가 '확인서' 3장을 챙겨 들고 고을 원님과 관찰사를 만나러 긴 장도에 올라야 했다. 이게 또 줄잡아도 한두 달은 걸리는 절차였다. 만약 민원인의 거주지가 전라남도 고흥이나 제주도라면 몇 달이 걸릴지 가늠조차 할 수 없는 절차가 되는 것이다.

신문고를 두드릴 수 있는 일 VS 두드릴 수 없는 일

이렇게 우여곡절을 겪으며 '짜가' 여부까지 모두 확인받고 나면 그제서야 비로소 누구든지 바로 신문고를 두드릴 수 있었……을까? 안타깝게도 이 또한 천만의 말씀 만만의 콩떡이다. 신문고를 두드릴 수 있는 '억울함'의 종류는 극히 한정된 몇 가지로 정해져 있었기 때문이다.

《속대전續大典》에 따르면 신문고를 두드릴 수 있는 그 '몇 가지'는, ① 자기 자신에 관한 일, ② 친자 확인을 요구하는 일, ③ 정실인지 첩인지 구분하는 일, ④ 양인인지 천민인지 구분하는 일 등 4건사四件事와, ⑤ 자손이 조상을 위하는 일, ⑥ 아내가 남편을 위하는 일, ⑦ 아우가 형을 위하는 일, ⑧ 노비가 주인을 위하는 일 등에 국한되었다.

만약에 하급 관리나 종놈이 그의 상관이나 주인을 고발한다던가, 지방 관리와 백성 등이 관찰사나 수령을 고발하는 경우, 타인을 매수하고 사주해 고발케 하는 경우와 무고誣告한 경우 등은 격고자(擊鼓者: 북을 친 자)를 '개 패듯 패서' 내쫓아 버렸다. 요컨대, 실제로 접근이 용이한 수도권의 하급관리 등 특정부류에게만 이용이 가능한 제도였을 뿐, 지방의 무지렁이 민초들에겐 사실상 '그림의 떡' 같은 게 신문고 제도였다는 얘기다.

게다가, 많은 관리들은 관내 민초들이 가급적 신문고를 울리지
못하도록 훼방을 놓기 일쑤였다. 자기 관할 지역에서 민원이 자꾸
발생하면 좋을 게 없었기 때문이다. 요즘으로 치면 온라인 민원서
비스가 한나절 걸려야 겨우 접속 가능하도록 서버를 조작해놓는다
던가, ARS 전화의 반복되는 기계음 소리에 질려 지레 민원신청을
포기하도록 만드는 격이었다고나 할까⋯⋯.

아무튼, 조선시대 신문고는 자판 몇 번 토닥거리고 클릭 서너 번
하면 간단히 접수되는 오늘의 신문고와 비교할 때 참으로 '조선스럽
다'는 비아냥을 면키 어려운 것이었다. 절로 욕설을 부르는 까다로
운 처리절차와 '야! 안돼에~'가 태반인 서비스목록만 놓고 보더라도
그렇다.

하지만, 비록 그렇다손 치더라도 중세 봉건왕조시대에 만인지상
의 절대권력자가 힘없는 민초들의 목소리를 직접 들으려 나름 애썼
다는 점, 이 충정 하나만큼은 높이 사줄 수 있는 제도가 신문고였
다는 사실마저 부인하기는 어렵지 않을까?

구중궁궐 안도 사람들이 살아가는 장소임에는 틀림없다.

그곳에서도 우리네와 마찬가지로

갖가지 이야기가 펼쳐지고 말 못한 사연들이 휩쓸고 지나간다.

이제 궁중에서 있었던 인간미 넘치는

뒷이야기 속으로 들어가 보자.

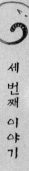

세 번째 이야기

조선의
궁중 뒷이야기

01
'국민임금' 세종의 불편한 진실들

당신은 말쑥한 몸매에 스마트한 인상의
세종을 상상하고 계신 건 아닙니까?

'국민임금' 세종의 날렵한 몸매?

신성일, 안성기, 한석규, 김상경, 송중기……. 모르면 간첩 소리 듣는다는, 아니 이젠 간첩들도 다 안다는 대~한민국 톱클래스의 스타 연기자들이다. 그런데 이들에게는 스타 연기자라는 점 외에 또 다른 공통점이 있다. 그게 뭘까? 가장 먼저 꼽을 수 있는 건, 이들이 영화나 TV에서 '국민임금' 세종 역을 맡았던 연기자들이라는 점이다. 다음으로는, 하나같이 준수한 - 혹은 '꽃미남'으로 불리는 - 용모에 군더더기 하나 없는 미끈한(?) 체형의 소유자들이라는 점이다.

이런 스타 연기자들로 인해 많은 국민들은 세종의 실제 체형 또한 이들처럼 미끈했을 거라고 믿기 십상이다. 하긴, 영릉에 보관되어 있는 세종의 어진(御眞, 임금 초상화)을 보더라도 이 같은 믿음이 아주 뜬금없다는 느낌은 주지 않는 게 사실이다. 하지만 영릉의 어진은 불과 20여 년 전에 만들어진 것이라서 세종의 실제 모습을 파악하기에 적합지 않다. 그 어진은 고증에 의해 만들어진 게 아니라 '해동 요순'으로 회자되는 세종의 이미지를 고려해 화가가 창작해낸 '작품'인 것이다.

그렇다면 세종의 실제 체형은 어떠했을까? 실제 체형도 드라마나 어진에서처럼 호리호리하고 '간지나는' 스타일이었을까? 아니다. 전혀 그렇지 않다. 〈조선왕조실록〉에 따르면 세종은 뭇 팬(?)들의 기대에 찬물을 양동이째 끼얹을 정도로 충격적인 체형을 갖고 있었다. 한마디로 앞에 나열한 연기자들처럼 호리호리한 몸매가 아니라 젊은 시절부터 상당히 뚱뚱한 몸집의 소유자였다는 얘기다.

1418년(세종 즉위년) 10월 9일자 《세종실록》에 따르면, 아버지인 태종 이방원은 일찍이 정부와 육조에 다음과 같은 유시를 내린 적이 있었다.

"주상은 사냥을 좋아하지 않으시나, 몸이 비중肥重하시니 때때로 나와 노니셔서 몸을 존절히 하셔야 하겠으며, 또 문과 무에 어느 하나를 편벽되이 폐할 수는 없은즉, 나는 장차 주상과 더불어 무사를 강습하려 한다."

쉽게 풀면, "세종이 태생적으로 꼼지락대는 걸 싫어하는 체질이지만, 몸이 비중肥重하니만큼 더 이상 '방콕'만 하지 말고 앞으로는 이 애비와 함께 사냥을 다니면서 군사 훈련도 좀 익혀야 할 것이야" 하는 말씀이다. 여기서 밑줄 좍 그을 대목은 '비중肥重'이라는 단어다. 다 아시다시피, '비중'하다는 건 사전적 정의로 '살쪄서 무겁다'는 의미다. 요컨대, 아버지가 그 건강을 심히 염려해야 할 정도로 당시 세종의 몸은 살이 디룩디룩 쪄서 무거운 상태였다는 것이다.

병을 달고 살던 세종

이처럼 살쪄서 무거운 몸집(한마디로 '뚱보')의 소유자다 보니 세종은 재임 기간 내내 '온갖 잡병'에 시달려야 했다. 특히 즉위 18년 이후부터는 여러 합병증 때문에 정상적으로 국사를 볼 수 없는 지경에까지 이르렀다. 1439년(세종21) 6월 21일 도승지 김돈과 여러 승지들을 불러 앉힌 자리에서 세종이 털어놓은 다음과 같은 넋두리는 당시 그가 얼마나 다양한 질병에 노출되어 있었는지를 적나라하게 보여준다.

"내가 젊어서부터 한쪽 다리가 디지게(치우치게) 아프다가 10여 년에 이르러 조금 나았는데, 또 등에 부종으로 아픈 적이 오래다. 아프기 시작하면 마음대로 돌아눕지도 못해 그 고통을 참을 수가 없다……(중략)……또 소갈증(당뇨병)을 앓은 지도 열 서너 해가 되었다. 그러나 이제는 조금 나았다. 지난해 여름에 또 임질을 앓아 오래 정사를 보지 못하다가 가을, 겨울에 이르니 조금 나아졌다. 지난봄 무예를 강습한 뒤에는 왼쪽 눈이 아파 안막을 가리기까지 하고, 오른쪽 눈도 함께 어두워져서 한 걸음 사이에서도 사람이 있는 건 알겠지만 도대체 누구인지를 알지 못하겠으니, 지난봄에 무예 한 것을 후회한다. 이건 뭐 한 가지 병이 겨우 나으면 또 한 가지 병이 생기고 하는 식이니 나의 몸이 너무 늙고 쇠약해진 것 같다."

현대 의학에서도 그 연관성이 입증되었지만, 비만인들에게 부록처럼 따라다니는 질병이 당뇨병이다. 기록에 따르면 몸이 '비중肥重'했던 세종 역시 즉위 얼마 뒤부터 당뇨병을 앓기 시작했다. 또 당뇨병이 오래 진행되다보니 언젠가부터 세종은 각종 합병증에도 시달리게 되었다.

'인체도'를 떠올리며 세종의 신체를 위에서부터 죽 훑어보면, 우선 왼쪽 눈이 안막을 가리고 오른쪽 눈은 '한 걸음 사이에서도 누구인지 알지 못할' 정도로 시력이 형편없었다. 실제로 즉위 18년 이후에는 독서가 거의 불가능할 지경으로 근시가 심해졌다 한다. 인체도에서 조금 아래로 내려오면, 세종은 등창이 도져서 돌아누울 수 없을 정도로 심한 고통을 느꼈다. 그런가 하면, 한쪽 다리가 '치우치게' 아픈 각기병 증세에도 무려 10여 년간이나 시달려야 했다.

세종에게 심지어 이런 병까지?

그런데 더욱 치명적이고 좀처럼 믿기지 않는 사실은 세종이 그즈음 임질까지 앓고 있었다는 것이다. 잘 아시다시피 임질은 삐리리를 통해 전파되는 성병의 일종이다. 세종의 샘솟는 정력이야 후세의 사가들도 인정하는 바이지만, 아무리 그렇다손 치더라도 '국민임금'이 성병까지 걸려 한동안 정사에서 손을 떼다시피 했다는 대목에 이르러서는 뭇 팬들이 죄다 '안티'로 돌아서지나 않을까 두려워지기조차 한다.

더욱이, 세종이 야밤에 홍등가 언저리를 배회했다는 기록 같은 건 눈을 씻고 봐도 없는 만큼 그 병은 필시 함께 삐리리 했던 궁궐 내 누군가에 의해 옮겨졌다고 봐야 하는데, 임금과의 '하룻밤 풋사랑'을 위해선 엄격한 신원조회와 갖가지 '아니꼽고 치사한' 검증 과정을 다 거치던 시대에 '우째 이런 일'이 발생할 수 있었는지, 아무리 머리통을 굴려 봐도 쉬 납득이 가지 않는 것 또한 사실이다. 그러고도 관할 '보건소장'의 모가지가 온전히 붙어 있을 수 있었는지…….

어쨌든, 세종은 재래장터 약장수식 버전으로 하면 "왼눈은 안질~ 오른눈은 근시~ 등짝에는 등창~ 다리에는 각기병~ 거기에는 그거~" 등 신체 어느 한 곳도 온전한 데가 없을 정도로 총체적 부실덩어리였으며, 재임 후반기에는 앉아서 업무 보는 것조차 불가능할 정도였다고 한다. 그야말로 '걸어 다니는 종합병동'이었던 셈이다.

그렇다면 '국민임금' 세종은 왜, 어떤 이유로 세상이 알아주는 '국민약골'이 되면서 '걸어 다니는 종합병동'이라는 오명을 뒤집어써야 했던 걸까? 세종의 몸이 이렇듯 총체적 부실덩어리가 된 이유로는 무엇보다 초인적인 정신력으로 국사에 매진했던 그의 남다른 애국위민 정신이 꼽힐 것이다. 하지만, 각종 기록에 의하면 '적절치 못한' 생활 습관도 비교적 큰 몫으로 작용했던 듯하다.

바른생활 임금님?

얼마 전 과일 이름을 딴 한 유명 SNS 메신저를 살피다가 '색돌이'로 소문난 한 녀석이 올린 문자(상황)메시지를 보고 실소한 적이 있다. "머든지 즐겁게 먹으면서 살자"는 내용이었는데, 그 순간 뜬금없이 세종이 떠올랐기 때문이다. 한마디로 세종이야말로 '머든지 즐겁게 먹으면서 산' 대표적인 임금이었다. 우선 그는 식욕이 왕성한 대식가로 명성이 자자했다. 특히, 젊었을 때부터 육고기가 아니면 밥을 먹지 못했다는 기록이 곳곳에 남아 있을 정도로 '육고기 마니아'였다. 1420년(세종2) 8월 29일 벼농사 현장을 살피다가 점심상(낮수라)을 받은 상왕 태종은 식사 도중 자못 착잡한 표정으로 동석한 원숙에게 다음과 같이 말했다.

> "주상이 젊어서부터 고기가 아니면 밥을 먹지 못했으니, 이제 초상을 당해 소찬(고기 없는 반찬)한 지가 이미 오래되었으니 내가 어찌 어여삐(안쓰럽게) 보지 않을 수 있겠는가?"

그런가 하면 1422년(세종4) 9월 21일 대소신료들은 계비의 사망으로 상심해있는 세종에게 다음과 같이, 자못 심금까지 울리는 절절한 청을 올리기도 했다.

"졸곡(상 당한 지 30일) 뒤에
도 오히려 소선(素膳 : 고기 없
는 식사)을 하시어, 성체가 파
리하고 검게 되어 여러 신하
들이 바라보고 놀랍게 생각하
지 않는 사람이 없습니다. 또

임금의 간식 〈낮곁상〉

전하께서 평일에 육식이 아니면 수라를 들지 못하시는 터인데, 이제 소
선한 지도 이미 오래되어, 병환이 나실까 염려되나이다."

그깟 육고기 한 달 안 먹었다고 "성채가 파리하고 검게 되어…"
운운하며 '오버짓'을 하는 대신들의 '알랑방귀'가 '썩소'를 자아내게
하지만, 어쨌든 가뜩이나 '방콕' 체질인 데다 이처럼 세상이 다 알
정도로 매 끼니마다 육고기를 '폭풍 흡입'하는 세종이었으니, 기실
비만체형이 된 건 어쩌면 당연한 수순이라 할 수 있었던 것이다. 더
욱이 조선 시대엔 임금들에게 매일 다섯 번(이른 아침과 늦은 밤 등에 제
공되는 간식 포함)의 식사(수라)가 제공되었으니 현대 의학적 측면에서
보더라도 세종은 비만, 당뇨병 등 각종 성인병을 일찌감치 예약해
둔 것이나 마찬가지였다.

또 하나, 세종은 식욕 못지않게 왕성한 성욕의 소유자이기도 했
다. 몇 해 전 구라 깨나 친다는 한 개그맨이 지상파 건강오락 프로

그램에서 '정자왕'으로 등극한 뒤 세상 다 얻은 듯 득의만면 하는 장면을 본 적 있는데, 세종이야말로 그 원조 격이라 할 수 있었다. 세종은 재임 시 모두 6명의 부인을 두었다. 그리고 그 부인들 사이에서 낳은 자식 수가 무려 18남 4녀였다. 그런데 더욱 눈길을 끄는 건 그 여섯 명의 부인 중에서 자식을 낳지 못한 부인은 단 한 명도 없었다는 사실이다. 그야말로 '원샷 원킬'의 가공할 '골 결정력'이었다고나 할까⋯⋯.

① 소헌왕후 : 8남 2녀
② 영빈 강 씨 : 1남
③ 신빈 김 씨 : 6남
④ 혜빈 양 씨 : 3남
⑤ 숙원 이 씨 : 1녀
⑥ 상침 송 씨 : 1녀

이 중 첫째 부인, 즉 중전과의 삐리리는 어의가 지정해준 날 밤에 상궁들이 옆방에서 귀를 쫑긋 세우고 비상 대기하는 엽기적 상황에서 펼치는 '국가적 행사'인 까닭에 역대 임금 대부분이 떨떠름해 했지만, 세종은 이런 '행사'까지 마다않고 열심히 뛰어(?) 무려 10명의 자식을 생산해냈다.

그렇다면 세종이 갖은 질병에 시달리면서도 이렇듯 '정력의 화신'으로 등극할 수 있었던 요인은 무엇이었을까? 여러 이유가 있겠지만, 야사에는 당시 세종이 즐겨 들었던 '흰 수탉의 고환'에 비결이 숨어있다는 기록도 있다. 세종이 즉위 초 당뇨병으로 고생할 때 어의御醫가 수라간에 흰 수탉과 양고기를 고아서 장복하게 할 것을 당부했는데, 이 '흰 수탉의 고환'이 바로 '남자한테 참 좋은데 어떻게 설명할 방법이 없는' 탁월한 정력제였다는 얘기다. 믿거나 말거나지만……

세종이 조금만 더 오래 살았더라면

저 유명한 프랑스의 사상가 파스칼은 그의 수상록 〈팡세〉에서 "클레오파트라의 코, 그것이 조금만 낮았더라면 지구의 모든 표면은 변했을 것이다."라고 말했다. 요컨대 그녀의 외모가 조금만 덜 매력적이었어도 같은 편끼리 "너 죽고 나 살자" 엉겨 붙는 볼썽사나운 사태가 발생하지 않아 역사는 사뭇 다른 방향으로 흘러갈 수 있었을 거라는 얘기다.

같은 논리로, 세종의 건강 상태가 조금만 더 양호했더라면 조선의 역사 또한 전혀 다른 궤적을 그리며 흘러왔을지도 모를 일이다. 그가 '종합병동'인 몸으로 '대~충' 쌓은 치적만으로도 이 같은 주장은 설득력을 갖기에 모자람이 없다. 따라서 세종이 재임 말년에 여러 합병증으로 고통스런 나날을 보내고, 한창 일할 나이에 세상을 떠난 건 백성들에게 일종의 '재앙'일 수 있었다.

만약 세종이 아버지의 말씀을 귀담아 들어 재임 초반부터 사냥 등으로 '식스 팩' 몸매 만들기에 좀 더 정진했더라면, 또한 세종의 옆에 허준 같은 명의가 있어 - 아니면 허준이 차라리 세종 때 활약해서 - 그의 건강과 생활패턴을 좀 더 살뜰히 챙겨드렸더라면 이후의 〈조선왕조실록〉 또한 '통째로' 달리 쓰일 수도 있었을 터이기 때문이다.

뱀발(蛇足) 하나……

일부 사학자들은 세종이 걸렸다는 '임질'이 요로결석과 유사한 것이라 주장하기도 한다. 《동의보감》에 설명된 '임질(소변이 좁쌀 같고 아랫배가 당기며 아픈 증상을 말하는 비뇨생식기 질환)'이 세종의 증상과 유사하다는 이유에서다. '실체적 진실'의 규명은 전문가들 몫이 되겠지만, 좌우지간 '세종빠'의 일원으로서 이게 '실체적 진실'에 가장 근접한 분석이기를 바라는 마음 실로 간절하다.

◎ 조선 임금들의 사냥은 어떻게 진행되었을까?

앞에서 태종은 건강관리를 위해 아들(세종)과 종종 사냥에 나서겠다는 의사를 내비쳤다. 하지만 결과적으로 부자간 동반 사냥은 잘 이루어지지 않은 듯하다. 왜 그랬을까? 세종이 '꼼지락대는' 걸 워낙 싫어해서? 꼭 그렇지만은 않았을 것이다. 특히 세종이 뛰어난 성군이었음을 감안할 때 그는 의도적으로 사냥을 기피했을 수도 있다. 왜냐하면 조선 시대 임금들의 '사냥놀이'는 그야말로 '만행'에 가까웠기 때문이다.

◎ 대체 어땠기에?

우선, 경기도 어떤 지역이 사냥터로 지정되었다고 치자. 그러면 임금을 지근거리에서 호위할 호위병사를 100명 내외로 차출하고, 오위(오늘의 수도경비사령부)에서 외곽 경호 병력을 천 명 정도 차출하게 된다. 또 몰이꾼으로 약 오천

연산군 시대의 금표비(고양시)

명 정도(이 경우 경기도, 강원도, 충청도에서 1,600명씩 분담하기도 한다) 차출했는데, 몰이꾼들 식량이나 체제 비용은 전부 해당 도에서 책임지도록 했다.

여기서 가장 열심히, 그야말로 가랑이에서 쌍방울 소리 나도록 뛰어야 하는 건 해당 고을 수령이었다. 사냥 장소가 정해지고 나면 3일 이내에 사냥터로 제공된 전답의 가을걷이를 모두 끝내야 하고, 사냥터로 쓰일 야산과 들판의 풀을 깨끗이 제거해야 했기 때문이다. 물론 그 고을의 백성들이 이 일에 총동원되었음은 말할 나위 없다.

하지만 이것도 연산군 시절의 '사냥 이벤트'와 비교하면 그야말로 조족지혈이었다. 우선 사냥터를 정하는 데 있어서도 연산군은 스케일이 남달랐다. 재임 후반기 특히 갑자사화 이후 연산군은 경기도의 절반 가량을 '그린벨트(사냥터)'로 묶고 '금표'라는 걸 세웠다. 금표란 이름 그대로 사람의 출입을 금지하는 조처였다. 금표 안에 살던 백성들은 전부 쫓겨났고 건물들은 강제 철거당했다.

이렇게 광활한 사냥터를 확보한 만큼 여기 동원되는 인원 또한 스펙터클했다. 차출되는 군사는 보통 3~5만 명이었으며, 그들의 군수품을 운반하는 인원은 8~9만 명에 달했다. 이런 대군을 이끌고 한강을 건널 때면 백성들의 배 800여 척을 동원해 배다리를 만들도록 했다. 더욱 죽을 맛인 것은, 이렇게 동원된 군사들이 열흘 치 식량을 각자 알아서 조달해야 했다는 것이다. 연산군은 이런 '사냥 이벤트'를 사흘이 멀다 하고 열었다. 역사가 괜히 '연산군~ 연산군~' 하는 게 아님을 이 짤막한 언급을 통해서도 다들 절감하지 않았을까 싶다.

02
조선시대 임금들도
화장실에 갔을까?

임금이라고 똥도 향기롭지는 않았을 것이다.
품생품사 조선 왕들은 똥, 어떤 방법으로 처리했을까?

세기의 발명품이 변기라고?

이십 세기의 가장 위대한 발명품은 무얼까? 세기 말에 외국의 한 매체에서 전 세계인을 상대로 이런 설문지를 돌렸더니, 놀랍게도 '수세식 변기'가 1위를 차지했다고 한다. 처음에는 고개가 갸웃거려졌지만, '푸세식' 화장실에서 똥물과 사투(?)를 벌였던 '아픈 추억'을 떠올리고는 이내 수긍하지 않을 수 없었다. 아닌 게 아니라, 인간으로 하여금 집안에서 탱자 탱자하며 '큰일'을 깨끗이 해결할 수 있도록 해주었으니, 실생활 측면은 물론이고 문화사적 측면에서도 수세식 변기는 탁월한 발명품이라 아니할 수 없겠다. 특히 기기묘묘한 표정으로 공중화장실 앞에 길게 늘어서 합동으로 '꽈배기 퍼포먼스' 를 벌였던 추억이 아련한 '쉰세대'라면 이 같은 조사 결과에 더욱 공감하지 않았을까?

생각해보면, 불과 30~40년 전까지만 해도 우리의 '뒷간'은 안채와 멀리 떨어져 있는 게 상식이었다. 오죽하면 처갓집과 뒷간은 멀수록 좋다는 이야기가 인구에 회자되었을까. 실제로 필자가 살던 지방에서도 방귀 좀 뀌던 '기름종이(유지)'들의 고래등 같은 가옥을 보면 후미진 곳에 옹색하게 뒷간을 갖춰놓고 있는 경우가 태반이었다. 어린 시절 지금은 지방문화재로 지정된 한 고택(古屋)을 찾은 적이 있는데, 불현듯 '옹가'가 밀려 나오는 바람에 불 맞은 노루새끼처럼 날뛰다가 솟을대문 옆에 숨듯이 웅크리고 있는 뒷간을 발견하고는 눈물 콧물 짓이기며 볼일을 봤던 기억이 아직도 생생하다.

궁궐의 이동식 변기

그렇다면 지방 유지들의 그것과 비교 자체를 불허하는 조선시대 임금님의 구중궁궐에는 '뒷간'이 있었을까? 있었다면 어디쯤 위치해 있었을까? 지금도 이름난 고궁에 가면 뒷간의 용도로 볼 만한 건물은 찾아보기 어려운 게 사실인데, 그렇다면 거기 살던 이들은 대체 어떤 방식으로 '응가'를 해결했을까? 특히, 아무리 급해도 '폼생폼사'를 삶의 제1모토로 삼을 수밖에 없었던 역대 임금들의 경우는?

다들 아시겠지만, 조선시대 임금과 왕실 가족이 살았던 곳은 경복궁이다. 면적은 104,026평으로 상암 월드컵경기장 면적의 7배에 달한다. 조선 시대 경복궁 울타리 안에는 총 755간의 전각('殿'이나 '閣' 자가 붙은 커다란 집)이 있었는데, 그중 왕실 가족의 생활 영역이었던 내전에는 173간이 있었다. 대표적인 것으로는 왕의 침전(강녕전), 왕비의 침전(교태전), 대비의 생활공간(자경전), 세자와 세자빈의 생활공간(동궁), 세자의 공부방(비형각) 등을 꼽을 수 있다. 그런데 이 내전 안에는 화장실이란 게 없었다. 대신 이동식 간이화장실이 늘 왕실 사람들의 뒤를 졸졸 따라다녔다.

당연히 임금에게도 '응가 담당' 별정직 공무원이 따로 배치되어 있었다. 이름 하여 '복이나인(僕伊內人)'. 말하자면 임금의 '배설물 처리 담당' 공무원이었던 셈이다. 이쯤 되니 의문이 또 하나 달라붙는다. 그렇다면 임금의 '응가'는 어떤 식으로 받아냈을까? 또 받아낸 '응가'는 어떻게 처리되었을까?

임금님의 '응가' 처리법

자, 그럼 이제부터 그 궁금증들을 하나하나 알아보기로 하자. 먼저, 아래쪽에서 싸르르~ '기별'이 오면 임금은 배를 살살 문지르면서 문무 대신들에게 사태(?)의 긴박성을 알린다. 그러면 잘 훈련된 복이나인과 계약직 업무 보조원들이 기민한 동작으로 4각형의 휘장을 궁궐 한쪽에 설치한다.

그리곤 휘장 가운데에 좌변기를 갖다놓는다. 이른바 '매화틀'이다. 여기서 '매화'는 임금의 똥을 말한다.

사극을 즐겨 본 사람은 알겠지만, 조선시대에는 임금의 몸을 '옥체玉體'라고 불렀다. 또 임금의 얼굴은 '용안龍顔', 손은 '옥수玉手', 눈물은 '옥루玉淚'라고 불렀다. 이렇듯 신체 곳곳에 붙이는 명칭조차 '아부의 극치'를 달리는 형편이었으니 임금이 싸대는 '응가'에도 그에

상응하는 고매한 이름을 갖다 붙여야 했다. 그래서 만든 이름이 '매화'였다. 즉 '매화 향기가 나는' 덩·어·리(!)라는 얘기다.

매화틀(좌)과 매화그릇

당연히 '매화틀'은 이 '매화 향기 나는 덩·어·리를 담는 틀'이라는 의미가 되겠다. 이 '매화틀'은 나무로 된 틀 안에 구리 혹은 놋그릇 모양의 '매화그릇'이 서랍식으로 들어가는 구조(요즘은 이와 유사한 유아용 변기도 시중에 꽤 널려 있다)인데, 매화그릇 바닥에는 여물을 잘게 썰어 만든 매추가 깔려 있다.

아무튼, 이제 이 매화틀에 올라앉은 임금이 용뺴는 소리와 함께 '응가'를 시작한다. 빠지직~, 뿌지지직~. 그리고 얼마 뒤 '밀어내기 한판'이 얼추 끝났음을 알리면 대기하던 복이나인이 물이 담긴 항아리를 들고 휘장 안으로 들어간다. 나인은 비단 같은 부드러운 천으로 임금의 '똥꼬'를 정성껏 닦아낸다. 그리고는 임금이 밀어낸 '응가' 덩어리 위에 다시 매추를 고명 뿌리듯 살짝 뿌린 다음 덮어서 가져간다.

그렇다면 이것으로 상황이 종료되었을까? 아니다. 초등학교 시절 '대변 봉투'를 들고 다녔던 이들은 알겠지만, 예나 지금이나 이 덩어리는 건강 체크를 하는 데 아주 요긴하게 쓰인다. 때문에 임금의 '매화' 덩·어·리는 즉각 내의원으로 전달된다. 내의원에서는 임금의 주치의(전의감)가 대기하고 있다가 이 '매화'를 찍어 먹어도 보고, 냄새도 맡아보고 하면서 임금의 건강 상태를 실시간으로 체크하게 된다.

신하들의 변은 또 어떻게?

의문은 또 생긴다. 왕실 '꽃발'들은 다들 이런 방식으로 해결했다 치더라도, 궁내에 있는 그 외의 수많은 '기타 등등'들은 또 어떻게 이 문제를 해결했을까 하는 의문이다. 조선 시대 궁내에는 하루 평균 3천 명 이상의 국가직 공무원들이 근무했다고 한다. 추측컨대, 이 많은 사람들이 날마다 싸재끼는 '응가'의 양만 해도 어마어마했을 것이다. 수요가 넘치다보니 경복궁 내에만 28군데에 총 51.5간이나 되는 '뒷간'이 만들어졌다(1간은 4개의 기둥이 들어가는 작은 건물이다).

그래서 궁내에는 '하수종말처리사업소' 같은 뒷간 청소 담당 부서(전연사)가 별도로 있었고 그 인원은 48명 정도 되었다고 한다. 하지만 뒷간은 대부분 내전에서 멀리 떨어진 궁의 외곽(외전)에 지어져 있었다. 고매하신 임금님이 아랫것들의 '쿤내'를 맡는 건 있을 수 없다는 이유에서다. 때문에 내전의 궁인들은 아래쪽에서 신호가 오면 마치 장도에 오르듯 일찌감치 뒷간 쪽으로 잰걸음을 옮겨야 했다. 그렇지 않았다간 자칫 목적지에 도달하기 전에 '조기 발사'라는 일생일대의 '개망신'을 당할 수도 있으니까. 말하자면, 이건 뭐 '엄마 찾아 삼만 리'가 아니라 뒷간 찾아 십 리 길 떠난다고 해야 할 판이다. 당연히, 배설하러 다니다가 좋은 세월 다 보냈겠구만~ 하는 비아냥도 따라붙을 법하다.

그렇다면 궁인의 경우 뒤처리는 어떤 방식으로 해냈을까? 당시 궁궐 내 모든 '기타 등등'에게 '정품'으로 제공된 뒤처리 용품은 마른 볏짚이었다. 그런데 꺼칠꺼칠한 촉감이 늘 〈소비자 고발〉에 올라오는 불만 사항 1호였다. 이 때문에 일부 몰지각한(?) 대신들 사이에서 뒤지(뒷간용 종이)를 사용하는 일이 빈번해졌다. 조정이 발칵 뒤집어졌음은 불문가지다. 종이가 본시 무척 귀한 시절이었거니와 성현의 귀한 말씀이 담긴 종이로 '똥꼬'를 닦는다는 사실 자체가 용납되기 어려운 불경이었기 때문이다.

그래서 그 대체재로 제공된 정부 인증 뒤처리 도구가 '측목(厠木)'이었다. 측목이란 대나무를 나무주걱처럼 얇게 쪼갠 것인데, 이놈으로 잔변을 파내도록 한 것이다.

그즈음 중국이나 일본에서 보편화되고 있던 걸 벤치마킹 해온 제품이었다 한다. 문제는 이 측목이 생각보다 높은 제조 단가로 인해 백성들에게까지 보급될 수 없었다는 점이다. 때문에 상궁이나 나인들에겐 월급에 포함되어 한 달에 한 묶음씩 지급될 정도였다고 한다. 요즘으로 보면, 월급 대신 엠보싱 화장지를 한 다발씩 지급하는 격이었다고나 할까?

생각해보면, 우리의 화장실 문화는 물론이려니와, 뒤처리 문화 또

한 그동안 눈부신 변천사
를 보여줬다. 돌멩이·호박잎
사귀 ☞ 볏짚·새끼줄 ☞ 측
목으로 이어지던 뒤처리 도
구가, 신문·잡지·광고지 ☞
두루마리 화장지 ☞ 올록
볼록 엠보싱 화장지 ☞ 비

측목

데로까지, 진화에 진화를 거듭해왔으니까.

그래서 이 단원을 마무리하면서 감히 이런 생각도 해보게 된다.
이 시간 이후부터 변기통에 앉는 순간만큼은 수세식 변기를 발명
한 존 해밀턴(영국)과 두루마리 화장지를 발명한 스코트 형제(미국)에
게 간단히 묵념이라도 올리고 볼 일을 시작하는 게 도리가 아닐까,
하는 생각을 말이다.^^

뱀발(蛇足) 하나……

임금의 휴대용 변기 '매화틀'은 '매우틀'이라고도 한다. '매화틀'을 궁궐 특유
의 발음으로 '매우틀'이라고 했는데, 여기에 '큰것'은 매梅, '작은것'은 우雨라
는 엄청난(?) 의미를 부여해 하나의 고유 명칭으로 자리 잡게 되었던 것이다.
한편, 이런 이동식 변기는 민가에도 존재했었으니, 요강이 그것이다. 당시 요
강은 요즘의 벽걸이 텔레비전처럼 혼수물품 1위 품목이었다.

03

'막장왕' 연산군의 여자들

폐주의 대명사, 연산군! 도대체 얼마나
어마어마한 일들을 저질렀기에 폐주라 불리는가?

쉿, 19금 토크

이번 토크의 주인공은 '막장 오브 막장왕' 연산군이다. 누군가 "하고
많은 임금 중에 왜 하필 막장왕 연산군인가?"라고 물으신다면, "그
가 조선 역사에서 유래가 없을 정도로 눈부신(?) 여성편력을 자랑
한 '희대의 색마왕色魔王'이었기 때문"이라고 대답하련다.

궁궐 밖 행차 때 이동식 러브모텔(擧舍)을 달고 가다 욕정이 솟구
치면 길가에 세워놓고 애첩과 삐리리, 최측근 비서의 와이프들과 삐
리리, 심지어 종친이나 근친과 삐리리…… 등등 재임 기간 중 그가
자행한 엽색 행각은 문자로 다 옮기기조차 민망할 정도로 하드코어

의 극치를 달렸으니까.

따라서 이 이야기는 부득이 19금으로 전환함을 공지하니 초·중·고딩 자녀를 둔 학부모께서는 자녀가 접근하는 낌새를 보이면 걸레짝이나 빗자루라도 들고 휘두르는 단순 무식한 대응책까지 충분히 염두에 두고 동참하시기를 엄숙히 권고한다.

유래를 찾기 힘든 왕, 연산군

홍청망청興淸亡淸. 사전적 의미로 '흥에 겨워 돈이나 재물을 마구 쓰며 즐기는 모양'을 일컫는 말이다. 요즘도 경제가 어려울 때면 매스컴에서 단골로 소환해 쓰는 아주 유명한 말이다. 아는 분은 다 아시겠지만, 이 말은 연산군 때 '홍청興淸'이라는 기생들과 놀아나며 혈세를 물 쓰듯 해대는 임금(연산)의 망국적 소비 행태를 꼬집으면서 생겨난 조어다.

아닌 게 아니라, 갑자사화라는 '초강력 암바'로 신하들을 제압한 연산군이 이후부터 폐위되기까지의 2년 반 동안 머리를 싸매고 고민한 것은 '어떻게 하면 좀 더 홍청망청하며 신나게 놀 수 있을까?'

였지 않나 싶다. 그즈음 연산군은 거의 매일을 연회와 사냥이라는 두 가지 일(?)에 푹 빠져 살았기 때문이다. 실제로 연산군은 이 사냥과 연회를 '중대한 일(大事)'이라고 표현하기까지 했다.

이 '중대한 일'을 위해 그는 경기도 일대의 절반 정도를 '그린벨트'로 지정하고 백성들을 모두 내쫓아버렸다. 또 궁궐은 거대한 연회장으로 용도 변경하고 흥청·운평·광희라는 '기쁨조'를 만들어 경향 각지에서 엄청난 기생을 뽑아 들이기 시작했다. 초기 정원은 흥청 300명, 운평 700명, 광희 1,000명으로 나름 단출(?)한 편이었으나, 불과 얼마 뒤 운평의 정원을 1,000명으로 늘리는 조직 개편을 단행했다.

흥청·운평·광희의 선발 기준은 미모와 가무歌舞 솜씨였는데, 특히 흥청의 멤버는 조직 내에서도 오늘날 '텐프로'에 비견되는 최정예(?) '쭉빵'들로 구성되어 있었다. 이 때문에 첫 선발에서 93명밖에 뽑지 못할 정도로 그 선발 기준 또한 매우 까다로웠다. 자, 그럼 지면 관계상 운평, 광희 등에 대한 설명은 생략하도록 하고, 이 시간에는 연산군의 '베드룸 델타포스' 격인 흥청에 관해서만 좀 더 상세히 알아보도록 하자.

흥청망청 연산군

흥청은 원래 '사악한 더러움을 씻는다'는 고귀한(?) 의미를 지녔으며, 운평·광희와 함께 악곡의 이름에서 따왔다고 한다. 연령은 주로 15~25세였고(나중에는 보다 많은 인원 확보를 위해 나이 제한도 풀었다), 주된 임무는 다들 예상하듯이, 연산군에게 '기쁨을 드리는 일'이었다.

흥청은 연산군이 친히 각 고을에 채홍사·채청사(미녀 모병관)를 파견해 엄선했기 때문에 팔도에서 인물값 좀 한다는 처자들이 전부 모여 있었다 해도 과언이 아니다. 이들은 취홍원이라는 독립된 건물에서 기거했으며, 여기서 적(?)을 한 방에 보낼 수 있는 각종 '특수훈련(?)'도 받았다. 연산군은 이들의 재정이나 경비 등을 전담하는 관서(두탕호청사)도 별도로 두었다.

하지만 같은 흥청이라 해서 모두 똑같은 대우를 받았는가 하면 그런 건 아니었다. 요컨대, 연산군에게 '기쁨을 안겨준 정도'에 따라 급수級數가 세분화되었고, 그에 따른 예우도 차등 적용되었다는 얘기다. 예를 들면, 일단 연산군과 삐리리 한 기생은 '천과天科흥청'으로 특별관리 대상이 되었고, 그렇지 못한 기생은 '지과흥청'이 되었다. 또, 삐리리는 했으되 연산군의 반응이 영 떨떠름했던 기생은 '반천과흥청'으로 분류되었다.

연산군은 급수 다른 홍청끼리는 서로 말도 섞지 말라고 엄명을 내렸다. 요즘으로 치면 '수질 관리'도 퍽 엄격히 한 셈이다. 여기서 '1급수'는 단연 '천과홍청'이었는데, 이들에게는 입이 딱 벌어질 정도의 예우도 뒤따랐다. 먼저 이들에게는 모든 사항을 후궁과 동일하게 예우토록 했으며, 그 부모는 서울로 불러들여 가옥(보통 15~16칸 정도)과 토지를 무상으로 지급했다. 또 그 형제자매도 모두 납세와 노역을 면제해 주었다. 게다가 천과홍청에게는 방비房婢라는 '시다'가 5명씩 배정되고 옷감을 비롯한 다양한 물품도 넉넉하게 지급되었으며, 홍청의 이름 석 자를 함부로 입에 올리는 자는 엄벌에 처했다.

이처럼 연산군의 사랑을 한몸에 받는 '귀하신 몸'들이다 보니 천과홍천의 위세 또한 대단했다. 그들이 본가에 갈라치면 군복 차림의 내금위·선전관이 앞에서 '칸보이'를 하고, 내관과 승지 등이 뒤를 따랐으며, 의정부 나장 10명이 백성들을 통제하기도 했다. 심지어는 그들이 지방에 도착했을 때 관찰사(현 도지사)가 영접을 나왔다는 기록도 있다. 연산군은 이런 홍청도 300명 정도로는 성에 차지 않았던지, 폐위 직전엔 그 정원을 1,000명으로 늘리는 대대적인 조직 개편까지 단행했다.

한데 제위 막판에 이르러서는 천하제일의 '막장왕'이 되고야 말겠다는 의지를 완전히 굳힌 듯 연산군의 성적 취향(?)이 사뭇 다른 방향으로 급선회하게 되었다. 쭉쭉빵빵한 '텐프로'를 마다하고 신하나 종친의 부인 쪽으로 슬금슬금 눈길을 돌리기 시작했던 것이다. 그리고 바로 여기서 마담뚜로 맹활약했던 인물이 '나쁜 후궁'의 대명사 장녹수였다.

점입가경의 엽기 행각

연산군이 그런 부인들과 '부킹'한 장소는 각종 잔치나 행사장이었다. 그땐 잔치가 한번 열리면 하객만 보통 200명 이상, 거기에 흥청 등을 포함하면 1,000명을 훨씬 넘는 대인원이 운집하곤 했다. 이렇게 인원이 많아 식별이 곤란해지자 연산군은 모든 여성 하객에게 남편 이름이 적힌 명찰을 달게 했다. 그리고는 그 중 쌈박한 여자는 장록수를 시켜 머리단장이 잘 안됐다는 핑계를 대고 그윽한 방으로 빼돌리게 해 삐리리를 하곤 했다(연산 57권, 11년 4월 12일, 중종 원년 9월 2일).

《연산군일기》에 따르면 이 '작업'에 가장 먼저 걸려든 여자는 윤은로의 아내였고, 그 뒤 박숭질(좌의정), 이쟁(남천군), 변성(봉사), 권인손(참의), 윤순(승지), 권필(생원), 홍백경(중추)의 아내 등도 줄줄이 사탕처럼 '희대의 헌터' 연산군의 먹잇감이 되었다(연산 57권, 11년 4월 12일).

여기서 우리가 눈여겨봐야 할 인물은 윤은로의 아내, 이쟁의 아내(이 부분은 중종 대에 재차 논란이 되었으므로 후반부에서 다시 언급하겠다), 홍백경의 아내, 그리고 성종의 후궁(숙의) 남 씨다. 이즈음부터 엽기적인 '개족보'가 마구 생산되었기 때문이다.

먼저 윤은로의 아내부터 살펴보자. 그녀의 남편 윤은로는 성종(연산군의 아버지)의 처남이었다. 고로 그녀는 연산군의 외숙모가 되었다. 다음으로 이쟁의 아내. 그녀는 연산군의 종친(7촌 아주머니)이었다. 이쟁이 세종의 다섯째 아들 광평대군의 손자였기 때문이다. 그런가 하면 홍백경의 아내는 연산군의 고종사촌 형수가 되었다. 홍백경의 어머니가 성종의 누이였기 때문이다. 정리하면, 연산군은 자신의 외숙모와 종친 아주머니, 고종사촌 형수, 그리고 '아버지의 애인'까지 연달아 자빠뜨리는 등 요즘도 보기 드문 막장 패드립을 '패키지'로 펼쳤던 것이다.

한데 더욱 흥미로운 사실은 이 스캔들에 연루된 여자들의 처신이다. 그녀들은 궁궐에서 잔치가 있을 때면 점차 화려하게 치장하기 시작했을 뿐 아니라, 망원정 등에 연산군과 함께 놀러가서는 흥청들과 말타기를 하는 등 사대부 여인의 품행을 잃은 행동을 거침없이 해댔다.

특히 젊고 예뻐서 연산군의 총애를 받았던 박숭질의 아내(자주 궁에 들어가 열흘이 지나서야 나오곤 했다) 같은 경우 연산군과 삐리리 한 뒤부터는 날마다 곱게 단장하고 궁궐을 바라보며 크게 탄식하는 일이 잦았다. 이에 연산군은 "박정승이 늙어 쇠약하므로 그 아내가 나를 사모한다"는, 박숭질의 염장 뒤집는 멘트까지 거침없이 날리곤 했다.

하지만 여기까지는 차라리 오픈게임에 불과했다.

헉, 큰어머니마저

연산군의 섹스 스캔들 가운데 가장 엽기적이고, 오늘날까지도 논란이 끊이지 않는 대표적인 사례는 월산대군 부인 박 씨와의 스캔들이다. 월산대군은 세조의 장남 의경세자의 맏아들(성종의 형)이다. 따라서 그 부인 박씨는 연산군의 큰어머니가 된다. 이 큰어머니와의 스캔들은 차마 입에 담기조차 민망할 정도로 폐륜적인 데다 몇 가지 석연치 않은 대목으로 인해 그 사실성 자체가 논란이 되고 있다. 하지만 정사正史인 《연산군일기》에 버젓이 올라있는 내용이니만큼 믿지 않을 방도 또한 없는 것이다.

자, 그럼 여러분의 이해를 돕기 위해 1506년(연산군 12년) 6월 9일자 박 씨를 승평부 대부인으로 삼았다는 기사 밑에 사관이 달아놓은 댓글(史論) 한 토막을 소개하는 것으로 말머리를 풀어볼까 한다.

박 씨는 수십 년을 과부로 살며 불교를 받들고 믿어 월산대군의 묘 곁에 흥복사를 세우고 명복을 빈다는 구실로 자주 그 절에 가므로 사람들이 의구심을 갖기도 하였다. 왕이 박 씨로 하여금 그 집에서 세자를 봉양하게 하다가 세자가 장성하여 경복궁에 들어와 살게 되자 박 씨에게 특별히 명하여 세자를 곁에서 돌보게 하였는데, 어느 날 연산군과 박 씨가 드디어 간통을 하였고, 그 답례로 연산군은 박 씨에게 승평부 대부인이란 도서(圖書 : 도장)를 만들어 주었다. 어느 날 밤 왕이 박 씨와 함께 자다가 꿈에 월산대군을 보고는 내관으로 하여금 한 길이나 되는 쇠꼬챙이를 만들어 월산의 묘에 꽂게 하였는데, 이때 우레와 같은 소리가 들렸다.

어째 수위가 좀 아슬아슬하다. 정사의 한 대목이라기보다 차라리 증권가 찌라시나 〈야담과 실화〉를 대하는 듯한 느낌이 혹 밀려오니 말이다. 그런데 그 한 달 뒤 갑자기 승평부 대부인 박 씨의 부고 기사가 떴으니, 그 내용은 더 엽기적이다.

> 월산대군 이정의 처 승평부 부인 박 씨가 죽었다. 사람들이 왕에게 총
> 애를 받아 잉태하자 약을 먹고 죽었다고 말했다.
>
> - 《연산군일기》 1506년(연산군 12년) 7월 20일

물론 당시 횡행했던 이 소문은 사실이 아닐 가능성도 없지 않다. 박 씨가 연산군보다 무려 스무 살 이상 연상(50대 초반)이었던 것으로 추정되는데 임신이 가능했겠는가 하는 점과 연산군이 주변의 쌈박한 애들을 다 놔두고 그렇게 늙은 여성에게 빠져들 수 있었겠는가 하는 점 때문이다.

하지만 많은 이들은 임신까지는 몰라도 연산군과 박 씨 사이에 분명 모종의 '썸씽'이 있었을 거라는 데에는 의견을 같이한다. 그런 추정의 근거는, 연산군이 박 씨에게 '매우 엄청난' 경제적 지원을 '매우 빈번하게' 했을 뿐더러 그 당시 연산군이 '텐프로' 쪽보다 연상의 유부녀나 과부 쪽에 더 깊이 꽂히는 도착증상을 보였다는 점 때문이다.

아무튼, 자신의 큰어머니와 벌인 이 엽기적인 '패드립'은 결국 연산군의 '자살골'이 되고 말았다. 실제로 중종반정을 주도한 박원종

은 자신의 누이 박 씨와 관련된 이 스캔들에 뚜껑이 열려 엄청난 원한을 품게 되었으며, 이것이 연산군의 폐위를 결심하는 중요한 동기로 작용했다. 1510년(중종 5년) 4월 17일, 박원종이 사망하자《중종실록》에는 그의 '졸기(卒記 : 죽음에 대한 기록)'가 실렸는데, 거기에는 다음과 같은 내용이 담겨 있다.

박원종의 맏누이는 월산대군 이정의 아내로 폐주(연산군)가 간통하여 늘 궁중에 있었는데, 폐주가 특별히 박원종에게 숭정의 자리를 주니 박원종이 분히 여겨 그 누이에게 말하기를 "왜 참고 사는가? 약을 마시고 죽으라." 하였다. 원종이 국사가 어찌할 수 없음을 보고 일찍이 아래 위를 쳐다보며 탄식하였는데, 한 번 성희안의 말을 듣고 임금을 폐립할 결심을 하였다.

그런데 박원종, 성희안 등에 의해 쿠데타가 성공하고 중종이 즉위한 뒤 '혁명 동지'들이 스캔들 주인공들을 처벌하는 과정에서 연산군의 엽기적인 성적 취향이 드디어 만천하에 오픈되고 말았다. 말하자면 연산군 섹스 스캔들의 '종결판'이라고나 할까.

도대체 어머니뻘 여자와?

여기서 논란이 된 인물은 이쟁의 아내(최 씨)였다. '혁명동지'들은 이쟁의 아내를 4대문 밖으로 쫓아내고 직첩을 빼앗는 처벌을 내렸다. 직첩이란 남편의 직급에 따라 그 아내에게 주어지는 여성 관직을 말하는데, 예컨대 정1품 당상관 아내에게 내리는 '정경부인' 칭호가 그것이었다. 비록 인신구속은 아니었지만, 명예를 무엇보다 중시하는 사대부 집안임을 감안하면 이는 인신구속을 능가하는 불명예일 수 있었다.

이쟁의 아내에게 이런 중징계가 내려지니 그 둘째아들 이상(문성정)이 발끈해서 상소문을 써 올렸다. 이게 말이여, 막걸리여~ 하는 항변이었다. 당시 이상이 그처럼 발끈할 수밖에 없었던 건 그 자신도 피해 당사자였기 때문이다. 이상의 아내 또한 연산군과 내연관계였음이 밝혀졌던 것이다. 이상의 아내와 연산군의 '부킹'을 주선한 인물은 당대의 '명 채홍사'이자 이상의 손위처남인 임숭재(임사홍의 아들)였다. 그의 활약(?) 덕분에 이상의 어머니와 아내는 졸지에 '동서지간'이 되는 '개족보'가 또 하나 만들어지기 일보직전이었다.

1520년(중종15) 4월 12일 이상은 승지를 찾아가 다음과 같이 따져 물었다.

"우리 어머니는 몸이 비대하고 나이도 늙었는데 어찌 그런 일이 있었겠는가?"

그런데 이상이 돌아간 직후 승지는 혼잣말처럼 이렇게 중얼거렸고, 사관은 재빨리 이 말을 실록에 남겼다.

폐조(연산군)가 간통하기 좋아한 사람은 거의 비대하였다더라.

연산군의 독특한 여성 취향이 만천하에 알려지는 순간이었다. 실록에 실린 이 짤막한 한 줄의 기록으로 당시 연산군이 펑퍼짐하고 살집이 있는 여자들과 주로 삐리리 했다는 사실이 세상에 공개된 것이다. 연산군이 모정에 굶주렸던 탓에 주로 늙고 풍만한 여자를 찾아 나섰을 것이라는 추론도 가능한 대목이다. 실제로 박 씨 부인이나 이쟁의 아내 모두 폐위 당시 30세에 불과했던 연산군에게는 어머니뻘 되는 여자들이었기 때문이다.

실록에 따르면, 연산군은 또 이런 엽기행각을 '더욱 가열차게' 벌이기 위해 말과 소는 물론 개, 물개, 호랑이, 곰, 표범 따위의 고기나 '거시기'를 닥치는 대로 폭풍흡입했다. 어의들이 추천한 정력제 품목에 이런 가축들이 포함되어 있다는 게 이유였는데, 연산군은 이런 고기들을 일상적으로 먹기 위해 창덕궁 후원에 거대한 동물

원과 마구간을 설치하기까지 했다.

> 왕의 미치광이 같은 황음무도가 이미 극에 달하여 진기한 새와 기이
> 한 짐승들을 사방에서 잡아 바치도록 독촉하였으며……(중략)……무사
> 들을 전국에 나누어 보내 호랑이, 표범, 곰 등을 생포하여 후원에 가두어
> 놓고, 혹은 고기를 먹이며 구경하기도 하고 혹은 직접 쏘아 죽이는 것을
> 낙으로 삼았다…….
>
> - 《연산군일기》1504년(연산군 10년) 11월 11일

연산군이 귀한 맹수를 '비아그라' 대용으로 마구 해치웠다는 것
도 공분을 살 일이지만 백성들을 더욱 분노케 했던 건 말과 소까지
그 대상으로 삼았다는 대목이다. 잘 아시다시피, 농경 사회이자 외
세의 침략 위험이 상존하던 조선 땅에서 소는 쟁기, 말은 군용 지
프 같은 존재였다. 연산군은 자신의 정력 증강을 위해 이를테면 농
사용 쟁기와 군용 지프까지 마구 먹어치운 격이었다.

이런 이유로 인해 연산군이 중종반정으로 폐위되어 강화도로 압
송될 때, 그가 지나가는 돈의문 일대와 동대문 쪽에는 수많은 백성
들이 몰려나와 욕설과 야유를 퍼부어댔다. 당시 연산군은 붉은 옷
에 갓을 쓰고 띠도 매지 못한 모습으로 평교자에 실려 나갔다. 사
방이 다 노출된 이 평교자 속에서 연산군은 갓을 앞쪽으로 눌러

써 얼굴이 안 보이게 하려고 애를 썼다. 인생 막판에 겨우 '양심'이라는 게 돌아왔는지 수치심과 두려움에 떨었다는 것이다.

도대체 왜 그랬을까?

사실 연산군이 언제부터, 어떤 연유로 이처럼 '개막장'이 되었는지는 알려진 바가 거의 없다. 그가 세자 시절부터 각종 사이코 짓을 했다는 야사가 더러 있긴 하나 근거는 그리 명확한 편이 아니나 한다. 단지, 아버지의 3년상 기간 중인 즉위 2년 5월에 암말과 수말의 교접 장면을 자주 구경하고, 재위 9년 6월 13일 정업원에 가서 여승들과 강제로 삐리리 한 게 '색욕을 마음대로 푼' 시초였다는 기록(연산군일기)으로 미루어, 태생적으로 '변태' 기질이 있었을 개연성은 충분해 보인다.

혹자는 연산군이 어머니인 폐비 윤 씨의 비참한 죽음을 알고 분노와 죄책감에서 이런 광기어린 성도착 증상을 나타냈다고 보기도 한다. 하지만 이 또한 그다지 설득력 있는 분석이라고 보기 어렵다. 연산군은 '황음荒淫'에 깊이 빠져들면서 어머니에 대한 관심도 거의 접었으며, 재위 11년부터는 어머니의 제삿날에도 궐내에서 흥청들과 한판 '걸판지게' 놀았다는 기록이 버젓이 남아있으니 말이다.

역사는 연산군을 이렇게 말한다

조선 역사에는 연산군 말고도 또 한 명의 걸출한(?) '막장왕'이 있었다. 연산군처럼 묘호(임금이 죽은 뒤 종묘에 그 신위를 모실 때 드리는 존호)를 받지 못한 광해군이 그다. 아는 분은 아시겠지만, 근자에 이 광해군을 재평가하려는 움직임은 나름 분주하다. 등거리 외교 정책과 임진왜란 때의 분조(선조와 나라를 나누어 다스린 것) 등 잘한 짓은 칭찬해줘야 하지 않겠냐는 이유에서다.

하지만 연산군에 대해서는 이런 움직임이 거의 포착되지 않는다. 물론 몇몇 사학자가 '연산군의 폭정은 강력한 왕권 확립을 위한 자구책'이고 '연산군일기는 쿠데타 세력에 의해 날조된 것'이라는 궤변을 쏟아내며 그의 '고문 변호사'역을 자임하지만 그리 큰 공감은 얻지 못하고 있다.

그렇다면, 왜 그럴까? 어째서 한때 쌍벽을 이뤘던 두 '막장왕'에 대한 평가가 현대에 와서 이렇게 달라지는 걸까? 아마도 광해군에게는 국가를 위해 애쓴 흔적이라도 남아있는 반면, 연산군에게는 그럴 건더기조차 보이지 않는다는 게 가장 큰 이유일 듯싶다. 말이야 바른 말이지, 어머니의 억울한 죽음과 '황음'에 빠져 나라 곳간을 거덜내고 근친까지 무차별로 자빠뜨린 저 개망나니짓 사이에 무슨 상관관계가 성립할 수 있겠는가? 요컨대 연산군은 반론의 여지가 없이 그냥 '막장 오브 막장왕'일 따름이라는 얘기다.

끝으로, 이 이야기를 풀어내는 내내 필자의 뇌리에는 길갓집 담벼락에 소변금지라는 글씨와 함께 큼직하게 그려져 있던 '가위' 한 자루가 어른거리더라는 변명 아닌 변명을 사족처럼 덧붙이면서, 황급히 이 단원을 마칠까 한다.

보태는 이야기

2005년에 천만 관객몰이를 하면서 흥행 신드롬을 일으켰던 영화 〈왕의 남자〉. 이 영화에서 단연 관객의 시선을 사로잡았던 배역은 공길(이준기 분)이었다. 극중 공길은 놀이판에서 주로 여자 역할을 했는데, 생김새나 목소리가 진짜 여자보다 더 교태로웠다. 연산군은 이런 공길에 반해 동성애를 느끼게 되고, 이는 곧 애첩 장녹수의 질투로 이어졌다. 이 대목에서 최소한 두 가지의 궁금증이 폭발한다.

첫째, 이 영화 속의 공길은 실존인물일까?

정답부터 말하면 공길은 실존인물이 맞다. 1505년(연산군 11년) 12월 29일자 《연산군일기》에 그에 관한 기록이 나온다.

배우 공길孔吉이 노유희(늙은 선비를 흉내 내는 풍자극)를 하며 아뢰기를 "전하는 요·순 같은 임금이요, 나는 고요皐陶 같은 신하입니다. 요·순은 어느 때나 있는 것이 아니나 고요는 항상 있는 것입니다." 하였다. 또 《논어》를 외워 말하기를 "임금은 임금다워야 하고 신하는 신하다워야 하고, 아비는 아비다워야 하고 아들은 아들다워야 한다. 임금이 임금답지 않고 신하가 신하답지 않으면 아무리 곡식이 있더라도 내가 먹을 수 있으랴" 하니, 왕은 그 말이 불경하다 하여 곤장을 쳐서 먼 곳으로 유배하였다.

비록 단 한 차례의 기록이지만, 역사 속의 공길은 영화 속의 공길과 전혀 다른 면모를 보여주고 있다. 연산군이 폭군의 역사를 연일 새로 쓰고 있던 재위 11년차에 감히 면전에서 이런 돌직구를 날려댔으니 말이다. 이에 대한 연산군의 반응 또한 이례적이다. 천하의 '개막장왕'이 일개 광대에게 이런 돌직구를 맞고도 곤장과 유배형 정도의 대응으로 그쳤으니 말이다. 연산군의 광대에 대한 애정과 배려가 읽혀지는 대목이라고나 할까.

둘째, 영화에서처럼 연산군은 동성애자였을까?

정답은 '근거 없다'이다. 연산군이 워낙 다양하고 특이한 - 또는 변태스러운 - 성적 취향을 보여주다 보니 '혹시 호모?' 하는 의심을 샀을 뿐 그가 실제로 동성애자였다는 기록은 어디에도 없다.

04

조선 임금의 '베드룸' 이야기

조선 왕들의 사랑은 우리와 어떻게 달랐을까?
또 그들의 여자들은 어떤 삶을 살았을까?

임금과 중전이 치르는 '국가지대사'

이번에 다룰 주제는 좀 야하다. 점성도로 치면 끈적끈적한 편이고, 색깔로 치면 핑크빛이다. 왜냐하면 임금님의 '베드룸(Bedroom)'에 관한 이야기니까. 아, 뭐 그렇다고 19금의 아슬아슬한 수위까지는 아니다. 요즘 아이들의 되바라진(?) 정도를 감안한다면, 15금 정도가 무난할 뭐 그런 이야기다. 다만, 그럼에도 불구하고 화자話者가 제풀에 흥분(?)해서 이야기를 풀어나갈 경우엔 금세 19금으로 회귀할 수도 있겠다 싶어, 기름기 싹 빠진 담백한 '닭가슴살' 같은 마음가짐으로 경건(?)하게 말머리를 풀어나갈 요량임을 미리 밝혀둔다.

다들 아시겠지만, 조선 왕조 임금들은 슬하에 많은 자식을 두었다. 예를 들면, 세종의 아버지이자 3대 임금인 태종(이방원)은 29명의 자식을, 칠삭둥이 한명회의 사위인 성종은 그보다 딱 한 명 적은 28명의 자식을 두었을 정도니까(성종은 일찍 사망해 계보에 오르지 못한 4남 3녀가 더 있었다는 설도 있다). 그렇다고 이런 일개 소대小隊 병력의 자식을 한 명의 정실부인(중전)이 다 생산해냈는가 하면 물론 그런 건 아니었다. 태종과 성종에게는 각각 12명씩의 부인이 있었다. 좀 더 정확히 말하면, 한 명의 '엄지손가락(중전)'과 열한 명의 '새끼손가락(후궁)'으로 구성된 '집단 마누라 체제' 속에서 만들어진 자식들이었다는 얘기다.

하지만 왕위 계승의 우선권은 당연히 '엄지'의 자식, 즉 적자嫡子에게만 있었다. 비록 명종 때 대가 끊기고 '후궁의 손자'인 선조(14대)가 즉위하면서 이 불문율은 큰 손상을 입었지만, 이후로도 왕위 계승의 1순위는 늘 '엄지의 자식들' 몫이었다. 이 때문에 '엄지와의 삐리리'는 매우 중요한 '행사'에 속했다. 특히 적통 왕자가 없는 경우에는 '사직의 존망이 걸린 국가지대사國家之大事'로까지 그 중요도가 격상되었다. 그러나 불행히도 조선조 대부분의 임금들은 중전과의 이 '행사'를 그다지 탐탁하게 여기지 않았다.

중전과는 본시 연애 감정으로 맺어진 살가운 사이도 아닌 데다,

그 '행사'라는 것 또한 오픈 스튜디오에서 에로물 촬영하듯이 진행되어 거부감이 매우 컸던 까닭에서다. 그래서 임금은 자연히 야들야들한 '아가(궁녀)'들과의 밀회를 위해 연신 가자미눈을 굴려댔고, 어쩌다 중전과 '행사'를 치르게 된다 하더라도 이건 뭐 계체량에 실패한 장정구가 '의무 방어전' 치르는 듯한 표정으로 마지못해 응하는 경우가 태반이었다.

엄청난 팀이 동원되다

실상이 이러했던지라 중전에게서 2세 생산이 늦어지고, 후궁을 통한 득남 소식조차 깜깜한 나날이 계속되면 조정에서는 긴급히 모종의 프로젝트를 진행하기 시작했다. 말하자면 '국본(國本 : 세자) 세우기를 위한 임금과 중전의 삐리리 추진위원회' 같은 TF팀이 가동되었다는 얘기다. 이 TF팀은 판내시부사와 산부인과 전문 내의원, 궁중전 제조상궁에 이르기까지 당대를 대표하는 전문가(?)들이 총망라된 '드림팀'으로 꾸려졌다. 또 '국가지대사'를 다루는 특수 조직인 만큼 팀장은 나라 안 서열 2위인 영의정이 맡았다.

TF팀의 회의가 시작되면 내의원에서는 중전의 몸 상태(보통 생리일을 기준으로 삼는다)를 분석해 가임可姙기간을 정한다. 여기엔 《동의보감》을 비롯한 국내외 의학 전문 서적은 물론, 심지어 《소녀경》의 방중술까지 각자의 이론적 토대로 동원되어 갑론을박이 벌어진다. 그렇게 지지고 볶기를 여러 날 한 끝에 드디어 중전의 가임 기간이 얼추 계산되면 이번에는 '행사' 날짜를 홀수일로 하느냐, 짝수일로 하느냐는 세부 사항 때문에 또 한바탕 입씨름이 벌어진다.

당사자는 꿈도 꾸지 않는데 엄한 인간들이 남의 잠자리 날짜 가지고 핏대를 올리는 황당한 사태가 또 며칠간 이어지다가, 우여곡절 끝에 간신히 '행사일'까지 확정하고 나면 그 다음 바통은 판내시부사(내시의 수장)가 이어 받는다. 판내시부사의 임무는 온갖 감언이설로 임금을 구슬려 '행사'가 차질 없이 진행될 수 있도록 하는 것이었다. 이건 뭐 생각하기에 따라서 가장 중차대한 임무라고도 할 수 있었다.

제 아무리 상다리 휘게 산해진미를 차려놓아도 자셔야 할 양반이 수저 들기를 달가워하지 않으면 말짱 도루묵인 이치와 매한가지니까. 다행히 판내시부사의 '이빨'은 잘 먹혀드는 편이었다. 그도 그럴 것이 임금의 'X파일'을 가장 많이 꼬불쳐 놓고 있는 최측근 인사가 '국가지대사' 운운하며 치고 들어오는 데에야 어느 임금인들 대놓고 손사래질만 할 재간이 있었겠는가.

물론, 판내시부사의 '이빨'이 잘 먹혀들지 않는 경우에는 조선 특유의 필살기도 동원된다. 삼정승을 비롯한 조정의 모든 대신들이 일제히 머리를 조아리고 "전하, 통촉하여 주시옵소서!"를 무한 반복하는 한편 전국의 유생들로 하여금 상소문을 위문편지 보내듯 무더기로 써올리게 하는 방법이 그것이었다. 말하자면, 심리적 압박과 여론 조작을 병행하는 양동작전이었던 셈이다.

국가의 존망이 걸린 행사?

우여곡절 끝에 드디어 D-day가 도래하면, 플래카드만 내걸리지 않을 뿐 중전의 침소 주변은 '국가지대사' 준비로 종일 부산스러워진다. 금침의 쿠션을 체크하랴, 조명 상태를 점검하랴, 올록볼록 화장지를 비치하랴, 간단한 주안상을 마련하랴, 페르몬 향수도 몇 방울 뿌려놓으랴……. 그 와중에 한 쪽에서는 행사보조 요원들에 대한 직무 교육도 실시된다.

H-아워는 보통 자정으로 정해진다. 천지의 음기가 밤 12시가 되면 정점에 올랐다가, 그 뒤부터 양의 기운이 생기기 때문에 자정에 맞춰 '행사'를 하는 것이 가장 좋다는 이유에서다. 밤 11시 30분이

되면, '국가지대사'를 위해 천근같은 눈꺼풀을 억지로 밀어 올리며 끄덕끄덕 졸고 앉았던 임금은 내의원으로부터 간단한 주의사항(이를 테면 체위나 방중술 같은 것, 단판에 승부를 봐야 하니까)을 전달받고 제조상궁의 안내로 '행사장'에 입장한다.

경복궁 교태전 내부

'행사장'의 정식 명칭은 교태전(交泰殿, 교태를 부리라고 교태전이 아니다. 천지 음양이 잘 어우러져 태평을 이룬다는 의미다)으로 중전이 거처하는 침전이다. 중전의 침전은 방 9개가 빙 둘러쳐진 가운데쯤에 자리 잡고 있다. 어느 방에 임금이 들었는지 모르게 하려는 경호상의 목적 때문이다. 임금이 입장한 뒤 페이드아웃(Fade Out)과 함께 서서히 '식전

행사가 진행되면 행사장 바깥에서의 움직임 또한 긴박해진다. 특히 교태전 옆 3군데의 방에는 '특전대원'처럼 상궁들이 각 1명씩 배치되어 생닭을 안은 채 귀를 쫑긋 세우고 '행사 진행 상황'을 실시간으로 엿듣기 시작한다. 행사 중 갑자기 발생할 수 있는 불의의 사고(주로 복상사)에 신속히 대처하기 위함이다.

생닭은 임금이 쓰러질 경우 피를 먹이기 위해 준비해두는 '상비약' 같은 것이다. 한데 이 '상비약'이 분위기 깨는 데는 또 일등공신이었다. 경호견처럼 특수 교육(?)을 받았을 리 만무한 데다 숫제 '꼴통'의 대명사로 불리는 가축이다 보니, 시도 때도 없이 울어재껴 '행사장' 분위기를 싹 조져놓기 일쑤였던 것이다.

아무튼, 이윽고 아기다리고기다리던 '본행사'가 시작되면 옆방에서 대기하던 내의원(사회자)이 식순에 따라 임금과 중전에게 '오더'를 하나씩 내린다(이 대목은 영화 '후궁'의 대본을 차용하는 것으로 대신한다. 여기서부터는 진짜 19금이다).

"저언하! 중전마마의 왼편으로 누우시지요."

"저언하! 심장이 왼쪽으로 오게 누우십시오."

"먼저 중전마마의 아랫입술을 핥고 빠시며 그 침을 삼키셔야 하옵니다."

"중전마마의 아랫배 단자를 살살 문지르시다가 더 깊이 들어가 쓰다듬고, 유방이 부풀 때까지 기다리셨다가 이를 손에 쥐면 손바닥에 가득

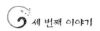

차야만 하옵니다."

"저언하! 연동심燕同心을 시작하시옵소서."

"중전마마께서는 주상 전하의 허리를 양손으로 안고 옥경을 받아들이셔야 하옵니다."

"저언하! 용번식龍飜式을 거행하시옵소서."

"저언하! 이번엔 호보식虎步式으로 바꾸옵소서."

생각해보면, 아무리 '국가지대사'라고 하지만 이런 어수선하고 장터 바닥 같은 분위기 속에서야 국본은커녕 그 어떤 것도 제대로 세우기가 녹록치 않았을 것임은 안 봐도 비디오다. 임금이 아니라 제아무리 천하의 변강쇠라도 목구멍께가 턱턱 막혀오는 답답함을 실로 이겨내기 어려웠을 테니 말이다.

임금 알기를 흑싸리 껍데기로 아는 중전(특히 연산군의 생모 폐비 윤 씨 같은 경우)부터 영 마음에 안 드는 데다, 행사 시각과 장소가 죄다 오픈된 상태에서 어의로부터 '기술 지도'라는 걸 받는 것도 모자라 상궁들이 사방에서 귀를 쫑긋 세운 채 보초를 서고 닭울음소리까지 산발적으로 들려오는 이 엽기적인 상황에서 어의의 사회에 따라 진행되는 삐리리. 이런 걸 어찌 '행사'라는 극히 사무적인 단어 외에 다른 말로 올곧이 표현해 낼 수 있단 말인가.

임금이 참으로 불쌍(?)한 존재였다는 사실을, 이 이야기를 하면서 재삼 통감하게 된다.

임금의 여자라고 좋기만 할까? - 궁녀 이야기

임금님 잠자리 이야기를 읽으면서 "임금 이거 웃돈 얹어줘도 못해 먹을 드런 자리네." 하며 혀를 닷발쯤 빼무는 분도 혹 있을런지 모르겠다. 맞다. 분명 그런 푸념이 나올 법도 하다. 이건 삐리리가 아니라 숫제 거국적인 '이벤트'에 더 가까우니까. 하지만 껍질을 한 꺼풀만 더 벗겨보면 대반전이 도사리고 있다는 게 이 단원의 함정이라면 함정이다. 임금, 이거 죽기 전에 꼭 한번 해볼 자리라고 당장 생각을 고쳐먹게 된다는 얘기다. 실제로 '의무방어전'만 대충 적당히 치르고 나면 임금 앞에는 그야말로 무한한 '블루오션'이 펼쳐지기 때문이다.

궁녀. 궁궐 안에서 임금 일가의 시중을 전담하던 여인들을 일컫는 말이다. 넓은 의미로 고위직인 상궁과 하위직인 나인, 그리고 잡급직에 해당하는 무수리 등을 통칭해 궁녀라 불렀는데, 조선의 궁녀들은 모두가 사실상 '임금의 여자'들이었다. 당대 임금들을 손 안의 공깃돌처럼 가지고 놀며 일세를 풍미한 장옥정(장희빈), 장녹수, 김개시 등도 그 실은 모두 궁녀 출신이었다. 영조의 어머니인 숙빈 최 씨는 심지어 무수리 출신이었다.

그렇다면 하위직 혹은 잡급직에 불과했던 이들은 어떤 루트를 통해 후궁이라는 막강한 지위에까지 올라갈 수 있었을까? 어느 날 궁궐 내를 팔자걸음으로 어슬렁거리던 임금의 눈 속에 쌈박한 궁녀 하나가 풍당 빠져들었다고 치자. 그리하여, '필'이 충만해진 임금의 두 눈이 하트 모양으로 마구 반짝거리기 시작했다고 치자. 그러면 '눈치 9단'인 내시는 즉각 그 궁녀의 신상을 파악해놓았다가 임금이 적적해 하는 날 밤에 주군의 '베드룸'으로 들여보낸다. 이를 전문 용어로 '궁녀가 승은(承恩 : 임금의 은혜)을 입는다'고 한다.

조선이 본시 유교를 기본 콘셉트로 하는 나라였음에도 임금의 이런 행각에 대해 아무도 딴지를 걸지 않았던 이유는 '종묘와 사직의 만만세를 위해서'라는, 전가의 보도와도 같은 대의명분 때문이었다. 요컨대 조선은 전제왕조국가였던 터라 중전이 자식을 낳지 못할 경우는 말할 것도 없고, 설사 자식이 있다 해도 유사시를 대비한 '스페어 왕자'가 늘 대기하고 있어야 했다는 얘기다.

실제로 조선의 임금 27명 중 적장자(중전의 장남)로서 왕위에 오른 인물이 단 7명에 불과했다는 사실은 '스페어'가 왕위를 이어받을 확률이 그만큼 높았음을 방증한다. 후궁의 외손자(선조)이거나 무수리의 아들(영조)이 임금 자리를 꿰찬 경우도 있었고 심지어는 방계 혈족(철종)이 왕위를 이어받은 적도 있었다.

승은, 이렇게 까다로운 절차를 거쳐야 한다고?

궁녀와의 삐리리는 '국가지대사'에 준하는 모든 절차가 생략된 채 은밀히 진행된다는 점에서 임금의 선호도가 매우 높았다. 궁녀들 사이에서도 이는 자신의 신분을 수직 상승시킬 수 있는 '인생 대박'의 지름길이라는 인식이 팽배해 있었다. 하지만 아무리 은밀히 진행되는 삐리리라 해도 상대가 상대인지라 궁녀에게 '하룻밤 풋사랑'의 절차는 여간 까다로운 게 아니었다.

승은을 입기로 한 날, 해당 궁녀는 다른 궁녀들의 도움을 받아 정성스레 목욕부터 한다. 그리고 간단한 신체검사를 받는다. 가장 먼저 받는 검사는 손톱, 발톱 검사. 승은을 입는 도중 자칫 임금의 용안에 손톱자국이라도 낼까봐 미리부터 위험 요소를 제거하는 작업이다. 손발, 발톱이 깨끗이 다듬어지고 나면, 다음 단계는 신체 곳곳에 대한 정밀 검사다. 마치 밀수품을 소지한 채 검사대를 통과하다 걸린 여성이 공항 경찰대에 불려가 온몸 수색당하는 것처럼 홀랑 벗은 상태에서 검사를 받는다. 이 정밀 검사까지 무사히 통과하면 이윽고 임금의 침소로 가게 되는데 이때도 옷은 압수하고 수건 한 장만 달랑 쥐어준다. 수건만 두르고 들어가야 했다는 얘기다. 물론 이 모든 절차는 만약의 사태를 대비한 신변 경호 차원의 조치였다.

'승은을 입은 후'의 절차 또한 간단치 않았다. 일단 '승은을 베푼' 임금의 코고는 소리가 얕게 들려오면 궁녀는 슬그머니 잠자리를 빠져나온다. 그리곤 옆방 한 켠에 가지런히 놓인 옷을 주섬주섬 챙겨 입기 시작한다. 이때 매우 중요한 절차가 또 하나 기다리고 있다. 겉치마는 반드시 뒤집어 입어야 한다는 것이다. 궁녀가 겉치마를 뒤집어 입는 것은 '내가 어젯밤 승은을 입었다'라고 대외에 공표하는 의미를 지녔다.

이렇게 임금과 '하룻밤 풋사랑'을 나누고 나면 그 궁녀의 신분은 곧바로 몇 단계 뛰어오르는 신통력을 발휘한다. 호칭부터 '승은 상궁'으로 바뀌면서 시중을 드는 입장에서 시중을 받는 입장으로 그 위상과 대우가 180도 달라지는 것이다. 말하자면 '인생 잭팟'을 터뜨린 격이라고나 할까. 게다가 승은을 입은 뒤 임금의 자식까지 낳게 되면 이건 뭐 '인생 로또'에 당첨된 격이나 진배없어진다. 종4품 숙원에서 정1품의 빈, 즉 후궁의 자리에까지 올라갈 수 있으니까.

모든 궁녀들의 꿈이라 할 수 있는 후궁은 임금이 가장 총애하는 여성이었던 터라 '끗발' 또한 막강했다. '나쁜 후궁'의 대명사로 불리는 장녹수에 대한 다음의 기록은 후궁의 '끗발'이 어느 정도였는지를 상징적으로 보여준다.

> 왕(연산군)을 조롱할 때는 마치 어린아이 다루듯 했고, 왕을 욕할 때는
> 마치 노예를 대하듯 했다. 왕이 아무리 노했다가도 녹수만 보면 기뻐서
> 웃었으므로, 상 주고 벌 주는 일이 모두 그의 입에 달려 있었다.
>
> - 《연산군일기》1502년(연산군 8년) 11월 25일

임금의 존망과 함께 갈리는 운명

그러나 '본처'인 중전과 달리 궁녀에서 벼락출세한 후궁의 지위는 늘 위태로울 수밖에 없었다. 정부에서 정식으로 발령장을 준 경력직 공무원이 아니라 국회의원 보좌관처럼 임금이 별도로 선임한 별정직 공무원들이었던 까닭에서다. 따라서 임금 유고 시에는 이들의

위상 또한 나락으로 곤두박질치기 일쑤였다. 임금이 사망하면 '승은을 입은 궁녀'들은 모두 '특별 관리 대상'으로 편성된다. 이 명부에 이름을 올린 궁녀는 개가를 할 수도, 다른 남자를 만나 사랑에 빠질 수도 없었다. 죽을 때까지 수절해야만 했다.

한때 임금의 파트너였고, 임금의 자식을 잉태할 수 있는 위치에 있었던 이들을 방치해둘 경우 자칫 임금과 혈통이 다른 '엄한 넘'이 왕위를 계승하는 황당한 일이 일어나 왕조의 정통성을 잃을 수 있다는 우려 때문이었다. 여기서도 노후 대책을 확실히 해놓은(임금의 자식을 낳은) 후궁들은 그나마 팔자 편한 노년을 보낼 수 있었다. 장성한 자식들과 함께 살 수 있었으니까. 문제는 자식도 없이 갑자기 과부가 된 후궁이나 승은만 입은 다수의 '승은 상궁'들이었는데, 조선 초기 이들은 대개 도성 안에 있는 '정업원淨業院'이라는 절로 들어가 비구니가 되었다.

그러나 선조 때 도성 안에 절이 있다는 사실에 분개한 유생들의 강한 반발로 정업원은 폐지되고, 비구니들은 성 밖으로 쫓겨나 뿔뿔이 흩어지고 말았다. 항상 해만 좇는다는 해바라기처럼 임금님 처소 쪽만 바라보며 슬픔을 차곡차곡 쌓아가다가 님이 훌쩍 떠나고 나면 한때 승은 입었다는 사실에 자위하며 일생을 비구니로, 혹은 비구니와 같은 삶을 살다 간 '승은 상궁'들. 규율과 법도에 얽매

어 외부와 철저히 차단된 채 외롭고 쓸쓸한 생을 보내야 했던 이들
은, 어찌 보면 봉건왕조시대가 낳은 대표적인 비극의 주인공들이었
을지도 모르겠다.

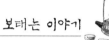

보태는 이야기

조선시대 궁녀직은 여성들이 가질 수 있는 몇 안 되는 국가공무
원 자리 중 가장 전도양양한 자리였다. 의녀, 기녀, 무녀 등 여타 직
종은 그다지 비전이 없었지만, 궁녀는 9급(종9품 나인)에서 사무관(정
5품 상궁)까지 승진할 수 있었을 뿐더러, 제 하기에 따라선 장관급(제
조상궁)까지 노려볼 수 있었기 때문이다.

게다가 여기에 인물이 좀 받쳐줘 승은을 입는 '젝팟'을 터뜨리고
입덧까지 하는 날에는 그 이상의 지위(후궁)도 넘볼 수 있는 직종이
궁녀직이었다. 그렇다면 이런 궁녀직 공무원의 응시자격, 채용절차,
근무조건 등은 어떻게 되었을까?

1. 궁녀직 응시자격은?
- 10세 미만의 용모 단정한 여성으로서 평생 독신으로 살아갈 각

오가 되어 있는 자

2. 궁녀직 채용절차는?

- 서류심사(가족 병력, 부모의 전과 여부 검증 등) → **면접**(면접관 상궁) →
신체검사(처녀 확인을 위한 앵무새 피 감별 : 팔목에 앵무새 피를 묻혀 흘러내
리면 탈락) → **최종합격 통보**

3. 궁녀직 근무조건은?

1) 근무시간 : 1일 8시간(서류상으로만)

2) 임금 : (상궁 기준으로) 쌀 16말 5되, 콩 5되, 북어 80마리

3) 승진 : 수습(아기나인) 10~15년 뒤 정식 발령(나인), 나인 15년쯤
뒤 상궁 승진 보장

05

내시들이 부르는
'슬픈 사랑의 노래'

우리가, 너무도 당연하게 무시했던 계급, 내시!
혹시 당신은 그들의 일상마저도 무시하고 계신 건 아닙니까?

힘든 직업들, 다 나와!

지구상에는 별의별 이색 직업들이 다 있다. 냄새 연구가, 정액 수집가, 부끄러움 컨설턴트, 아기 똥 진단가, 주사위 관리사…… 등등. 통계청에 따르면 우리나라에만도 줄잡아 만 개 가까운 직업이 있다고 한다. 물론 코끼리 업어서 재우기, 손가락으로 용광로 온도 재기, 물수건으로 고압선 청소하기 따위의 '극한 직업'은 배제한 숫자다.

이 다양한 직업 중에는 '열라' 열심히 일했는데도 세간의 평가는 '졸라' 옹색하다며 억울함을 토로하는 직업도 꽤 있다. 대표적인 직업 중 하나가 경찰관이다. 평소에는 된바람에 문짝만 왈살거려도 '순경 아찌'부터 찾던 이들이 뉴스에 「경찰관 음주운전」기사 한 줄 뜨면 대뜸 "저런 저, 민중의 지팡이라는 것들이……." 하며 육두문자부터 한 무더기 배설해내는 게 이젠 익숙한 풍경이 되었다. 이럴 때는 "민중의……" 운운하는 점잖은 언사 속에 교통 위반 딱지 끊겼을 때의 아픈 기억 등 개인적 감정(?)을 슬쩍 끼워 넣는 경우가 태반이다.

이뿐만 아니다. 우리 주변엔 왜곡된 이미지 탓에 공연히 억울한 대접을 받는 직업도 꽤 많다. 대표적인 것 중 하나가 비서직이다. 특히 여비서의 경우, 깔끔한 투피스에 지적인 외모와 세련된 말투를 겸비한 커리어우먼 타입보다는 쭉쭉빵빵한 몸매와 타이트한 블랙원피스, 갈구하는 눈빛, 선홍빛의 도톰한 입술, 그리고 그 입술을 천천히 핥는 촉촉한 혓바닥 따위를 먼저 떠올리는 게 에로물에 찌든 다수 수컷들의 속물적인 인식체계다. 하여, 모처에선 실제로 '비서실'이라는 유흥주점이 성업 중이다.

물론 조선 시대에도 이런 '억울한' 직업은 꽤 있었다. 그중 하나가 '이방吏房'이라는 직업이다. 이방은 조선 시대에 지방 관서에서 인사 관계 실무를 맡아보던 나름 '끗발' 있는 공무원이었다. 요즘으로 치

면 지자체의 총무과장(자치행정과장)에 비견되는 요직인 것이다. 하지
만 정작 우리 뇌리에 각인된 이미지는 양생이 수염 같은 것 코밑에
붙이고 사또에게 온갖 간살을 떠는 김희갑(극중) 류의 인물이기 십
상이다.

헌데, 자신들의 굴절되고 왜곡된 이미지에 비하면 이런 것도 예
고편에 불과하다며, 지하에서까지 억울함을 토로하는 일단의 부류
가 있다. 텔레비전 사극에서 중성적 이미지와 하이 톤의 간드러지
는 목소리로 임금 시중을 들던 내시들이 그 주인공이다. 간단히 설
명하면 내시內侍는 24시간 임금 곁에서 수발을 드는 개인 비서 혹
은 몸종을 말한다. 하지만 이 직업을 말할 때마다 정작 우리 뇌리
에 조건 반사적으로 떠오르는 단어는 '고자'라는 두 글자가 아닐까
한다.

내시의 상징, 고자

맞는 말이다. 조선 시대 내시부 소속 내시들(약 140명)은 모두 '고
자'로 구성되어 있었다. 때문에 내시를 '환관宦官'이라고도 불렀다.
즉 '거세된 관료'라는 얘기다. 잘 알다시피 임금이 '내 여자'들에게

껄떡거릴 수 있는 근원을 뿌리째(?) 뽑아내고 채용한 관료가 환관이 었던 것이다. 그런데 조선 시대에 이런 내시(환관)들이 결혼도 하고 자식까지 두었다면 쉬 믿어지겠는가? 잘 믿어지지 않는다고? 좋다, 그렇다면 지금부터 조선판 〈사건과 실화〉 속으로 들어가 그 진위를 두 눈으로 직접 확인해 보도록 하자.

고려시대까지만 해도 내시는 임금의 최측근 신하를 가리키는 호칭이었다. 이때까지는 '고자'도 아니었을 뿐더러 파워 또한 대단한 엘리트 관료였다. 오늘날 청와대 비서실에 버금가는 '끗발'이었다고나 할까. 일례로, 김부식(삼국사기의 저자)의 아들 김돈중은 '무신의 난'으로 유명한 정중부의 수염을 촛불로 태우기까지 했는데 당시 그의 직책이 내시였다. 그는 인종 때 문과에 장원급제하고 내시직에 임명되어 이후 죽 내시의 길을 걸은 인물이다.

이런 '센 파워'의 내시들이 궁궐 내의 잡무 담당이라는 고유의 보직에 국한되기 시작한 건 조선시대로 접어들고부터였다. 내시들의 잦은 월권행위에 개국공신 사이에서 "이 녀석들, 거시기도 없는 주제에 깨춤들 추고 있어요~" 하는 여론이 비등해지고 '내시 폐지론'까지 고개를 쳐들자 태조 이성계가 무마 차원에서 이들 보직을 '궐내의 음식물 감독', '왕명 전달', '궐문 수직(수위)', '청소' 등의 잡무에 국한토록 했던 것이다.

이왕 얘기가 나왔으니 말이지만, '내시=고자'라는 등식도 듣는 내시의 입장에서는 살짝 기분 나쁠 수 있는 정의였다. 왜냐하면 고려 말에 '고자'들이 내시직에 떼로 진출하면서 이처럼 '쪽팔리는' 등식이 성립되었을 뿐, 본래 내시라는 건 정부 소속 공무원의 정식 명칭이기 때문이다.

한데, '뽀대'나는 정치 행위는 일체 못하도록 하고 허드렛일만 시켰다 해서 이들이 하루 일과를 설렁설렁 때우고 가는 식이었는가 하면 그런 건 아니었다. 임금을 수발하는 위치에 있는 만큼 무식쟁이는 곤란하다는 명목 하에 조정에서는 이들에게 사서四書와《소학》,《삼강행실도》등을 가르쳤다. 게다가 그 교육이 읽기나 몇 번하고 볼펜 돌리기나 하다가 돌아갈 정도로 널널하게 진행되었는가 하면, 결코 그런 것도 아니었다.

매달 한 차례씩 꼬박꼬박 시험(考講)을 치러야 했고, 그때마다 수(通), 우(略通), 양(粗通), 가(不通)가 표시된 통지표를 받았다 .낙제자는 근무 일수 추가라는 핸디캡과 함께 근무 평정에서도 불이익을 당했다. 또 내시들이 승진(일반적으로 종2품인 '판내시부사'까지 가능했다)하기 위해서는 시험을 통과해야 했기에 승진시험 준비도 소홀히 할 수 없었다. 다만, 죽어라 해도 내리 미역국만 처먹다가 35세가 되는 '꼴통' 내시에게는 시험 자체를 면제해주기도 했다. 이를테면 '그냥 그렇게 살다 죽으라'는 나라의 배려인 셈이다.

이처럼 내시들을 '열공 모드'로 빡세게 돌린 건 자질 향상을 위해서
라는 게 대외에 내세운 명분이었다. 하지만 그 이면에는 그들에 대한
통제를 강화한다는 또 다른 목적이 도사리고 있었다. 상황이 이러하
다 보니 자연 내시들의 스트레스는 하늘을 찌르기 시작했다. "우리가
내시직 공무원이지 고3 수험생이냐?" 하는 분통이 터져 나오기도 했
고, 가정을 갖고 있지 못하다보니 퇴근(일반적으로 12시간 교대 근무) 후 스
트레스를 푼답시고 코가 삐뚤어지게 술이나 퍼마셔댔다.

내시들의 스트레스를 해소하라

내시들의 스트레스가 급상승 곡선을 그리고 이로 말미암아 '서비
스의 질' 또한 급격히 떨어지는 추세를 보이자 조정에서는 긴급 대
책 회의가 열렸다. 이름 하여 '내시 생활안정 및 복지향상을 위한
관계부처 합동회의'였다. 이 합동회의를 통해 각 부처는 내시들에게
도 가정이 있으면 생활이 훨씬 안정되고 스트레스도 해소되리라는
데 의견을 같이했다. 중국의 '채호(菜戶 : 영화 〈하녀〉의 전도연 같은 가정
부)' 제도를 벤치마킹한 것이었다.

태조 이성계는 내시도 결혼해 가정을 꾸릴 수 있도록 정부 시행령을 개정하고 덤으로 양자養子까지 들일 수 있도록 시행규칙도 만들었다. 다만, 그 양자는 반드시 '고자'여야 한다는 단서 조항도 두었다(이 양자 제도는 궁중에 내시를 충원하는 '인력풀'의 구실도 해냈다).

그리하여 내시들은 다투어 '사랑의 스튜디오' 같은 짝짓기 프로그램에 얼굴을 내밀기 시작했고, 실제로 하나 둘씩 가정을 꾸리면서 양자도 들여 다복한 샐러리맨의 일상으로 돌아갈 수 있었다. 양자는 주로 아래 항렬의 친척 중에서 구했고, 친척 중에 마땅한 아이가 없으면 가난한 양민의 자식을 돈 주고 사오기도 했다. 이렇게 알콩달콩 행복한 가정을 꾸미고 살던 내시들 중 윤득부 같은 자는 《양세계보》라는 내시 집안의 족보까지 내기에 이르렀다.

국내 유일의 내시 족보 〈양세계보〉

내시들을 향한 연산군의 무한 사랑

그렇다면 조선 27대 임금 중 내시들의 사기를 가장 많이 진작시켜준 임금은 누구였을까? 쉬 믿기지 않겠지만, 그 주인공은 '국가대표 에이스 폭군' 연산군이었다. 연산군은 재직 시 내시 사기앙양책을 시리즈로 쏟아내 이들로 하여금 '따뜻한 봄날'을 만끽하게 해줬다. 이 때문에 갑자사화 이후 연산군의 공포 통치가 맹위를 떨치던 폐위 직전 2년 동안 내시들은 오히려 '팔자에 없는' 호강을 누리며 살아갈 수 있었다.

연산군은 자기 여자(사실상 조선 여자가 전부 자기 여자였지만)를 남이 넘볼 때라던가, 임금의 권위에 도전하려 할 때에는 가차 없이 물어뜯고 아작을 냈지만, 자기를 지근거리에서 모시는 공직자들에게는 좀 황당하다 싶을 정도로 격한 호의를 베풀었다. 임금을 가장 가까이에서 모시는 관원이라는 이유로 승지(현 청와대 비서관 격)를 영의정보다 윗자리에 앉도록 한 지극히 '연산군스러운' 배려가 대표적이다. 따라서 임금과의 친밀도나 밀착도가 승지보다 더 높았던 내시들의 위상 재정립을 위한 특단의 조치는 이미 예정된 수순이라고 할 수도 있었다.

여기서 연산군이 발표한 내시 사기앙양책을 대략 살펴보면, 먼저 내시를 같잖게 보지 못하도록 하는 조목條目을 만들고 이를 어길 시에는 사헌부(현 감사원)로 하여금 감찰·보고토록 했다. 또, 내시에 대한 대우도 일반 관원과 동등하게 하도록 지시했다. 즉 품계가 당상관 이상(판내시부사, 상선, 상온)인 내시에게도 하인과 수행원을 붙이고 행차 시에는 잡인의 통행을 제한할 수 있도록 하라는 지시였다.

뿐만 아니라 내시가 지방에 내려갈 경우에는 이동 경로를 청소하고 숙식을 비롯한 각종 편의를 제공토록 했으며, 미흡할 경우에는 관찰사까지 처벌토록 했다. 이왕 밀어주는 김에 좀 더 팍팍 밀어주겠다는 심산이었는지, 연산군은 재위 10년께 이 모든 것을 뛰어넘는 또 하나의 파격적인 조처를 단행했다. '승명패承命牌'의 제작과 사용이 그것이었다. 승명패란 임금의 명을 받들고 이를 전하거나 수행하는 신하가 지니는 패를 말하는데, 당시 이 패를 주로 소지한 사람들이 내시였다. 이 패를 가진 사람을 보면 말 탄 자는 모두 내리고, 걸어 다니는 자는 무릎을 꿇어야 했다. 어길 경우에는 중벌이 뒤따랐는데, 연산군 10년 9월에는 실제로 승명패를 소지한 내시 최공을 보고도 미처 말에서 내리지 못한 진사 강이온이 효수(머리를 잘라 장대에 매다는 형벌)되기도 했다.

그런데, 우쭈쭈 해주니 기어오른다 생각했던지, 내시들에게 '세종에 버금가는 성군聖君'으로 추앙(?)받던 그 연산군이 어느 날 갑자기

'내시 잡는 임금'으로 돌변하는 긴급사태가 발생했다.

연산군의 황당한 특명

1504년(연산군 10년) 5월 3일, 연산군은 승지 강징에게 엽기적인 '오더' 하나를 내렸다.

> "지금 풍속이 거짓이 많아 고자들도 진짜가 아닐 수 있으니, 승지 강징
> 은 의원 김홍수, 고세보와 함께 협양문 밖에서 음신陰腎이 있는지 없는
> 지 상고하여 아뢰라."

여기서 음신陰腎이란 'X알'을 말하므로, 위 내용을 쉽게 풀면 '승지와 의원들이 내시들을 불시 점검해 X알 두 쪽 멀쩡히 달고 다니는 놈들을 발본색원하라'는 엄명이었다. 연산군의 명을 받은 승지 강징은 즉각 전 내시에 대한 'X알 점검'에 들어갔는데 그 점검 방식이 꽤나 인간적이었다. 대궐 마당에 전 내시들을 도열시켜 놓은 다음 볼륨감 있는 몸매의 아리따운 여성으로 하여금 섹시한 목소리로 음란 서적을 읽게 해서 '거시기'에 반응이 오는 놈을 색출해내는 방식이었던 것이다. 점검 결과 김세필이라는 내시가 모종의 '반응'을

보였다. '짜가'임이 들통난 것이다. 보고를 받은 연산군은 '내 이럴 줄 알았다' 하는 표정으로 벼락같이 소리를 질러댔다.

> "내관 김세필은 음신이 아직 남은 게 있는데도 속이고 환관 중에 끼었
> 으니 칼 씌워 가두고, 그 수양동생 이세륜 및 수양사촌, 수양아비 최결,
> 최결의 수양동생 김만수 등은 모두 잡아다 심문하되, 그 사실을 아는지
> 여부에 대해 정강이를 때리면서 심문하라."
>
> - 《연산군일기》 1504년(연산군 10년) 5월 3일

구체적인 타격 부위까지 지정해준 이 심문을 통해 수양아비 최결의 연루 사실이 또 밝혀졌다. 모든 내시들이 둘러보는 앞에서 수양아비 최결의 목은 맥없이 잘려나갔고, "고자가 아닌 자를 데려다 양자로 삼아 나라를 속이고 내시가 되게 한 죄다"라는 글귀와 함께 그의 목은 성문에 내걸리게 되었다.

하지만 사태는 그쯤에서 끝나지 않았다. 이런 '짜가'가 몇 놈은 더 암약(?)하고 있으리라 확신한 연산군이 전격 '수사 확대'를 지시한 것이다. 결과는 연산군 예상대로였다. 최수연과 서득관이라는 내시가 간통 혐의로 덜컥 수사망에 걸려들었다. 그해 5월 18일 연산군은 - 12.12 사태 경위를 발표하는 전두환 보안사령관과 같은 - 근엄한(그러나 약간 더러운) 표정으로 친히 수사 결과를 발표했다.

"궁중에서 신임하는 것은 내관인데, 최수연, 서득관은 불초한 행동이 있다……(중략)……내시의 직책은 항상 궁중에 있으면서 소제하고 말을 전달하여 내외의 간격이 없으므로, 의당 그 마음을 조심하여 맡은 일을 해야 할 뿐이다. 그런데 최수연, 서득관은 외간 여자와 비밀히 통하다가 그 형적이 드러났다. 지금 풍속을 고치는 때를 당하여 그 죄를 용서할 수 없으므로 중한 법으로 다스려 다른 사람들을 경계하는 것이니, 이것을 안 팎에 깨달아 알아듣도록 하라."

최수연은 외간 여자와, 서득관은 잠실 파견 근무 중 누에 기르는 유부녀와 눈이 맞았다고 했다. 이들에게도 '역시나' 가혹한 형벌이 뒤따랐다. 최수연은 머리를 베어 매달고 시체를 돌리면서 내시들로 하여금 번갈아 나가서 보게 했다. 또 서득관은 머리를 벤 다음 '내 관으로서 잠모蠶母를 간음한 죄'라는 팻말을 써서 붙여놓도록 했다. 이 과정에서 최수연의 베어진 머리를 홀로 뒤처져서 힐끔거렸다는 죄명으로 이존명은 장 90대를 때린 후 바로 내쫓아버렸다.

'경찰청 사람들' 버전으로 말하면, '이 사건은 인간의 가장 원초적 욕망인 성욕이란 게 고환 두 쪽 떼어낸다 해서 말살될 정도로 간단 치 않음을 위 피의자들이 실증해 보인 대표적인 사건'이라고 할 수 있었다.

내시들의 삐리리 생활

사실 앞에서 언급했던 김세필이나 최수연, 서득관 등은 엄밀히 말하면 내시업계에서 생산해낸 '불량품'들이었다. 거세라는 공정은 거쳤는데 치명적인 하자가 발생한 경우인 것이다. 그렇다면 당시 내시들은 어떤 방식으로 거세를 했기에 이처럼 '불량품'들이 다수 섞여 있었던 걸까? 만약 내시부 차원에서 '6시그마(품질관리)' 같은 프로젝트를 활발히 전개했더라면 '불량품' 개수(?)를 좀 더 줄일 수 있지 않았을까?

내시하면 우리는 아예 '거시기'가 없는 경우를 떠올리게 된다. 하지만 조선시대 내시의 경우 '거시기'는 살려두고 정액을 생산하는 ×알만 제거했다고 한다. 초기엔 주로 개가 어린아이 똥을 핥다가 ×알까지 잘라 먹는 경우 등 '자연거세' 된 자들이 내시로 많이 진출했는데, 나중에는 인원이 부족해 인위적인 거세로도 내시를 양산하기 시작했다. 또 일부에서는 가난에 못 이겨 부모나 본인이 스스로 거세하는 경우도 많았다고 한

중국의 내시

다. 어린아이의 경우는 명주실이나 머리카락을 ×알에 묶어놓으면 피가 통하지 않아 저절로 떨어져 나가는 방법을 쓰기도 했다는 것이다. 중국은 '거시기'와 ×알을 다 들어내기 때문에 불량품 생산 확률이 제로에 가까웠지만 우리는 이처럼 '거시기'만 제거하는 좀 더 인간적인 시술을 택했기 때문에 불량품이 나올 확률이 그만큼 높았다는 얘기다.

그렇다면 이쯤에서 가장 원초적인 호기심이 생겨나지 않을 수 없다. 내시도 정상인들처럼 삐리리를 할 수 있었을까 하는 부분이다. 결론부터 말하면, '거시기'가 달려 있었기 때문에 이론상으로는 가능했으되, 남성호르몬이 분비되지 않아 '거총'이 안 되는 경우가 대부분이었다고 한다. 또, 한 향토사학자의 증언에 따르면 '거총'이 되는 경우라도 '발사'가 안 되는 괴로움 때문에 마누라의 목덜미와 어깨를 깨무는 등 난리법석을 피우기 일쑤였다고 한다. 믿거나 말거나지만…….

성욕을 갖는 게 죽을 죄?

인간에게 있어 성욕은 식욕에 버금가는 원초적인 욕구로 곧잘 회

자된다. 미국의 심리학자 매슬로는 인간의 욕구를 5단계로 분류하면서 성욕을 그 1단계인 '생리적 욕구'에 포함시켰다. 요컨대, 생명 유지를 위한 욕구(의식주)가 어느 정도 충족되고 나면 인간이 바로 다음으로 충족하고자 하는 욕구가 성욕이라는 얘기다.

물론 평생 성욕을 억제해가며 살아가는 부류도 우리 주변엔 많이 있다. 스님, 신부, 수녀 등 성직자들이 대표적이다. 하지만 이들도 수양을 통해 성욕을 억제할 뿐 '장비'를 손상시켜 가면서까지 이를 말살하는 단순 무식한 짓거리는 하지 않는다. 연산군도 "호걸스러운 제왕들은 여색에 많이 빠지지만 국가의 흥망은 거기에 좌우되는 것이 아니다." 하면서, 마치 성욕이 호걸스러운 제왕을 결정짓는 척도인 듯한 발언을 무수히 쏟아놓았다.

그런 군주가, 심지어 자기 큰어머니까지 자빠뜨렸던 천하의 '개막장왕'이, 측근 신하가 저지른 단 한 번의 '생리적 욕구' 해소행위를 무슨 모반행위 처벌하듯 목을 베고 그 목을 성문 앞에 내걸어 두기까지 하는 만행을 외눈 하나 깜짝 않고 자행했던 것이다. 불과 수백 년 전에 우리가 사는 바로 이 땅에서……

그 삐리리라는 것도 그렇다. 손뼉도 마주 쳐야 소리가 난다고, 제아무리 파란 타이즈에 빨간 팬티 입은 슈퍼맨이라도 남자 혼자서는 원초적으로 불가능한 것이 삐리리다. 그럼에도 불구하고 당시 내시와 삐리리를 한 상대 여성들에게 징벌이 내려졌다는 이야기는 눈을 씻고 찾아봐도 없다. 그건 조선이 유독 여성들에게 너그러운 '페미니즘'의 나라여서가 아니라 그냥 '내시는 그런 거 하면 안 되는데 했으니 넌 죽어!' 하는, 참으로 살 떨리는 단순논리인 것이다.

오늘날 살아있는 곰 쓸개즙이나 코브라를 먹기 위해 정력 관광까지 마다않고, 심지어는 동물 교미약(일명 최음제)까지 왕성히 거래하는 등 '변강쇠의 꿈'을 실현하기 위해 사력(?)을 다 하는 많은 수컷들의 형이하학적인 행태를 떠올리면서, 다른 한편으로는 조선 시대 내시들의 팔자라는 것도 한 번 생각해보았다.

태생적으로 가장 원초적인 욕구를 철저히 억제당한 채 잘 길들여진 견공들처럼 오로지 맡은 바 직분에만 충실하다가 이름 없이 사라져간 수많은 내시들. 사랑해서 안 될 사람을 사랑한 돌이킬 수 없는 '원죄' 때문에 괴로워하고 때로는 가혹한 형벌까지 감수해내야 했던, 사내도 아니고 그렇다고 계집도 아니었던 그들.

아아, 상념이 여기에 이르니 불현듯 지하 저만치에서 그들이 처연하게 부르는 '슬픈 사랑의 노래' 가락이 구슬피 들려오는 듯하다.

◎ 내시가 장수한 이유는?

얼마 전 국내 한 연구진이 재미있는 연구결과를 내놓았다. 조선시대 내시와 양반의 평균 수명을 비교·분석한 결과 내시들이 양반에 비해 최소 14년 이상 오래 산 것으로 나타났다는 것이다. 연구진에 따르면, 조선시대 양반들 평균수명이 51~56세인데 비해 내시들은 70세였고 조사대상 81명 중 3명은 100수를 누린 것으로 확인됐다는 설명이었다.

이처럼 내시들이 대부분 장수한 이유는, 남성호르몬의 분비를 억제하는 '거세'가 수명 연장에 상당한 영향을 미쳤기 때문이라는 게 연구진의 주장이다. '젊을 때 너무 흔들고 다니면 늙어서 벽에 똥칠하야~' 하는 어른들의 준열한 가르침이 의학적으로 입증된 경우라고나 할까.

06
못생긴 엄상궁의 성공시대

조선의 마지막 황비, 엄상궁.
외모 지상주의를 뒤엎은 그녀의 파란만장한 인생!

조선판 외모 지상주의

몇 해 전 '얼짱 강도'라는 네 글자가 순식간에 포털사이트를 접수한 적이 있었다. 애인과 함께 강도짓을 3차례나 한 혐의로 지명수배된 용의자 이 모 씨의 수배 전단 사진이 시쳇말로 '얼짱'이라서 네티즌들을 열광시켰던 것이다. 당시 인터넷에는 강도녀의 팬카페까지 개설돼 회원수가 4만 명에 이를 정도였다. 재미있는 건, 이 회원들의 활약이 극성스러울수록 강도녀의 운신은 점점 위축될 수밖에 없었다는 점인데, 그래서인지 11개월이나 잘 숨어 지내던 강도녀는 팬카페가 개설된 지 한 달 만에 붙잡히고 말았다.

또 그 얼마 뒤에는 금성무를 닮은 중국 '얼짱 거지'와 현빈+이민기를 합성한 듯한 한국(신림동) '꽃거지' 사진이 인터넷에 올라와 폭풍클릭을 이끌어내기도 했는데, 그 사진 밑에 달린 '거지도 얼짱만 기억하는 참 거지같은 세상'이라는 댓글이 여러 사람을 웃기기도 했다.

앞에서 언급한 사례들은 모두 인물만 받쳐주면 뭐든 용서(?)되는 외모 지상주의가 부른 해프닝이었다. 물론, 외모 지상주의라는 게 어제 오늘 나타난 현상은 아니다. 요컨대, '보기 좋은 떡이 먹기도 좋다'는 식의 논리는 검은 머리 가진 수컷들이 직립 보행을 시작한 이래 신앙처럼 떠받들고 있는 '만고의 진리' 같은 것이다.

조선 시대에도 당연히 외모 지상주의가 만연했다. 아니, 임금의 성향에 따라서는 오늘날과 비교를 불허할 정도로 그 편향성이 심했다. 특히 궁궐에서 궁녀로 살아가기 위해서는 예쁜 얼굴이 그야말로 'A to Z'였다. 실제로 연산군은 채홍사라는 벼슬까지 두고 전국의 얼짱이란 얼짱은 죄다 궁궐에 쓸어 담아 놓기까지 했다. 한마디로, 궁궐은 조선의 '얼짱들 경연장' 같은 곳이었다 해도 과언이 아니라는 얘기다.

그렇다면 그런 궁궐 속에 이른바 '안습(안구를 습하게 하는)'인 궁녀는 전혀 없었을까? TV 사극을 보니 '티벳 궁녀' 같은 '폭탄'도 이목을 끌던데 말이다. 결론부터 말하면, 티벳 궁녀를 능가하는 '폭탄(薄色)'에 절구통 같은 몸매를 지녔으면서도 왕자(황태자)를 낳고 급기야 국모 자리까지 꿰찬 입지전적인 여성이 있었다. 그것도 불과 100여 년 전에. 고종 연간의 엄상궁이라는 인물이 그 주인공이다.

자, 그럼 '대~한제국'이라 불리던 시절의 인물이라 증빙 자료(전신사진)도 넘쳐나는, 그리고 그 증빙 자료들을 통해 화려한 궁중 복식으로 치장했음에도 누구나 '참 박하게 생겼다'는 인식을 공유하게 되는 국가대표급 '폭탄' 엄상궁은 과연 어떠한 인물이었으며 또 어떤 경위로 국모의 자리에까지 오를 수 있었는지, 지금부터 그 비하인드 스토리를 파헤쳐 보기로 하자.

명성황후를 넉다운 시킨 엄상궁

1854년(철종 5년) 엄진삼의 장녀로 태어난 엄상궁이 처음 궁궐에 들어간 건 그녀의 나이 '꼴랑' 다섯 살(철종 10년) 때였다. 비록 어리고 못생긴 '아기나인'이었지만 엄상궁은 이후 타고난 명민함으로 쾌속 승진을 거듭한 끝에 성년이 된 뒤에는 명성왕후(민비)의 시위상궁

엄상궁의 전신 사진

(일종의 몸종)으로 일하게 되었다. 하지만 이 시기 그녀에 대한 기록은
상당 부분 베일에 가려져 있다. 당시만 해도 그녀는 궁궐 내에서 유
기적으로 움직이는 수많은 '부속품' 중 한 개에 불과했을 뿐더러 인
물마저 '호박과'였으니 이는 어쩌면 당연한 귀결일 수 있다.

이런 엄 상궁이 일약 '뉴스 메이커'로 등극하고 연일 호사가의 입방아에 오르내리게 된 건 그녀의 나이 서른두 살 되던 해 고종의 '러브콜'을 받고 난 뒤부터다. 사실 고종이 뜬금없이 엄상궁을 '콜'할 때까지만 해도 누구 하나 그것이 '러브'를 위한 '콜'이라고는 생각하지 않았다. 하지만 그 다음 날 엄상궁이 승은을 입었다는 증표로 치마를 돌려 입고 나오자, 궁인들은 일제히 스톱모션이 되고 말았다.

"우, 우째 이런 일이?"

궁인들은 함지박만 하게 벌린 입을 다물지 못했다. 이거야 원, 얼굴이 예쁜가, 몸매가 쭉쭉빵빵인가, 그렇다고 나이가 젊은가? 도무지 고종을 유혹할 건덕지라고는 하나도 갖추지 못한 '떡대'가 치마를 돌려 입고 나왔으니, 이젠 전하의 정신 상태까지 다 의심스러워지는 지경이었다.

게다가 명성왕후의 엄명에 의해 고종의 행동반경 내에는 알아주는 '폭탄'들만 엄선해 숫제 '지뢰밭'을 깔아놓은 게 불과 얼마 전이었다. 그런데 다른 사람도 아닌 명성왕후의 오른팔이 그 삼엄한 '지뢰밭'을 뚫고 고종의 침소까지 침투하는 변괴(?)가 일어났으니, 이야말로 뒤통수 한 번 제대로 맞은 격이 아닐 수 없었다.

특히나 믿던 도끼에 발등 찍힌 직속 상전 명성왕후의 '뿔따구'는 극에 달했다. 그녀가 엄상궁을 몸종처럼 옆에 두고 있었던 가장 큰 이유도 기실 얼굴이 '폭탄'이라는 점 때문이었다. 고종과 대면할 일이 빈번한 자리였던 만큼 저 정도 '폭탄'이면 안심할 수 있겠다 싶어 믿고 썼던 건데, 그런 엄상궁이 돌연 블루투스가 되어 자신의 뒤통수를 후려갈긴 것이다.

또 한편으로 생각하면 그런 여자에게 껄떡거린 남편의 알량한 안목에도 핏대가 솟구쳐 올랐다. 자신도 저런 한심한 안목에 얻어걸린 케이스였을 것이라고 도매금으로 매도당하지 않겠는가 하는 우려 때문이었다. 명성왕후는 연신 고개를 갸우뚱거리면서 이렇게 중얼거렸다.

"이 인간, 주변이 온통 지뢰밭이라서 안목이 떨어진 거야 뭐이야?"

다시 고종의 부름을 받은 엄상궁

좀처럼 분노를 가라앉히지 못하고 광분하던 명성왕후는 결국 엄상궁을 죽이기로 결심했다. 봉건왕조시대에 주인의 뒤통수를 친 몸종이니 살려둘 가치도 없었다. 실제로 그렇게 처단한 궁녀도 몇 명 있었다. 하지만 고종은 꼴에 자신과 호흡 맞춘 파트너였답시고

도시락 싸들고 다니며 통사정을 하기 시작했다. 명성황후는 고종의 얄량한 체통을 감안해 엄상궁을 궁궐에서 쫓아내는 것으로 이 사건을 일단락 짓고 말았다.

고종과 엄상궁이 다시 '부킹' 한 건 그로부터 10년이 훌쩍 지난 뒤였다. 명성왕후 시해사건이 난 지 닷새째 되는 날 고종이 엄상궁을 다시 불러들였던 것이다. 그때 엄상궁의 나이는 불혹을 두 해나 넘긴 마흔 둘이었다. 하지만 이런 고종의 철면피 짓을 고운 눈초리로 봐줄 사람은 아무도 없었다.

마누라 시신도 채 수습하지 못한 상황에서 '그때 그 사람'을 다시 곁에 불러 들였으니 드라마라도 이 정도면 방송윤리위원회로부터 경고를 두어 번은 처먹을 막장드라마라고 보았던 것이다. 구한말 재야문인인 황현은 자신의 저서 《매천야록》에 당시 시중의 분위기를 이렇게 기록해놓고 있다.

장안 사람들이 모두 상감에게 심간(心肝 : 깊은 마음)이 없다면서 한스럽게 여겼다.

물론 고종도 고종대로 핑곗거리가 아주 없지는 않았다. 아내를 잃은 고종을 엄습한 것은 엄청난 공포였다. 왜놈들이 궁궐 한복판으로 들어와 마누라도 죽이는 마당에 자기 모가지 따는 건 시간문 제라고 여겼기 때문이다. 실제로 고종은 자신이 보는 앞에서 직접 뚜껑을 딴 깡통 연유나 달걀 요리 외에는 들지 않을 정도로 극심한 불신감에 시달렸다. 혼자 있을 때 고종은 이렇게 중얼거렸다.

"이런 상황에서 내게 절실한 건 사람이다. '사람이 꽃보다 아름다워'라 는 노래도 있지 않은가? 그래, 내게도 사람이 필요하다. 언제나 오랜 친 구 같고, 마음이 외로워 하소연할 때면 사랑으로 다가와 내 마음을 달래 주는 그런 '누이' 같은 사람이……"

이런 결론을 도출하고 다시 부지런히 잔머리를 굴리니 그런 사람 이 딱 하나 떠올랐다. 실제 나이는 세 살 어리지만 외모만큼은 '큰 누이' 못지않은 그런 사람. 그게 바로 엄상궁이었던 것이다.

엄청난 외모 뒤의 엄청난 능력

10년 백수 끝에 입궁한 엄상궁은 그날 부로 일약 대~한제국의 몸 통으로 거듭나게 되었다. 고종의 처소를 총괄하는 지밀상궁이 되 었던 것이다. 이를테면 '왕비 권한 대행' 격이었다. 그러나 한 번 미운 털이 박히고 나니 엄상궁에 대한 뒷담화는 좀처럼 수그러들지 않았다. 가장 약발이 잘 먹히는 뒷담화는 엄상궁이 국정에 깊이 관여하면서 뇌물을 받아 챙긴다는 것이었다.

사람들이 이렇게 뒷담화를 하는 데에는 나름 그럴 만한 이유가 있었다. '왕비 권한 대행' 격이면서 매일 밤 인적이 뜸한 시간에 큰 가마를 타고 궁궐을 빠져 나오는 행위가 의심의 빌미로 작용했던 것이다. 요컨대, 매일 집에 가는 건 사람들이 청탁용으로 갖다놓는 뇌물을 살피고 장부를 정리하기 위해서라는 얘기였다. 소문은 연일 확대 재생산되는 양상이었지만, 우리의 '떡대' 엄상궁은 꿈쩍도 하지 않았다. 오히려 가마의 숫자를 2개로 늘리기까지 했다. 궁궐 보초를 서는 일본 경찰들에게 이미 '쥐약'도 듬뿍 찔러줬으므로 거칠 것 또한 없었다.

그러나 이는 엄상궁의 고도로 계산된 전략이었음이 후일 밝혀졌다. 사실 고종의 신임을 확실히 얻은 엄상궁이지만, 그즈음 그녀에게는 남모르는 고민이 하나 있었다. 돌아가는 낌새를 보아하니 그때까지 주도권을 놓지 않고 있던 친일파(김홍집 등) 사이에서 고종의 재혼 문제를 거론하는 정황이 감지되었던 것이다. 오, 노! 이건 아니었다. 엄상궁의 입장에서 고종의 재혼은 죽어라 산중 농사 지어 고라니 포식시켜주는 격이나 다름없었다. 어떤 식으로든 고종이 새

왕후를 들이는 변고(?)는 막는 것이 급선무였고, 그러자면 친일파와 고종을 분리시키는 게 상책이었다. 다행히 이범진을 비롯한 친러파와도 어느 정도 입을 맞춰놓았다. 서로 속셈은 달랐으되 지향점은 일치했던 것이다.

엄상궁은 눈물까지 쥐어짜는 탁월한 연기력(원래 덜 생긴 연기자들이 연기력은 뛰어나다)으로 '변란설'을 설파한 끝에 고종, 동궁(의친왕) 등이 함께 궁궐을 떠난다는 합의서를 받아들게 되었다. 그리고 D-day인 1896년 2월 11일(양력, 이 해부터 양력을 쓰기 시작했으므로 음력으로는 아직 1895년 섣달그믐을 하루 앞둔 날이었다) 새벽에 그들은 드디어 엄상궁의 가마(2채)를 타고 궁궐을 빠져나와 러시아 공관으로 향했다. 일본 경찰들은 여느 때와 다름없는 행보로 여기고 별다른 제지를 하지 않았다. 이게 저 유명한 '아관파천俄館播遷'이다. 엄상궁이 기획하고, 시나리오 쓰고, 감독하고, 게다가 출연까지 한, 그야말로 엄상궁 1인의 대표작이요, 출세작이 '아관파천'이었던 것이다.

고종을 러시아 공관으로 나른 엄상궁

'아관파천'으로 고종이 사라진 궁궐은 그야말로 '소시지 없는 김

밥' 처지가 되고 말았다. 또 그동안 그토록 기세등등하고 겁 없이 설처대던 친일파 내각 또한 총리대신 김홍집이 피살되면서 한순간에 허물어져 버리고 말았다.

그러면 러시아 공관에서의 생활을 고종은 어떻게 받아들였을까? 당시 고종 일행에게 러시아 공관에서 제공한 방은 임금 거실과 침실, 엄상궁 침실, 수행 궁녀들 침실 등 모두 4개였다. 조선 천지를 제 안방처럼 생각했던 고종으로선 이 협소한 공간이 불편하기 짝이 없었을 것이다. 하지만 추측컨대 고종은 이곳에서의 생활에 나름 만족하며 살아가지 않았나 싶다. 마치 러시아에서 제공한 '리조트'에 휴가를 온 듯한 느낌, 뭐 그런 느낌으로 공관 생활을 했을 수도 있겠다 싶은 정황이 발견되기 때문이다. 그건 바로 엄상궁의 임신이었다.

고종 어진

이쯤 되면 독자 중에는 임금이 피난 가서 삐리리나 생각하다니 제 정신이냐고 타박하는 분도 계실 것이다. 하지만 꼭 그렇게 볼 일만도 아니다. 러시아 공관 생활이 1년이나 되었고 '뒤통수'에 대한 우려도 어느 정도 가신 상황이며, 주인공이 '준비 안 된 임금' 고종이라는 점 등을 감안할 때, 분명 '할 만한 짓'을 했다는 게 필자의 생각이다. 게다가 주변에 여자라고는 언제나 사랑스런 누이 같은 엄상궁 하나뿐이었으니, 기실 고르고 자시고 할 여지도 없었지 않은가? 그야말로 '뭘 더 바래?'라는 얘기다.

아무튼 1년간의 '휴가'를 마치고 궁궐에 복귀한 얼마 뒤(1897년 10월 20일) 엄상궁은 떡두꺼비 같은 아들을 하나 낳았다. 이 아들이 훗날 영친왕이자 조선의 마지막 황태자로 잘 알려진 이은이다. 이때가 그녀의 나이 마흔 넷, 당시로선 할머니 소리 들을 나이에 얻은 귀한 아들이었다. 그야말로 고목에서 꽃이 핀 격이었다.

대한제국의 뒤를 이을 황자를 출산하자 엄상궁의 지위는 그야말로 가파르게 수직 상승하기 시작했다. 이틀 만에 귀인으로 책봉되었고, 직급 또한 정5품 지밀상궁에서 종1품으로 점프를 했다. 뿐만 아니다. 1900년(고종 37년) 8월 3일에는 후궁 품계 중 가장 높은 '순빈' 칭호를 받으며 고종의 정식 후궁으로 인정받기에 이르렀다. 때를 같이해 사관들의 손놀림도 부쩍 바빠지기 시작했다. 대세가 엄상궁에게 있다고 판단해선지 도처에서 낯간지러운 '엄비어천가'가 잇따랐기 때문이다.

순빈 엄 씨는 좋은 명성이 미치는바 천성이 온화하고 자애로우며 규범이 정숙할 뿐 아니라 자신을 낮추어 높은 사람을 넘어서지 않고 새 사람으로서 오랜 사람 앞에 나서지 않아 얌전하고 겸손하다는 소문이 많으니 응당 신분을 높여야 합니다.

- 《고종실록》1901년(고종 38년) 9월 22일, 봉상사제조 김사철

참으로 한결같은 덕을 지니고 있을 뿐 아니라 지난번 나라가 위태로운 때 폐하를 돕고 황태자(순종)를 보호하느라 많은 수고를 했다. 제사를 받들 때는 공경심을 한껏 다했으며, 이미 폐하의 총애를 받아 황태자(영친왕)까지 낳음으로써 자손이 끝없이 번성할 경사를 열어 기뻐하지 않는 사람이 없다.

- 《고종실록》1902년(고종 39년) 10월 24일, 의정부의정 윤용선

분위기 좋고 느낌이 와서인지, 고종까지 내연녀인 엄상궁을 마음껏 치켜 올리면서 '팔불출' 인증을 했다. 1901년(고종 38년) 9월 20일 윤용선이 순비로 책봉할 것을 요청하자 짐짓 짜증나는 듯(고종은 '번거롭게 군다'는 표현을 썼다) 뒤로 빼다가 같은 날 바로 승진 발령장을 주는 '여우짓'을 했던 것이다.

"순빈淳嬪 엄 씨는 천품이 순후하고 처신이 조심스러워 실로 훌륭하다는 평판이 많았으니 응당 표창해야 할 것이다. 이에 옛 법을 상고하여 순

비로 칭호를 높인다."

　이제 엄상궁은 '왕비(왕후) 격'이 아니라 실질적인 '왕비(왕후)'가 되었다. 거추장스럽던 '격' 자를 확실히 떼어낸 것이다. '격' 자를 떼어내고 나니 이제 그녀에게 거칠 것은 아무 것도 없었다. 그녀 나이 50세 되던 1903년에는 '비妃'보다도 한 끗발 높은 '황귀비皇貴妃'가 되었다. 고종은 이후 왕후를 따로 선임하지 않았으므로 그녀가 사실상의 왕후였다. 그 기간이 무려 24년이나 되었고, 그녀가 왕후임을 인정하지 않는 사람은 아무도 없었다.

　이로써 천지분간 못하는 다섯 살의 어린 나이에 입궁해 궁궐 내에서 왕후의 몸종 노릇이나 하다가 얼떨결에 고종의 승은을 입고, 또 그걸 이유로 궁궐에서 쫓겨났다가 무려 10년 만에 다시 돌아와 목숨을 건 승부수로써 갖은 난관을 극복하고 마침내 대~한제국의 '국모' 자리까지 꿰찬 '폭탄 오브 폭탄' 엄상궁의 '인간 승리', 그 드라마보다 더 드라마틱한 스토리텔링은 완성되었던 것이다.

> **뱀발(蛇足) 하나……**
>
> 엄상궁. 아니 황귀비는 이후 여성 교육에 대한 사회적 욕구를 적극 수용하고 민족 여성 교육의 장을 활짝 열어, 진명여학교와 명신여학교(숙명여학교의 전신)를 설립하기도 했다.

07
임금 이름은 어떻게 지었을까?

'장편소설' 같은 조선 임금들 이름,

이 분들 왜 이러시는 걸까요?

'황금독수리온세상을놀라게하다'가 사람 이름?

순우리말 이름 짓기가 돌림병처럼 번지던 1979년 초여름께 빵 터지는 이름 하나가 '박차고' 세상에 나왔다. '박차고나온노미새미나.' 서울대 국어운동학생회가 주최한 '고운이름 자랑하기' 행사에서 '집안이름' 부문 장려상을 수상한 이 이름은 가장 길다(10자)는 이유로 당시 큰 화제를 모았다. 하지만 이 이름은 가장 긴 이름이라는 영예(?)를 그리 오래 누리지 못했다. 불과 몇 해 뒤에 '김온누리빛모아사름한가하'라는 12자 이름이 등장하더니, 연타석 홈런 치듯 '황금독수리온세상을놀라게하다'라는 만화영화 제목같은 14자 이름이 또 등장했기 때문이다.

그런데 좀처럼 깨질 것 같지 않았던 이 '황금독수리…' 또한 기대만큼 오래 버텨내지는 못했다. 그 얼마 뒤 거짓말처럼 '박하늘별님구름햇님보다사랑스러우리'라는 17자 슈퍼 울트라급 '롱네임'이 또 등장했던 것이다. 모르긴 몰라도, 현존하는 이름 중 '대~한민국 국적자'의 것으로는 이 이름이 오늘날까지 '최고기록'을 보유하고 있지 않나 싶다. 1993년부터 성을 포함해 6자를 넘는 이름은 출생신고를 할 수 없게 만든 탓에 이젠 이런 이름을 짓더라도 호적에 올릴 수 있는 길 자체가 원천 봉쇄된 상태이기 때문이다.

한데, 이름 길기로 둘째가라 하면 드러눕는 것도 마다않을 무리(?)가 우리 역사 속에는 존재했다. 믿기 어렵겠지만, 조선시대 상감마마들이 그 주인공이다. 실제로 조선조 23대 임금 순조는 무려 77자에 달하는 장편소설 같은 이름(정식칭호)을 가졌었다. 또 '장수임금'으로 유명한 영조는 70자, '삼각연애의 달인' 숙종은 44자, '개혁의 아이콘' 정조는 20자 이름을 가졌었고, '국민임금' 세종 또한 14자라는 결코 짧지 않은 이름을 가졌었다.

그렇다면 조선조의 임금들은 왜 다들 이처럼 긴 이름을 갖게 되었을까? 또한, '묘호 + 시호 + 존호'로 조립된 임금들 이름에는 어떤 공식(?)과 의미가 숨겨져 있었을까?

묘호? 시호? 존호?

『태·정·태·세·문·단·세·예·성·연·중·인·명·선·광·인·효·현·숙·경·영·정·순·헌·철·고·순』

흘낏 보면 간첩들 암호문같지만, 너덧 자만 읽다 보면 금세 입에 착착 달라붙어 누구나 줄줄 읊게 되는, '국민랩' 같은 글자들이다. 연식 좀 있는 분들은 '…인명선' 다음에 '에~헤, 으헤으헤 으허허' 하는 추임새를 넣으면서 어깨까지 들썩거릴 것이고, 개중에는 '살짝 맛이 간 놈' 취급 당하며 혼자 웅얼거렸던 '초딩의 추억'이 떠올라 잠시 향수에 젖는 분도 계실 것이다.

다 아시다시피 이 '국민랩'은 조선 임금의 이름, 그 중에서도 '묘호_{廟號}'의 앞 글자만 따서 이어 붙인 것이다. 그렇다면 묘호라는 건 무엇일까? 그리고 시호는 무엇이며 존호는 또 무얼 의미하는 걸까? 다음과 같은 예시문을 놓고 이에 대해 좀 더 구체적으로 살펴보도록 하자.

순조선각연덕현도경인순희체성응명흠광석경계천배극융원돈휴의 행소윤회화준렬대중지정홍훈철모건시태형창운홍기고명박후강건수 정계통수력공유범문안무정영경성효대왕(純祖宣恪淵德顯道景仁純禧體聖

凝命欽光錫慶繼天配極隆元敦休懿行昭倫熙化浚烈大中至正洪勳哲謨乾始泰亨昌運弘
基高明博厚剛健粹精啓統垂曆功裕範文安武靖英敬成孝大王)

　이게 뭐지? 많은 이들이 이렇게 중얼거리며 뜨악~한 표정을 감추지 못하겠지만, 이게 바로 문제의 순조 임금 이름(정식칭호)이다. 보다시피 무려 77자에 달한다. 고로, 77자나 되는 이름을 매번 다 부른다는 건, 그야말로 '김 수한무 거북이와 두루미……'의 또 다른 버전이 될 소지가 다분하다. 그래서 마치 소고기 부위 나누듯 임금의 이름 또한 여러 개로 쪼개어 묘호, 시호, 존호로 그 명칭을 달리해 부르게 되었던 것이다.

① 묘호廟號란?

　모르긴 몰라도, 위 장편소설 같은 이름과 처음 맞닥뜨렸을 때 대부분 '흰 건 종이요, 검은 건 글씨……' 운운 하면서 지레 고개부터 절레절레 흔들었을 것이다. 그런데 그나마 다행인 건, 실눈 뜨고 노려보노라면 암담한 가운데도 눈에 익은 글자가 몇 개나마 빛을 발하며 시야에 들어온다는 사실이다. 맨 앞의 두 글자 '순조'와 맨 뒤의 두 글자 '대왕'이 그것이다. 이중 맨 앞의 두 글자(순조), 이걸 묘호라고 한다. 묘호란 임금이 죽고 3년상이 끝난 뒤 신주가 종묘에 들어갈 때 후대 임금이 지어 올리는 존호를 말한다. 쉽게 말하면, 먼저 간 선왕에게 후대 왕이 '조祖' 혹은 '종宗' 자를 붙여드리는 게 묘호인 것이다.

② 시호諡號란?

시호란, 간단히 정리하면 한 인물이 죽었을 때 그 인물의 행적을 한두 글자로 압축한 것을 말한다. 예컨대 이순신을 상징하는 '충무 공'의 '충무'도 선조가 내린 시호다. 임금들에게도 물론 시호가 있었 다. 단, 그 시호는 중국 황제가 정해 주었다. 임금이 사망한 뒤 조정 에서 몇 개의 샘플을 만들어 보내면 중국 황제가 그중 하나를 찍어 하사하는 시스템이었다. 시호는 묘호 바로 뒤에 붙이므로 위 이름 에서 순조의 시호는 '선각宣恪'이 되겠다.

③ 존호尊號란?

그럼 시호 바로 뒤에서 대왕大王 앞까지 새까맣게 이어지는 저 무 수한 한자들은 다 뭘까? 정식 명칭으론 존호尊號라 하지만, 그냥 세 상의 온갖 좋은 글자들을 망라해 중국황제와 우리 신하들이 기프 트(gift) 한 '덕담종합세트' 정도로 이해하면 별 무리 없을 것이다. 순 조의 경우는 '선물세트'를 여섯 차례나 받아 이처럼 장편소설이 만 들어지게 되었다(우리 같은 무지렁이들에겐 그냥 아무 글자나 막 갖다 붙인 걸로 보이지만, 당시 시호에 사용하는 글자의 수는 301자로 딱 정해져 있었다).

묘호, 시호, 존호가 없는 임금들

그렇다고 조선조 임금 27명 모두에게 묘호, 시호, 존호가 있었는가 하면 그런 건 아니다. 폭정이나 난정으로 왕위에서 쫓겨나 군君으로 격하된 임금, 즉 연산군, 광해군에겐 묘호, 시호, 존호가 없었다. 후대 임금이 만들어 주지 않았기 때문이다. 6대 임금 단종도 삼촌 수양대군에게 왕위를 빼앗긴 뒤 노산군으로만 불리다가 숙종 24년(1698)에야 '단종공의온문순정안장경순돈효대왕(端宗恭懿溫文純定安莊景順敦孝大王)'이라는 묘호, 시호, 존호를 갖게 되었다.

그런데 조선조에는 정상적으로 왕위를 넘겨주고 상왕 대접 융숭히 받다 갔음에도 제때에 묘호를 받지 못한 임금이 한 사람 있었다. 조선조 2대 임금 정종定宗이 그 주인공이다. 정종은 1398년 9월부터 1400년 11월까지 2년 2개월 정도 용상에 올랐었다. 하지만 실권과 실적은 거의 없는 '바지사장'급 임금이었다. 이 때문에 '국민임금' 세종은 자신의 큰아버지이기도 한 정종을 도통 선대 임금으로 예우해주려 하지 않았다. 정종이 사망(1419년 9월 26일)한 직후 세종이 명나라에 보낸 국서는 당시 세종이 정종을 어떻게 인식하고 있었는지 극명하게 보여준다.

"신의 백부인 돌아간 경(曔 : 정종)은 신의 돌아간 조부 강헌왕(태조 이성계)의 적자로, 돌아간 조부가 홍무 31년 무인 9월 노환 때문에 경으로 하여금 임시로 국사를 서리하게 하였습니다. ……(중략)…… 삼가 갖추어 주문하나이다. 그 행장은, '전 권서국사 휘 이경, 자 광원은 강헌왕의 적자로, 정유년 7월 1일에 탄생하였고…(후략).'"

이 국서에서 세종은 할아버지(태조 이성계)가 큰아버지(정종)에게 '임시로 국사를 서리하게 하였음'을 강조하고 있다. 더불어 행장에도 '전 권서국사'라고 명시했다. 권서국사란 국사를 임시로 담당하는 자를 의미한다. 요즘으로 치면, '대통령 권한 대행' 정도가 되겠는데, 조부가 "……종묘에 고하고 왕위에 오르기를 명하노라(1398년 9월 5일)"고 한 기록이 버젓이 있음에도 세종은 시종 이런 태도를 견지했던 것이다.

세종이 정종의 정통성을 인정하지 않은 가장 상징적인 사례는 종묘에 정종의 묘호를 만들어 올리지 않았다는 점이다. 이 때문에 정종은 사후 300년 가까이 '공정왕恭靖王'이라는 어정쩡한 호칭으로 불려야 했다. 하마터면 "태·정·태·세·문·단·세……"가 아니라 "태·태·세·문·단·세…"라는 리듬감 꽉 떨어지는 '랩'이 탄생할 뻔했다는 얘기다. 이런 정종이 '정종공정온인순효대왕定宗恭靖溫仁順孝大王'이라는 근사한 묘호, 시호, 존호를 갖게 된 것도 숙종 때였다.(《정종실록》도 숙종조 이전까지는 《공정왕실록》으로 불렸다.)

'조'로 모실까요? '종'으로 모실까요?

그렇다면 임금의 묘호에 붙이는 '조祖'와 '종宗'은 어떤 기준으로 분류했을까? 《예기禮記》에 따르면, 일반적으로 '공功'이 있는 자에 '조祖'를, '덕德'이 있는 자에 '종宗'을 붙였다 한다. 예컨대, 반정反正을 통해 왕위에 올랐거나 또는 재위 시에 큰 국난을 치렀던 임금은 대체로 '조'의 묘호를 가지게 되었다는 것이다. 이를테면, 반정을 통해 왕위에 오른 인조, 임진왜란을 치른 선조, 홍경래의 난을 치른 순조 등이 모두 그런 경우이고, 비록 반정은 아니더라도 단종을 몰아내고 왕위에 오른 세조도 같은 범주에 넣었다는 얘기다.

한데, 조선조 임금들은 대체로 '조祖'에 대한 선호도가 월등히 높았던 모양이다. '덕德'이 있다는 말은 '내세울 업적 개뿔도 없는 임금에게 예의상 던지는 립 서비스' 같다고 생각했던지, 본래 '종'이었던 것을 '조'로 바꾼 예도 꽤 많다. 선조도 본래 선종宣宗이었던 것을 광해군 8년 선조로 바꾸었고, 영조, 정조, 순조도 본래는 영종, 정종, 순종이었던 것을 후세에 모두 조로 바꾼 케이스다. 영조와 정조는 고종 때, 순조는 철종 때 각각 '조'로 바꿨다. 어찌 보면, 오늘날 스포츠 감독들이 '덕장德將'으로 불리는 것보다 '지장智將'으로 불리는 걸 더 선호하는 속내와 비슷한 이치가 아닐까 싶다.

임금들 본명에 숨겨진 비밀들

이쯤에서 생겨나는 또 하나의 궁금증이 있다. 조선조 임금들은 다들 자기 고유의 이름, 즉 본명(諱 : 휘)을 갖고 있었을까? 결론부터 말하면, 역대 임금들은 당연히 본명을 갖고 있었다. 한 때 공전의 히트를 기록했던 드라마 '이산'을 상기해보면 이해가 한결 수월해질 것이다. 여기서 '이산'은 정조의 본명이기 때문이다. 사실 '이산'뿐만 아니라 조선 임금들은 대부분 외자 본명을 가졌었다. 27명의 임금 중 두 글자 본명을 가진 임금은 단종(홍위 : 弘暐)뿐이었다.

심지어 태조 이성계까지도 임금이 된 뒤엔 '이단李旦'으로 개명했다. 이성계가 개명 한 이유는 '성成' 자와 '계桂' 자가 너무 평범한 글자였기 때문이다. 조선시대에는 본명을 신성시해 함부로 부르지 못하게 했다. 그래서 대부분 본명 대신 사용할 자나 호를 만들어 썼다. 문제는 임금의 경우였다. 일반 사대부는 본명을 입에 올리지 않으면 됐지만, 임금의 경우 본명을 입에 올리는 것뿐 아니라 글로 옮기는 것도 금지되었다. 백성들이 자칫 '성成' 자와 '계桂' 자처럼 흔한 글자를 쓰지 못하게 되는 황당한 사태가 벌어질 뻔했던 것이다.

이성계는 결국 백성들이 잘 안 쓰는 '단旦' 자를 끌어와 자신의 본명으로 정함으로써 '성成' 자와 '계桂' 자를 위기(?)로부터 구해낼 수 있었다. 태조의 아들인 정종 역시 원래 이름이었던 '방과芳果'를 외자인 '경(曔)'으로 바꿨다. 때문에 뒤를 이은 임금들 - 뿐만 아니라 왕족 모두가 - 은 자연스럽게 평소 잘 쓰지 않는 글자나 새로 만든 글자로 본명을 짓는 전통이 만들어지게 되었다. 백성들이 불편을 덜 겪게 하기 위한 배려에서였다. 일례로, 중종의 본명은 '이역懌', 영조의 본명은 '이금昑', 정조의 본명은 '이산李祘' 순조의 본명은 '이공玜'이었는데, 여기서 사용된 역懌, 금昑, 산祘, 공玜 등은 백성들이 거의 사용하지 않는 한자였다. 임금들이 대부분 한 글자 이름을 가진 이유 또한 '금지 글자'가 많을수록 백성들에게 더 큰 불편이 초래되기 때문이었다.

하지만 어느 시대에나 실컷 설명해주고 나면 입가에 버캐자국 선명한 낯짝으로 "샘, 수업 안 해요?" 하는 놈 꼭 있기 마련인데, 만약 이런 덜 떨어진 화상이 과거시험 답안지에 임금의 본명을 써넣는 '삘짓'이라도 할 경우엔 그 즉시 불합격처분과 함께 반역죄가 적용되어 100대의 '빳다'를 먹인다고 국법으로 명문화시켜놓기까지 했다.

한마디로 우리 조상들이 본명에 대해 얼마나 심한 '과민성대장증상'을 보여왔는지 알게 해주는 대목인데, 이럴 바에는 차라리 먹쇠나 돌쇠나 삼돌이로 사는 게 훨씬 팔자 편치 않았을까, 하는 씁쓸함도 남는다. 그랬다면 적어도 부르라고 지어놓곤 부른다고(혹은 쓴

다고) 비오는 날 먼지 날리도록 매타작해대는 이런 황당 시츄에이션 같은 건 보지 않고 살아갈 수 있었을 테니 말이다.

보태는 이야기

앞에서 순조의 존호가 '장편소설'처럼 된 데에는 후대로부터 '존호 선물세트'를 여섯 차례나 받았기 때문이라고 언급했다. 그렇다면 존 호를 선물하기 위해서는 어떤 절차를 거쳐야 했을까? 마침 《숙종실 록》에는 태조 이성계에게 '존호선물세트'를 드리자는 측과 이를 반 대하는 측의 팽팽한 줄다리기가 생생하게 실려 있다. 전자의 대표 는 서인의 본좌 송시열이며, 후자의 대표는 송시열의 제자이자 '젊 은 서인(후일 소론)'의 희망으로 성장한 박세채였다.

먼저 송시열은 1683년(숙종9) 3월 기존 존호인 '태조강헌지인계운 성문신무대왕'에 '소의정륜(昭義正倫 : 의를 밝혀 윤리를 바로 잡았다)'을 추가 하자고 주장했다. 태조가 창업의 대업을 이룬 건 사실상 위화도회 군을 통해 이루어진 것이니 이를 포함시켜야 한다는 것이었다. 이 에 박세채가 급브레이크를 밟고 나섰다. 태조의 위화도회군은 전적 으로 대의를 위해 나온 것만은 아니며, 회군은 나라를 만들기 전의 일이니 이를 더하는 건 불가하다는 것이었다.

양측(송시열의 노장파와 박세채의 소장파)의 대립은 팽팽했고, 이런저런 곡절 끝에 '정의광덕正義光德'이라는 네 글자가 정식호칭에 추가되었다. 이날이 1683년(숙종 9년) 6월 12일이었는데, 정종의 묘호가 처음 만들어진 날이기도 하다. 태조는 이후로도 몇 차례 더 '존호선물세트'를 받아 결국 '태조강헌지인계운응천조통광훈영명성문신무정의광덕고황제(太祖康獻至仁啓運應天肇通光勳永命聖文神武正義光德高皇帝)'라는 27자 정식호칭을 갖게 되었다.

참고로, 송시열과 박세채의 이 반목은 결국 두 사제지간이 '돌아오지 않는 다리'를 건너는 계기로 작용했으며, 박세채는 그전부터 송시열과 반목하던 윤증과 더불어 송시열과 결별하고 새로운 당을 세웠으니, 이게 송시열의 노론과 사생결단으로 맞섰던 소론이다.

참고 문헌

○ 조선왕조실록

○ 연경-담배의 모든 것 (이옥 지음, 안대회 옮김. 휴머니스트 펴냄)

○ 못생긴 엄상궁의 천하 (송우혜 지음. 푸른역사 펴냄)

○ 용제총화 (성현 지음, 이대형 옮김)

○ 연산군-그 인간과 시대의 내면 (김범 지음. 글항아리 펴냄)